1914년 8월,
섀클턴과 스물일곱 명 대원들이 탐험길에 오른다.
목표는 남극 횡단.

"우리는 성공하거나 아니면 죽을 것입니다."

_ 어니스트 섀클턴

남극 횡단 탐험대 대원

어니스트 섀클턴 _대장 Sir Ernest Shackleton
프랭크 와일드 _부대장 Frank Wild
프랭크 워슬리 _선장 Frank Worsley
라이오넬 그린스트리트 _1등 항해사 Lionel Greenstreet
허버트 허드슨 _조타수 Hubert T. Hudson
토머스 크린 _2등 항해사 Thomas Crean
알프레드(알프) 치덤 _3등 항해사 Alfred Cheetham
루이스 리킨슨 _1등 기관사 Louis Rickinson
에이 제이 커어 _2등 기관사 A. J. Kerr
알렉산더 매클린 _의사 Dr. Alexander H. Macklin
제임스 매클로이 _의사 Dr. James A. McIlroy
제임스 워디 _지질학자 James M. Wordie
레오나르드 허시 _기상학자 Leonard D. A. Hussey
레지널드 제임스 _물리학자 Reginald W. James
로버트(바비) 클라크 _생물학자 Robert S. Clark
제임스 프랜시스 헐리 _사진작가 James Francis(Frank) Hurley
조지 마츤 _조각가 George E. Marston
토머스 오들리 _모터 전문가(창고 관리자) Thomas H. Orde-Lees
해리 맥니쉬 _목수 Harry McNeish
찰스(찰리) 그린 _요리사 Charles J. Green
월터 하우 _갑판원 Walter How
윌리엄(빌리) 베이크웰 _갑판원 William Bakewell
티모시 맥카티 _갑판원 Timothy McCarthy
토머스 맥리오드 _갑판원 Thomas McLeod
존 빈센트 _갑판원 John Vincent
어니스트 홀리스 _화부 Ernest Holness
윌리엄 스티븐슨 _화부 William Stevenson
퍼스 블랙보로 _밀항자(주방 보조) Perce Blackboro

위험천만한 여행에   임금은 많지 않음
참가할 사람 모집   혹독한 추위
           수 개월 계속되는 칠흑 같은 어둠
           끊임없이 다가오는 위험
           그리고 무사 귀환이 의심스러운 여행임
           물론 성공할 경우에는 커다란 명예를 얻을 수 있음

남극 바다의 얼음을 헤치고 항해하기에 안성맞춤인 그 배의 이름을 섀클턴은 '인듀어런스(Endurance 인내)'로 정했다.

"…이제 진짜 일이 다가온다… 싸움은 잘 끝날 것이다."

이런 종류의 탐험이 대개 그렇듯이 인듀어런스 호에도 일반 선원, 고급 선원, 예술가, 과학자 등 다양한 부류의 사람들이 타고 있었다.

자정이 지나자마자 난폭하게 쪼개지는 소리, 삐걱대는 소리가 계속해서 들려왔다. 얼음에 들이받힐 때마다 배는 기우뚱거리며 앞뒤로 요동을 쳤다. 많은 대원들이 허둥지둥 옷을 입고 갑판으로 달려갔다. 아무것도 할 수 없는 속수무책의 상황에서 놀라는 일도 솔직히 지쳤다.

… 우리를 너무도 멀리, 너무도 안전하게 실어다 주었다. 그리고 잔인한 얼음에 항복하기 전까지 그 어떤 배도 할 수 없을 만큼 용감하게 싸웠다.

우리가 거대한 얼음 위에서 살고 있다는 사실이 믿어지지 않는다. 고작 2m 두께의 얼음이, 바다와 우리 사이를 막고 바람과 조류에 밀려 떠돌고 있다. 그 목적지는 하늘만이 알 것이다.

보트를 띄우자 큰 파도가 밀려왔고 어찌할 틈도 없이 배는 거의 뒤집힐 뻔했다.

"행운을 빕니다, 대장님."
해변에 남은 대원들이 큰 소리로 외쳤다.
섀클턴은 고개를 돌려 짧게 손을 흔들었다.

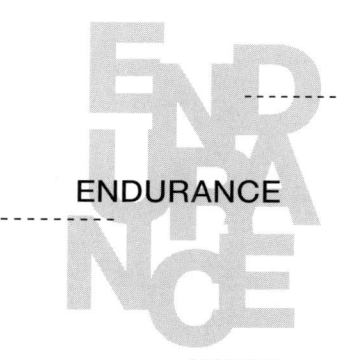

ENDURANCE

1921년 미국 일리노이 주 시카고에서 출생한 알프레드 랜싱Alfred Lansing은 노스웨스턴 대학에서 언론학을 전공했다. 일리노이 주간 신문을 편집하기도 했던 그는 프리랜서 작가로 활동하다가 1975년 생을 마감했다. 그가 실제 탐험했던 대원들의 이야기와 그들의 일기, 자료를 바탕으로 쓴 『섀클턴의 위대한 항해』는 1959년 출간이 되자마자 베스트셀러가 되었고 '내셔널 북 어워드' 논픽션 부문에 후보로 오르기도 했다.

번역한 유혜경 씨는 성심여자대학 경영학과를 졸업하고 한국외국어대학 통역대학원에서 석사학위를 받은 후, 스페인 마드리드 대학 국립 언어학교 스페인어과, 영국 옥스퍼드 고드머 하우스 고급영어 과정을 수료하였다. 지금은 전문 번역작가로 활동하고 있다.

섀클턴의 위대한 항해
살아있는 한 우리는 절망하지 않는다

개정판 1쇄 펴냄 2001년 4월 27일
　　　 25쇄 펴냄 2025년 8월 18일

지은이 알프레드 랜싱
옮긴이 유혜경

펴낸이 고영은 박미숙
펴낸곳 뜨인돌출판(주) | 출판등록 1994.10.11.(제406-251002011000185호)
주소 10881 경기도 파주시 회동길 337-9
홈페이지 www.ddstone.com | 블로그 blog.naver.com/ddstone1994
페이스북 www.facebook.com/ddstone1994 | 인스타그램 @ddstone_books
대표전화 02-337-5252 | 팩스 031-947-5868

ISBN 978-89-86183-53-5 03840

ENDURANCE : Shackleton's Incredible Voyage
Copyright ⓒ 1959 by Alfred Lansing
Korean translation Copyright ⓒ 2000 by DanielStone Publishing
This Korean edition was published by arrangement with Barbara Lansing c/o Curtis Brown, Ltd., NY through KCC. Seoul.

이 책의 한국어판 저작권은 한국저작권센터(KCC)를 통한 저작권자와의 독점계약으로 뜨인돌출판(주)에 있습니다. 신저작권법에 의해 한국 내에서 보호를 받는 저작물이므로 무단전재와 복제를 금합니다.

섀클턴의
위대한 항해

알프레드 랜싱 지음 | 유혜경 옮김

뜨인돌

차례

책을 내며

—

1부   인듀어런스 호의 침몰
2부   얼음 위의 대원들
3부   삶과 죽음의 갈림길
4부   다시 육지에 서다
5부   출발, 그리고 기다림
6부   폭풍우를 뚫고 사우스조지아 섬으로
7부   아듀! 엘리펀트

—

에필로그

감사의 말
글을 옮기며

책을 내며

이 이야기는 실화이다.

나는 모든 노력을 기울여서 그때의 일들을 생생하게 묘사하고자 했고, 당사자들의 그 당시 심리상태를 정확하게 기록하고자 했다.

이를 위해 폭넓은 자료 수집이 이루어졌는데, 특히 탐험대원들의 상세한 일기가 중요한 자료가 되었다. 생사를 넘나드는 극한 상황에서 그토록 꼼꼼하게 일기를 쓸 수 있었다는 건 실로 놀라운 일이 아닐 수 없다.

사실 그들의 일기에는 이 책에 소개된 것보다 훨씬 많은 내용이 들어 있었다. 연료로 썼던 고래 기름에서 나는 연기의 그을음, 물에 흠뻑 젖었다가 마른 뒤에 생기는 주름살 등 나로서는 생전 처음 들어 보는 진기한 기록들도 많았다. 회계 장부 여백에 빼곡이 쓴 기록도 있었고, 아주 작은 노트에 깨알 같은 글씨로 적은 일기도 있었다.

탐험대원들은 일기를 제공하는 것에 그치지 않고 모두들 오랜 시간 동안, 심지어는 몇 날 며칠도 마다하지 않고 정중하게 내 인터뷰에 응해 주었다. 그들에게 무어라 감사의 말을 전해야 할지 모르겠다. 작품을 쓰는 동안 수시로 생겨난 나의 궁금증에 대해서도 그들은 일일이 편지로 설명해 주는 너그러움을 보여 주었다.

이 놀라운 모험의 생존자들 대부분이 나와 함께 작업했고, 그들의 태도는 놀라우리만치 객관적이었다. 덕분에 여기 소개되는 한 페이지 한 페이지가 마치 사진을 찍은 듯 생생하게 재창조될 수 있었다. 그들과의 공동 작업에 무한한 자부심을 느낀다.

그럼에도 불구하고 그들에겐 작품 속의 사소한 잘못이나 실수에 대해 아무런 책임이 없음을 밝혀 둔다. 혹시 이 책에서 부정확하거나 설명이 잘못된 부분이 있다면 그건 이 탐험에 참여했던 대원들과는 아무런 상관이 없으며, 전적으로 나의 책임이다.

알프레드 랜싱

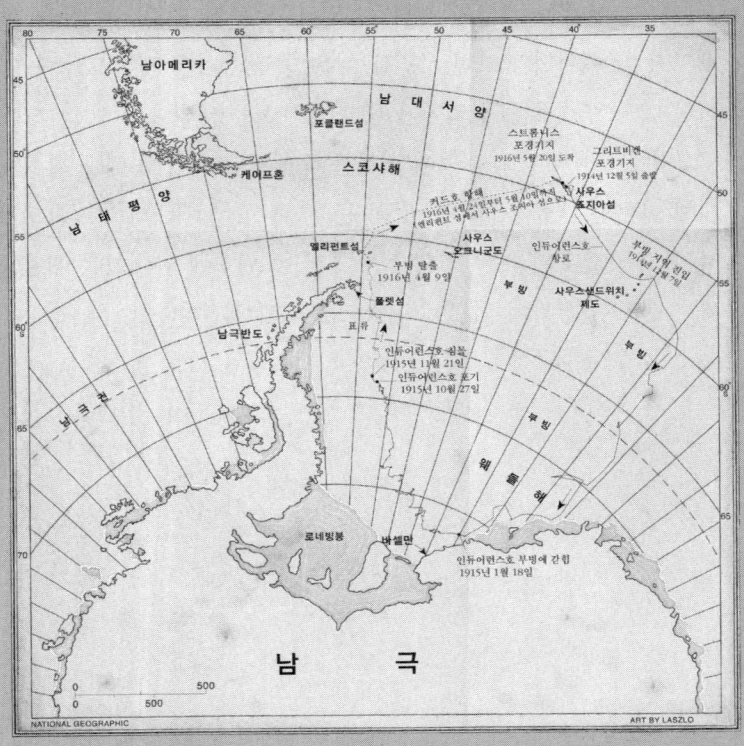

1 인듀어런스호의 침몰

배는 파괴되고 있었다. 아주 천천히, 그리고 조금씩. 천만 톤의 얼음에서 가해지는 거대한 압력이 배의 양측을 조이고 있었고, 배는 죽어가면서 고통스러운 비명을 지르고 있었다.

1

 오후 5시, 배를 탈출하라는 명령이 내려졌다. 그러나 대원들에게 명령 따윈 필요없었다. 이미 '인듀어런스' 호는 더 이상 가망이 없다는 것을 모두가 잘 알고 있었기 때문이다. 두려움이나 불안한 기색도 없었다. 지난 사흘 동안 필사적으로 싸웠지만 결국 지고 만 것이다. 그들은 자신들의 패배를 담담히 받아들였다. 너무도 지쳐 있어 아무 생각도 나지 않았다.
 부대장인 프랭크 와일드는 단단히 묶어 놓은 갑판을 지나 승무원실로 향했다. 두 갑판원이 아래층 침대에 누워 있었다. 사흘 동안 펌프질을 해대느라 지칠 대로 지친 그들이었지만 배에서 나는 소리 때문에 도저히 잠을 이룰 수가 없었다.
 배는 파괴되고 있었다. 아주 천천히, 그리고 조금씩. 천만 톤의 얼음에서 가해지는 거대한 압력이 배의 양측을 조이고 있었고, 배는 죽어가면서 고통스러운 비명을 지르고 있었다.

배의 골격과 선체, 그리고 두께가 30cm가 넘는 거대한 늑재(배의 뼈대를 구성하는 목재)들이 압력이 가해질 때마다 삐걱거리며 날카로운 소리를 냈다. 그러다가 더 이상 견딜 수 없는 상황이 되면 늑재들은 마치 대포가 터지는 듯한 굉음을 내며 쪼개져 나갔다. 앞 갑판의 들보는 이미 아침에 무너졌고, 압력이 밀려왔다가 사라질 때면 갑판은 위로 솟구쳤다가 반동을 일으키며 위아래로 천천히 흔들거렸다.

와일드는 승무원실로 고개를 들이밀었다. 그리고 조용히 말했다.

"이것 봐 친구들, 배가 가라앉고 있어. 밖으로 나갈 때가 된 것 같아."

누워 있던 두 갑판원은 침대에서 일어나 개인 소지품이 들어 있는 두 개의 베개 커버를 집어들고 와일드를 따라 갑판 위로 올라갔다.

와일드는 소형 엔진실로 내려갔다. 거의 72시간 동안 엔진실 펌프를 돌려 보일러를 풀가동시키느라 기진맥진한 부기관사와 갑판원 하나가 사다리 밑에 서 있었다. 그들은 얼음의 움직임을 직접 보지는 않았지만 사태가 어떻게 돌아가고 있는지쯤은 이미 알고 있었다. 압력을 견디다 못한 배의 양옆은 60cm의 두께에도 불구하고 군데군데 안으로 휘어져 들어와 있었다. 바닥의 철판들이 서로 맞부딪쳐 날카로운 소리와 함께 휘어지고 뒤집어지면서 사정없이 우그러들었다.

와일드는 오래 망설이지 않았다.

"불을 꺼. 배가 가라앉고 있어."

그가 말했다. 부기관사는 오히려 고통에서 해방된 표정이었다.

와일드는 배 뒷부분의 프로펠러 쪽으로 돌아섰다. 그곳에선 두 탐험대원이 임시 물막이를 담요 조각으로 틀어막느라 분주했다. 배 안으로 들어오는 물을 막기 위해 서둘러 세운 물막이였다. 키와 배 뒤의 세로 받침대가 얼음 때문에 부서져 물이 쏟아져 들어오고 있었던 것이다. 하지만 이미 바닥에 댄 철판에까지 차오른 물은 임시 물막이나 펌프가 막는 속도보다 더 빠르게 밀려들어오고 있었다. 잠시 압력이 약해질 때면 안으로 밀려들어온 물이 화물칸으로 떨어지는 소리가 요란했다.

와일드는 두 사람에게 그만두라는 손짓을 했다. 그러곤 사다리를 타고 중앙 갑판으로 올라갔다.

펌프에 매달려 있던 갑판원들도 모든 노력이 헛수고라는 걸 깨닫고 일손을 멈춘 지 오래였다. 그들은 보급품 상자나 갑판에 주저앉아 있거나 뱃전에 기대어 있었다. 그들의 얼굴에서 지난 사흘간의 분투를 충분히 읽을 수 있었다.

앞쪽에서는 개 조련사들이 왼쪽 기둥에 널찍한 텐트 천을 묶어 배 아래쪽에 있는 얼음 덩어리와 연결했다. 그들은 개집에서 마흔아홉 마리의 에스키모 개를 꺼낸 다음, 연결한 텐트 천을 통해 대원들이 기다리고 있는 아래쪽 얼음으로 한 마리씩 미끄러뜨렸다. 평소 같았으면 개들이 법석을 떨었겠지만 녀석들 역시 뭔가 심상치 않은 일이 벌어지고 있음을 느끼는 것 같았다. 서로 싸우거나 무리를 이탈하는 개는 한 마리도 없었다.

어쩌면 대원들의 분위기 탓이었는지도 몰랐다. 그들은 서로 잡담도 하지 않고 신중하고 긴박하게 일을 처리했다. 얼음의 움직임이나 배가 삐걱대는 소리와는 대조적으로 주위는 적막하기 그지없었다. 기온은 영하 22.5℃였고 가벼운 남풍이 불고 있었다. 머리 위로는 청명한 하늘에 황혼이 지고 있었다.

그러나 그때 멀리 남쪽에선 강풍이 그들을 향해 소리 없이 질주해 오고 있었다. 대원들은 자신들을 향해 다가오고 있는 무언가를 어렴풋이 짐작할 수 있었다.

잠시 후, 얼음 표면 전체가 한꺼번에 꿈틀거렸다. 그것은 마치 무한대로 펼쳐진 거대한 퍼즐 그림 맞추기 같았다. 보이지는 않지만 저항할 수 없는 어떤 힘에 의해 자박자박 밟힌 수많은 조각들처럼. 그 얼음들은 느릿한 움직임으로 인해 더욱 위압적으로 느껴졌다.

두꺼운 부빙(바다 위에 떠다니는 얼음) 두 개가 동시에 다가오면 서로의 모서리에 부딪혀 한동안은 두 개의 얼음이 서로 겹쳐졌다. 그러다가 어느 쪽도 먼저 항복할 기미가 보이지 않으면 천천히, 때로는 진동을 일으키며 물 위로 높게 솟구쳐 올랐고 보이지 않는 무자비한 힘에 쫓기듯 다시 밀려갔다. 가끔은 얼음을 쥐고 흔드는 보이지 않는 힘이 흥미를 잃어버리기라도 한 듯, 미끄러지던 얼음이 갑자기 멈추어 서기도 했다. 그러나 보통은 두께가 3m나 되는 두 개의 부빙이 계속 밀려오다가 그중 하나, 혹은 두 개가 동시에 깨졌고 깨진 조각들이 무너져 내리면서 크게 물이랑이 일었다.

부빙군(수많은 부빙들로 이루어진 거대한 얼음군)이 으르렁대며 얼음이 쪼개지는 소리와 무거운 물건이 떨어질 때처럼 쿵 하는 둔중한 소리가 동시에 들려왔다. 압력을 받는 부빙군은 소리에 관한 한 무한한 레퍼토리를 가지고 있는 것 같았다. 그러나 그 얼음의 소리라는 것이 기괴하기 짝이 없었다. 선로를 바꾸는 대형 기차처럼 함부로 덜컹거리며 부딪치는 소리도 들렸고, 바퀴 축이 삐걱거리는 소리도 들렸다. 그런가 하면 수탉의 홰치는 소리, 와르르 부서지는 먼 파도 소리, 희미하게 엔진 돌아가는 소리, 어느 노파의 신음소리 따위가 거대한 배에 부딪치는 바람소리와 한데 섞여 들려왔다. 간혹 부빙군의 움직임이 주춤해지면서 보기 드물게 고요가 찾아오면, 둥둥거리며 북 치는 소리가 주위를 아련히 맴돌았다.

인듀어런스 호는 얼음으로 덮인 이 우주 어느 곳에서도 찾아볼 수 없을 만큼 포악하고 거친 부빙들의 공격에 시달렸다. 최악의 상황이었다. 오른쪽 뱃머리에 부빙 하나가 단단히 박혀 있었고, 또 다른 하나가 배 오른쪽 뒤편에 박혀 있었다. 그런 상황에서 새로운 부빙이 왼쪽 빔(배의 양 뱃전을 가로지르며 갑판을 받치고 있는 목재)을 직각으로 밀고 들어왔다. 이 부빙은 배를 반으로 쪼개기 위해 측면에서 배의 중앙부를 공격하고 있었고, 이 때문에 배 전체가 몇 번씩이나 왼쪽으로 심하게 기우뚱거렸다.

맹렬한 공격이 계속되고 있는 뱃머리 쪽은 얼음이 에워싸고 있었다. 새로 밀려오는 파도에 부딪힐 때마다 뱃머리에 얼음이 점점 높이 쌓여 갔으며, 급기야는 양쪽 뱃전에까지 쌓여 올라갔다. 그러다가 갑판 위로 한꺼번에 와르르 무너져 내렸고, 그 충격으로 뱃머리가 더욱 깊이 가라앉았다. 그럴수록 배는 옆에서 밀고 들어오는 부빙에 점점 더 무방비 상태가 되어 갔다.

새로운 파도에 시달릴 때마다 배는 각기 다른 반응을 보였다. 어떤 때는 찌르는 듯한 아픔에 움찔하는 사람처럼 짧게 진동을 했다. 괴로운 비명과 함께 발작적인 경련을 일으키며 구역질을 할 때도 있었다. 이때는 삭구 장치(배의 돛대를 지탱하거나 돛을 조작하는 밧줄)가 하프 줄처럼 팽팽하게 조여들면서, 거기 매달린 세 개의 돛대가 마치 부러질 듯이 앞뒤로 휘청거렸다. 하지만 대원들에게 가장 고통스러운 순간은 배가 숨통을 조이는 압력에 못 이겨 옆구리를 비틀며 어떻게든 숨을 쉬려고 간신히 헐떡이는 거구의 생명체처럼 느껴질 때였다.

오후 7시, 대원들은 오른쪽의 단단한 부빙 위에 세운 캠프로 모든 필수품을 옮겼다. 구명보트는 이미 전날 밤에 하역을 마쳤다. 부빙으로 무사히 탈출한 대원들은 비운의 배로부터 벗어났다는 사실에 무한한 안도감을 느꼈다. 다시 배로 돌아가고 싶은 사람은 아무도 없는 것 같았다.

그러나 운 없는 몇몇 대원들에게 다시 배에 가서 필요한 물건들을 꺼내 오라는 명령이 떨어졌다. 그중 한 사람은 다부진 체격의 젊은 의사 맥클린이었다. 자기 팀의 개들을 밧줄에 묶고 난 그에게는 와일드와 함께 다시 배로 돌아가 선창에서 약간의 목재를 꺼내 오라는 지시가 내려졌다.

배는 금방이라도 가라앉을 것처럼 보였다. 와일드와 맥클린은 서둘러 배 위로 올라갔다. 두 사람은 앞 갑판에 떠다니는 얼음을 헤치고 전진하여 화물칸으로 내려가는 승강구를 들어올렸다. 문에 기대어 있던 사다리가 휘청 하더니 옆으로 쓰러졌다. 두 사람은 어둠 속에서 손을 잡은 채 몸을 굽히고 아래로 내려갔다.

배 안에서 들려오는 소리는 말로는 설명하기가 어려웠다. 텅 빈 선실에선 빗장과 나무 쪼개지는 소리가 마치 커다란 울림상자처럼 시끄럽게 울려 왔다. 그들이 서 있는 곳에서 뱃전까지는 불과 1m 거리였기 때문에, 두 사람은 뱃전을 쪼개려고 달려드는 얼음의 공포스러운 굉음을 똑똑히 들을 수 있었다.

와일드와 맥클린은 어둠에 익숙해질 때까지 잠시 기다렸다. 다음 순간 두 사람의 눈에 들어온 것은 아주 끔찍한 장면이었다. 함몰하고 있는 수직 기둥들과 쓰러지기 일보 직전에 있는 머리 위 십자형 대들보. 마치 거대한 바이스(작은 공작물을 꽉 죄어 고정시키는 공구)가 배를 꽉 물고 더 이상 견딜 수 없을 때까지 천천히 조이고 있는 것만 같았다.

그들이 찾는 목재는 뱃머리 맨 앞쪽의 깊숙한 구석에 있었다. 그곳에 다가가려면 배를 가로지르는 칸막이벽을 통과하는 수밖에 없었다. 그런데 그 벽은 여기저기가 뒤틀리고 갈라진 채 당장이라도 터질 것처럼 심하게 부풀어올라 있었다. 벽이 붕괴되면 앞 갑판 전체가 그 벽을 기준으로 하여 양쪽으로 무너져 내릴 게 분명했다.

맥클린이 잠시 망설이는 사이, 그의 두려움을 감지한 와일드가 배의 굉음보다 더 큰 소리로 외쳤다.

"여기서 기다려!"

다음 순간 와일드는 칸막이벽의 갈라진 틈새로 뛰어들었고, 잠시 후 맥클린에게 널빤지들을 던져 보내기 시작했다.

두 사람은 미친 듯이 손을 놀렸지만 일은 끝이 없어 보였다.

"그만 돌아가요!"

벽이 점점 더 부풀어오르는 모습을 보다못한 맥클린이 다급한 목소리로 외쳤다. 하지만 와일드는 들었는지 못 들었는지 계속해서 널빤지를 보냈다. 굉음은 점점 더 위협적으로 들려왔다. 초조해진 맥클린이 다시 소리쳤다.

"곧 무너질 거예요."

그때 바로 뒤에서 기둥 하나가 쿵 소리를 내며 무너져 내렸다. 맥클린의 등에 순간적으로 소름이 오싹 끼쳤다.

마침내 와일드가 틈새로 다시 기어나왔다. 그들은 황급히 목재를 갑판 위로 끌어올리고 나서 배 밖으로 탈출했다. 두 사람은 더할 나위 없는 안도감을 음미하며 한동안 말없이 서 있었다. 나중에 그의 일기에서 맥클린은 이렇게 털어놓았다.

"무너져 내리는 화물칸에서 느꼈던, 등골이 오싹할 만큼 끔찍한 두려움은 내 평생 처음이었다."

마지막 대원이 떠나고 1시간 뒤, 얼음은 결국 배의 양쪽에 구멍을 내고 말았다. 처음에는 날카로운 칼날처럼 길게 금이 갔고, 그 틈새가 벌어지면서 커다란 얼음 덩어리들이 안으로 밀려들어갔다. 배의 중앙부가 물속에 푹 잠겨 버렸다. 갑판실의 오른쪽 뱃머리 전체가 얼음에 부딪혀 부서졌다. 갑판 위에 겹겹이 쌓여 있던 빈 가솔린 통이 벽에 걸린 액자와 함께 갑판실 벽을 뚫고 밀려나갔을 정도로 위력 있는 얼음이었다. 그런데도 액자 유리는 깨지지 않고 멀쩡했다.

캠프가 완전히 정리되자 대원들 몇몇이 한때 자신들의 보금자리였던, 그러나 지금은 처참히 버려진 배를 보러 갔다. 대부분은 한동안 자신들의 처지도 잊은 채 추위와 피곤에 지쳐, 그리고 긴 악몽에서 깨어난 것에 안도하며 텐트에 모여 웅크리고 있었다.

그러나 다른 대원들과는 달리 절망적인 얼굴로 그들을 바라보고 있는 사람이 있었다. 넓적한 얼굴과 큰 코, 그리고 비대한 몸집의 그는 아일랜드 사투리를 썼다. 배를 탈출하는 동안에도 그는 짐과 개와 사람들이 모두 내릴 때까지 멀찍이 서서 그 모습을 묵묵히 쳐다보고만 있었다.

그의 이름은 어니스트 섀클턴 경이었다. 그리고 그가 그토록 참담한 표정으로 바라보았던 상처입은 배를 함께 떠나게 된 스물일곱 명의 남자들은 그의 '남극 횡단 탐험대' 대원들이었다.

때는 1915년 10월 27일. 배의 이름은 '인듀어런스' 호. 위치는 남위 69도 5부, 서경 51도 30부.

살얼음으로 덮인 남극 웨들 해의 황무지 한복판, 사람이 살고 있는 가장 가까운 전초기지에서 약 1,900km 떨어진, 전초기지와 남극점의 중간 지점이었다.

그 순간 섀클턴만큼 무거운 책임을 느끼는 사람은 아무도 없었다. 물론 지금 그들이 자신들이 처한 절망적인 상황을 확실히 인식하고 있긴 했지만 앞으로 그들에게 주어질 육체적, 정신적 고통과 참고 견뎌야 할 혹독함, 그리고 끊임없이 맞닥뜨리게 될 시련까지는 아마도 상상할 수 없었을 것이다.

얼어붙은 남극 바다에서 그들에게 가장 중요한 것은 실제적인 목표였다. 그들이 마지막으로 문명사회를 접한 지도 벌써 1년이 되어 가고 있었다. 바깥 세상에선 그들이 어떤 어려움을 겪고 있는지, 또 어디에 있는지 아는 사람이 아무도 없었다. 그들에겐 구조 요청을 할 수 있는 무선 송신기도 없었지만, 설사 SOS를 띄울 수 있다 해도 그들이 있는 곳까지 달려올 구조요원이 있을 리 만무했다. 당시는 1915년이었고 헬리콥터도, 위젤 차(무한궤도가 달려 눈 위를 달리는 차)도 아무것도 없었다.

그들은 이 속수무책인 상황이 그저 놀랍기만 했다. 이제 그들은 스스로 이곳을 벗어나는 수밖에 없었다.

섀클턴은 가장 가까운 육지인 파머 반도의 빙붕(극지방의 육지나 큰 섬을 둘러싸고 있는 얼음 벌판)이 그들이 있는 곳에서 서남서쪽으로 약 300km 거리에 있을 것으로 추측했다. 그렇지만 육지까지는 거기서 40km나 더 떨어져 있는데다가 사람이나 동물이 전혀 살지 않는 곳이기 때문에 구조나 그밖의 안전은 전혀 기대할 수 없었다.

식량이나 숙소를 구할 수 있는 가장 가까운 곳은 폴렛 섬이었다. 직경이 2.5km에 불과한 그 작은 섬은 넘실대는 부빙군을 가로질러 남서쪽으로 557km 떨어진 곳에 있었다. 12년 전인 1903년, 스웨덴 소속의 '앤탁틱(Antarctic:남극)' 호가 웨들 해의 얼음에 좌초된 후 그 배의 승무원들이 그곳에서 겨울을 지냈었다. 마침내 구조가 된 '앤탁틱' 호의 대원들은 미래의 조난자들을 위해 배에 있던 필수품을 폴렛 섬에 남겨 두었다. 당시 그 필수품을 구입해 준 사람이 바로 섀클턴이었는데, 아이러니컬하게도 12년이 지난 지금 그 필수품들을 자신이 다시 필요로 하게 될 줄이야…….

2

'남극 횡단 탐험대'의 목표는 그 이름에서 알 수 있듯이 남극 대륙을 동서로 횡단하는 것이었다. 만만치 않은 이 여행이 섀클턴에게는 세 번째 남극 탐험이었다. 1901년 저명한 영국 탐험가인 로버트 스콧이 이끄는 '국립 남극 탐험대'의 일원으로 처음 탐험길에 올랐을 때 그는 남극에서 1,200km 떨어진, 그 당시 남극 대륙의 가장 깊은 곳인 남위 82도 15부까지 올라갔었다.

그리고 1907년, 섀클턴은 남극점을 목표 지점으로 선언하고 첫 번째 탐험대를 인솔했다. 세 명의 동료와 함께 탐험을 떠난 섀클턴은 최종 목적지까지 겨우 156km를 남겨 놓고 분투하다가 식량 부족으로 철수해야만 했다. 귀환길은 죽음과 싸우는 절망적인 경주였다. 그러나 돌아오자마자 섀클턴은 제국의 영웅이 되었다. 그는 가는 곳마다 명사 취급을 받았고, 왕으로부터 기사 작위를 수여받았으며, 전세계 주요 국가에서 훈장을 받았다.

그는 책도 썼고, 영국 제도(諸島), 미국, 캐나다 그리고 유럽의 여러 나라를 돌아다니며 강연도 했다. 하지만 그런 와중에도 그의 마음은 언제나 남극에 가 있었다.

1911년 봄, 그는 베를린 여행 중에 아내인 에밀리에게 편지를 썼다.

"대륙을 횡단하지 않는다면 이제 어떤 탐험도 의미가 없을 것 같소."

그사이, 로버트 에드윈 피어리가 이끄는 미국 탐험대가 1909년 북극에 도달했다. 그리고 1911년 말부터 1912년 초까지 스콧은 그의 두 번째 탐험에서 남극점에 도달한다. 그러나 스콧이 도착했을 땐 이미 아문센이 다녀간 지 한참 후였다. 크게 실망한 스콧과 세 명의 대원들은 괴혈병에 시달리며 힘겹게 베이스캠프로 돌아오던 도중 죽고 만다.

스콧의 업적과 그의 죽음에 대한 비극적인 소식이 영국에 전해지자 나라 전체가 슬픔에 잠겼다. 탐험에 관한 한 타의 추종을 불허했던 영국이 노르웨이에 이어 2등에 머물러야 한다는 모욕적인 사실 앞에서 영국인들의 상실감은 더 커질 수밖에 없었다.

이런 전반적인 사건들은 섀클턴의 남극 탐험에 대한 욕망을 더욱 부추겼다. 섀클턴은 서둘러 '남극 횡단 탐험'을 위한 계획을 추진하기 시작했다.

그가 세운 '남극 횡단'의 계획은 이런 것이었다. 먼저 인듀어런스 호가 웨들 해로 들어가 6명의 대원과 70마리의 개로 구성된 썰매 팀을 대략 남위 78도, 서경 36도 지점인 바셀 만 근처에 상륙시킨다. 이와 때를 맞춰 두 번째 배가 웨들 해의 기지에서 대륙 건너편에 있는 로스 해의 맥머도 해협으로 들어간 다음, 그곳 기지에서 남극점 부근까지 이어지는 식량창고를 만든다. 그동안 썰매 팀은 비상식량으로 끼니를 해결하며 남극점을 향해 썰매를 타고 간다. 남극점을 지나 광대한 비어드모어 빙하 근처까지 전진한 뒤엔 두 번째 팀이 그곳에 세워 놓은 최남단 식량창고에서 필요한 물건들을 보충하게 된다. 썰매 팀 대원들은 맥머도 해협 기지에 도착할 때까지 정해진 루트를 따라가며 곳곳에 세워 놓은 식량창고에서 필수품을 공급받게 된다.

그의 이 같은 계획이 지나치게 대담하다는 비판도 없지 않았다. 어쩌면 그 비판이 옳았을지도 모른다. 하지만 계획이 대담하지 않았다면 절대 섀클턴의 마음에 들지 않았을 것이다. 그는 굉장히 자립적이고 낭만적이며 적당히 허세를 부리기도 하는, 지극히 고전적인 스타일의 탐험가였다.

마흔 살의 그는 중키에 굵은 목, 그리고 넓고 두툼한 어깨에 약간 새우등이었다. 갈색 머리는 길게 탄 앞가르마의 양옆으로 넘겨져 있었다. 두툼하면서도 감정이 풍부해 보이는 입술은 웃다가도 금세 일자로 굳어지기 일쑤였다. 그의 턱은 쇠처럼 단단하고 강해 보였다. 잿빛 눈동자는 입술과 마찬가지로 기쁨으로 빛나다가도 이내 차갑게 어두워지거나 무서운 눈빛으로 변했다. 얼굴은 잘생긴 편이었지만 이따금 다른 생각에 골몰하고 있는 듯 보였다. 그래서인지 그에게선 가끔 쓸쓸한 분위기가 느껴지기도 했다. 그의 손은 아주 작았지만 주먹은 강하고 자신만만했다. 분명치 않은 바리톤

음성에 차분하고 느린 말투, 그리고 지방 사투리를 많이 쓰는 것이 그의 특징이었다.

기분이 매우 좋든, 화가 나 침울하든 섀클턴은 언제나 단호하고 강한 성격의 소유자였다. 그는 원하는 것을 마음대로 할 수 있는 부와 여유를 지닌 영국 신사가 되는 상상을 곧잘 하곤 했다. 중산층 계급 출신으로 소박하게 성공한 의사의 아들이었던 그는 열여섯 살에 영국 상선대(商船隊)에 입대하여 꾸준하게 진급을 했지만, 그렇게 한 계단씩 밟아 나가는 것이 불 같은 성격의 그에게는 도무지 맞질 않았다.

그는 새로운 것을 향한 지칠 줄 모르는 열정으로 많은 사업을 구상하고 시도했지만 대개는 성공을 거두지 못했다. 일반적인 잣대로 잰다면 그는 무책임하고 무모한 사람일지도 몰랐다. 그러나 그에겐 남들과는 비교할 수 없는 탁월한 지도력이 있었다. 일상에서 자기의 용기와 대담함을 발휘할 만한 일을 만나지 못했던 그에겐 자신을 마음껏 펼칠 수 있는 어떤 것이 필요했고 그것이 바로 남극 탐험이었다.

섀클턴에게 남극은 그의 강한 자아와 강인한 추진력에 시금석을 제공하는 그 무엇이었다. 남극이야말로 그가 가지고 있는 힘의 모든 원자 하나하나까지 필요로 하는 멋들어진 도전이었던 것이다.

탐험에 필요한 물품들 중에서 가장 중요한 것은 탐험대를 남극으로 데려다 줄 배였다. 섀클턴은 오스트레일리아의 저명한 탐험가인 더글러스 머슨 경으로부터 '오로라' 호를 사들였다. 물개 사냥용으로 견고하게 건조된 오로라 호는 이미 두 차례나 남극 탐험에 이용된 바 있었다. 또 한 척은 섀클턴의 계획을 적극적으로 지지하는 크리텐센에게서 아주 싼 가격에 인수하였다.

배의 이름은 '폴라리스(Polaris:북극성)'였다. 배를 인수한 뒤 섀클턴은 그의 집안의 가훈인 'Fortitudine vincimus(우리는 인내로 정복한다)'와 의미가 일치하는 '인듀어런스(Endurance)'로 배의 이름을 바꿨다.

'남극 횡단 탐험대'의 가장 큰 골칫거리는 다른 모든 민간 탐험대와 마찬가지로 돈이었다. 섀클턴은 재정적인 지원을 받기 위해 근 2년 동안 정부와 여러 과학단체들을 오가며 이 계획이 진지한 과학적 시도라고 설득해야만 했다.

정부 외에도 전세계 수백만 명의 소액 기부자들이 지원금을 보내왔지만 그 액수만으로는 역부족이었다. 지원금을 마련할 때 으레 그렇듯 섀클턴도 하는 수 없이 탐험대를 담보로 내세워야 했다. 훗날 탐험의 결과로 발생할 모든 상업적 소유권을 미리 앞당겨 팔았던 것이다. 그는 탐험을 마친 후 책을 써준다는 약속을 했고, 활동사진과 찍어 올 사진에 대한 권리를 팔았으며, 귀환 후의 연속 강의를 계약했다. 이 모든 준비 과정 속에는 하나의 기본 전제가 포함되어 있었는데, 그것은 바로 섀클턴이 살아서 돌아온다는 것이었다.

충분한 재정적 지원을 얻어내는 어려움과는 반대로, 탐험에 참가할 지원자들을 찾는 일은 비교적 쉬웠다. 섀클턴이 탐험 계획을 발표하자 함께 가겠다는 지원자가 3명의 여자를 포함하여 무려 5천여 명이나 몰려들었다.

그들 대부분은 순수한 모험정신으로 지원을 한 사람들이었다.

그들에게 지불되는 급여는 수고비 정도가 고작이었기 때문이다. 그나마도 대다수의 경우는 탐험이 끝난 뒤에 지불한다는 조건이었다. 섀클턴은 이 남극 횡단 탐험에 참가할 수 있다는 것 자체가 그들에겐 충분한 보상이 된다고 생각했다. 특히 이 일을 통해 자신의 분야를 연구할 수 있는 절호의 기회를 갖게 될 과학자들에게는.

섀클턴은 테스트를 거친 소수의 베테랑을 중심으로 대원 명단을 작성했다. 부대장은 프랭크 와일드에게 맡겼다. 그는 작은 키에 다부진 체격이었고, 가느다란 잿빛 머리가 나날이 빠지고 있는 남자였다. 평상시에는 나긋나긋한 말씨에 태평스럽게 보이지만 실제로는 거칠기 짝이 없는 그런 사내였다. 그는 1907~1909년의 남극 탐험 때에도 섀클턴의 세 동료 중 한 사람이었는데, 섀클턴에 대한 그의 개인적인 애정과 존경심은 실로 대단했다. 두 사람은 아주 잘 어울리는 한 팀이었다. 와일드는 섀클턴에게 무조건 충성했고, 그의 차분하면서도 무미건조한 성격은 격정적이면서 대담한 섀클턴의 성격과 완벽한 조화를 이루었다.

인듀어런스 호의 2등 항해사는 토머스 크린으로 결정되었다. 훤칠한 키에 가지런한 몸매, 거리낌없는 말투의 아일랜드 출신인 그는 영국 해군에서 오래 복역한 덕분에 무조건적인 규율에 익숙해져 있었다. 크린은 1901년 스콧 탐험대에서 섀클턴을 도운 적이 있었고, 또 1910~1913년에는 스콧의 불운한 탐험대를 남극으로 태워다 준 '테라 노바' 호의 선원이기도 했다. 크린의 경험과 의지를 높이 산 섀클턴은 그를 6명으로 구성된 대륙 횡단 팀에서 썰매 팀 조종사로 임명할 생각이었다.

3등 항해사로 배를 탔던 알프레드 치덤은 크린과는 정반대의 분위기였다. 왜소하기 짝이 없는 그는 와일드보다도 키가 작았지만 겸손하고 붙임성 있는 성격의 소유자였다. 섀클턴은 치덤을 '남극의 베테랑'이라고 불렀는데, 섀클턴과 스콧과의 탐험을 포함해서 남극 탐험을 세 번이나 했기 때문이었다.

  조지 마츤은 서른두 살짜리 화가였다. 동안(童顔)에 오동통한 체격의 마츤은 섀클턴의 1907~1909년 여행에서 탁월한 솜씨를 보여 준 바 있었다. 다른 대원들과는 달리 그는 자녀까지 둔 유부남이었다.

  1907~1909년 탐험의 일원이었던 토머스 맥리오드가 인듀어런스호의 선원으로 서명을 했고, 그럼으로써 핵심 베테랑들이 완벽하게 구성되었다.

  신참들을 고르는 섀클턴의 방식엔 정해진 기준이 없었다. 외모가 마음에 들면 볼 것도 없이 합격이었다. 그렇지 않으면 재고의 여지가 없었다. 탐험 대원을 뽑기 위해 섀클턴이 주관한 인터뷰는 채 5분이 걸리지 않았다.

  충동적이고 성급한 성격의 땅딸보 레오나르드 허시는 비록 그 당시 그 자리에 걸맞은 자질을 갖추진 못했지만 어쨌든 기상학자로 참여하게 되었다. 섀클턴은 허시를 단지 '재미있게 생겼다'고 생각했고, 최근에 그가 열대지방인 수단을 탐험하고 왔다는 사실이 마음에 들었던 것이다. 허시는 즉시 기상학 집중 코스에 등록했고 결국 유능하다는 평가를 받았다.

  두 명의 의사 중 한 사람인 알렉산더 맥클린 박사는 왜 안경을 쓰고 있느냐는 섀클턴의 질문에 다음과 같이 대답하여 섀클턴의 마음을 사로잡았다.

"아무리 지적인 얼굴도 안경을 안 쓰면 바보처럼 보이거든요."

레지널드 제임스는 물리학자로 합격했다. 섀클턴은 치아의 상태는 어떤지, 다혈질 증세는 없는지, 또 기분이 좋은지, 그렇다면 노래를 부를 수 있는지 따위를 물었다. 이 마지막 질문에 제임스는 황당한 표정을 지었다.

"아, 가수가 되란 소리는 아니오."

섀클턴이 그를 안심시켰다.

"다른 대원들과 같이 고함을 지를 수는 있겠지요?"

이런 즉흥적인 결정에도 불구하고 유능한 사람을 골라내는 섀클턴의 직감은 좀처럼 빗나가지 않았다.

1914년 초반기는 장비, 물품, 그리고 필요한 소지품들을 구하느라 정신이 없었다. 썰매가 제작되어 눈 덮인 노르웨이 산에서 시운전을 했다. 텐트가 특별히 설계되었고, 괴혈병을 방지하기 위한 새로운 타입의 식량도 테스트를 거쳤다.

1914년 7월 말, 테스트를 거친 모든 물건들이 차곡차곡 인듀어런스 호에 실렸다. 그리고 8월 5일, 인듀어런스 호는 드디어 플리마우스에서 출정의 돛을 올렸다.

자금 확보를 위한 마지막 회의에 참석해야 하는 섀클턴과 와일드를 남겨 놓은 채, 배는 부에노스아이레스로 항로를 잡았다. 두 사람은 나중에 상선을 타고 아르헨티나로 간 다음 그곳에서 인듀어런스 호에 합류할 예정이었다.

대서양 횡단은 요컨대 시험 순항이 될 터였다. 인듀어런스 호로

서는 일 년 전 노르웨이에서 건조된 이후 첫 출항이었다. 그리고 많은 대원들에게도 첫 항해였다.

인듀어런스 호는 어느 모로 보나 아름다웠다. 세 개의 돛이 달린 돛배로 앞 돛은 가로 돛인데 반해 뒤에 있는 두 돛은 뱃머리와 배 뒷전을 잇는, 배와 평행한 세로 돛이었다. 또한 화력으로 움직이는 350마력의 증기 엔진이며, 시속 18.9km의 속도를 낼 수 있었다. 총 길이는 44m이며 폭이 7.6m나 되었다. 반지르르 윤기가 흐르는 검은색 선체는 얼핏 보기에도 더할 수 없는 위엄을 풍겼지만, 생각보다 그리 큰 배는 아니었다.

배의 밑바닥 한가운데에 뱃머리와 배 뒷전을 이어 배를 받치고 있는 길고 큰 목재인 용골은 단단한 참나무 판으로 되어 있었고, 이 판은 네 개가 세로로 나란히 붙어 있어 전체 두께가 213cm나 되었다. 배의 양옆에도 참나무와 노르웨이 전나무를 댔고, 두께는 대략 20~66cm로 다양했다. 이렇게 두꺼운 목재 위에 얼음에 쓸리는 것을 막기 위해 뱃머리에서 배 뒷전까지 배 전체에 열대 아메리카 지방의 단단한 녹색 재목으로 다시 겉을 씌웠다. 웬만한 연장으로는 작업을 할 수 없을 정도로 강철같이 단단하고 무거운 나무였다.

골격은 23~28cm의 이중 두께로 되어 있으며, 재래식 선박보다 두 배가 넘는 골격을 세웠다. 얼음과 정면으로 부딪치는 뱃머리도 각별히 주의를 기울였다. 신경 써서 고른 통참나무로 깎아 만들었기 때문에 나무의 자연스런 모양이 배의 곡선으로 그대로 이어졌다. 조립시 목재 두께가 132cm나 되었다.

인듀어런스 호는 단순히 튼튼하게만 지어진 것은 아니었다. 배가 건조된 곳은 노르웨이의 유명한 조선소였는데, 그곳은 수년 동안 남극 북극의 물개잡이와 고래잡이 배를 만들어 온 극지 전문 조선소였다. 당시 건조업자들에게 이 배는 이런 종류로서는 마지막 프로젝트였고, 그래서 특별히 신경을 써서 배를 건조하였다.

인듀어런스 호는 각 이음새와 조립 부분을 십자로 단단히 조여 외부의 힘에 최대한 견딜 수 있도록 만들어졌다. 배를 건조하는 동안 목조선 건조업자인 크리스티앙 야콥센이 꼼꼼하게 감독을 했다. 그는 조선 경험도 중요하지만 직접 포경선이나 물개잡이 배를 타봤던 사람을 고용해야 한다고 주장했다. 이들은 인듀어런스 호의 세부적인 사항에까지도 남다른 관심을 기울였다. 목재 하나하나도 각별하게 골랐고 오차 허용도를 최소로 줄여 가며 조립했다. 돛대를 달 때 다소 미신적인 조선공들은 오래된 크로네(덴마크, 노르웨이의 화폐 단위) 동전을 돛 아래 넣어 두었다. 그래야 돛이 부러지는 것을 막을 수 있다고 믿었던 것이다.

1912년 12월 17일, 마침내 인듀어런스 호를 진수시켰다. 난센이 탔다가 나중에 아문센이 탔던 '프램' 호를 제외하곤 노르웨이에서, 어쩌면 전세계에서 가장 튼튼한 목조선이었다.

그러나 이 두 선박 사이에는 아주 다른 점이 하나 있었다. 프램 호는 밑바닥을 우묵하게 공처럼 둥글려서, 얼음이 바싹 밀고 들어오면 배가 얼음에 미끄러지면서 위로 떠 압력에서 벗어나도록 되어 있었다. 하지만 인듀어런스 호는 애초에 얼음으로 가득 찬 부빙군 사이를 빠져 나가도록 설계되었기 때문에 어떤 압력을 받아도 위로 떠오르지 않게 되어 있었다. 그래서 다른 평범한 배에 비해 바닥이 아주 평평했다.

그런데도 런던에서 부에노스아이레스까지의 항해 도중 선체가 아주 심하게 흔들렸다. 과학자들의 절반 이상이 뱃멀미를 했고, 크고 건장한 체격에 젊고 늘 씩씩한 1등 항해사 라이오넬 그린스트리트는 많은 항해 경험에도 불구하고 "지긋지긋한 뱃멀미"라며 진저리를 쳤다.

대서양 횡단 여행은 두 달이 더 걸렸다. 그동안 인듀어런스 호는 프랭크 워슬리의 지휘 아래 움직였다. 뉴질랜드 태생인 그는 열여섯 살 때부터 배를 타기 시작한 뱃사람이었으며, 젊어 보였지만 실은 마흔두 살이나 되었다. 그는 평균보다 약간 작은 키에 가슴이 두툼한 사내였다. 거칠지만 핸섬한 얼굴에는 장난기가 넘쳐 흘렀다. 아무리 험상궂은 표정을 지으려 해도 그런 표정은 그에겐 전혀 어울리지 않았다.

예민하고 남다른 인물인 워슬리가 어떻게 탐험대에 합류하게 되었는지를 보면 그의 성격을 잘 알 수 있다. 그의 설명에 의하면, 런던에 상륙해서 호텔에 머물고 있던 어느 날 밤에 그는 꿈에서 화려한 웨스트 엔드(West End: 런던 서부의 대지구로서 상류 사교계의 유행과 환락의 중심지)에 있는 버링턴 가(街)를 지나갔다고 한다. 꿈에서 본 그 거리는 얼음 덩어리로 가득 차 있어 배를 타고서야 겨우 통과할 수 있었다.

다음 날 아침, 그는 서둘러 버링턴 가로 달려갔다. 길을 따라 내려가던 그의 눈에 문득 어느 건물 입구에 붙어 있는 간판이 들어왔다. '남극 횡단 탐험대'라는 문구가 적힌 간판이었다.

그는 안에서 섀클턴을 발견했다. 두 사람은 만나자마자 서로에게 마음이 끌렸다. 워슬리는 굳이 탐험대에 합류하고 싶다는 말을 할 필요조차 없었다.

"당신은 합격했소."

몇 마디의 대화 끝에 섀클턴이 말했다.

"내가 당신을 채용할 때까지 일단은 당신 배를 타시오. 가급적 빠른 시일 내에 자세한 사항을 통보하겠소. 그때 봅시다."

그는 워슬리의 손을 잡았고 면담은 그렇게 끝이 났다.

이렇게 해서 워슬리는 인듀어런스 호의 선장이 되었다. 섀클턴의 총 지휘하에 배의 물리적인 조정을 맡는 탐험대의 리더가 된 것이다.

기질적으로 섀클턴과 워슬리는 어느 정도 비슷한 데가 있었다. 두 사람 모두 다혈질인데다가 상상력이 풍부하고 낭만적이었으며 모험을 좋아했다.

1914년 10월 9일 인듀어런스 호가 부에노스아이레스에 도착했을 때, 위계질서에 익숙치 못했던 워슬리 때문에 전체적으로 분위기가 몹시 흐트러져 있었다. 그때 런던에서 도착한 섀클턴과 와일드가 탐험대에 합류한다.

항해 내내 성의가 부족했던 요리사는 급기야 술에 취해 뱃전으로 올라오는 바람에 즉각 월급을 지급받고 해고되었다. 공석이 된 그 자리에 지원한 사람은 놀랍게도 20명이나 되었다. 결국 그 자리는 새된 목소리의 찰스 그린이 차지했다. 그는 다른 사람들과는 아주 다른 타입의 사람으로서, 외곬으로 보일 만큼 양심적이고 성실

했다.

 폭풍이 몰아치는 밤이 지난 뒤에 두 명의 선원이 그린스트리트와 뒤엉켜 싸우다가 마찬가지로 모두 해고되었다. 인원 보충은 한 명만 하기로 결정되었고 그 자리는 윌리엄 베이크웰에게 돌아갔다. 스물여섯 살로 캐나다 출신인 그는 퍼스 블랙보로라는 땅딸막한 열여덟 살의 동료를 데리고 왔다. 블랙보로는 인듀어런스 호가 부에노스아이레스에 머무는 동안 요리사 보조로 임시 고용되었다.
 그사이, 탐험대 소속 사진사인 프랭크 헐리가 호주에서 도착했다. 더글러스 머슨 경의 마지막 남극 탐험대의 일원이었던 헐리는 그 일을 통해 얻은 명성만으로 섀클턴이 그의 탐험대에 합류시킨 것이다.
 마침내 탐험대의 마지막 정규대원들이 승선을 마쳤다. 캐나다에서 구입한 69마리의 썰매 끄는 개들이 부에노스아이레스에 도착했다. 개들은 갑판을 따라 길게 늘어선 개집으로 들어갔다.
 인듀어런스 호는 10월 26일 오전 10시 30분에 마지막 기항지인 남아메리카 최남단의 무인도 사우스조지아 섬을 향해 부에노스아이레스를 출항했다. 배는 플래트 강의 드넓은 어귀를 빠져 나가 다음 날 아침 리칼라다 등대선에 정박했다. 일몰로 인해 시야에서 사라졌던 육지였다.

3

 마침내 그들은 원래의 항로로 접어들었고, 그제서야 섀클턴은 비로소 마음이 놓였다. 수년간에 걸친 계획이 마침내 실현되고 있는 것이다. 애걸하기도 하고, 싫으면서 좋은 척 비위를 맞추고, 또 가끔은 거짓말도 해야 했던 힘겨운 순간들은 이제 모두 지나갔다. 항해라는 단순한 행위는 언제나 반전과 좌절과 공허가 가득 찬 세상 너머로 그를 데려다 주었다. 그러면 인생은 수천 가지 하찮은 문제가 뒤얽힌 지극히 복잡한 세상에서 목표를 달성해야 한다는 한 가지 사실만이 존재하는 단순한 세상으로 순식간에 탈바꿈했다.
 그날 밤 일기에서, 섀클턴은 자신의 느낌을 이렇게 정리했다.

 "…이제 진짜 일이 다가온다… 싸움은 잘 끝날 것이다."

그러나 갑판 선원실에는 안도감 대신 긴장감이 흐르고 있었다. 원래 선원 명단엔 섀클턴을 포함해 스물일곱 명의 이름이 적혀 있었다. 그런데 실제로는 스물여덟 명이 타고 있었던 것이다. 부에노스아이레스에서 승선한 선원 베이크웰이 월터 하우와 토머스 맥리오드와 짜고 자신의 친구인 퍼스 블랙보로를 몰래 배에 태운 것이었다.

블랙보로는 베이크웰의 방에 숨어 있었다. 다행히 갑판에선 할 일이 많지 않았기 때문에 갑판원들은 블랙보로가 몰래 배에 탄 사실을 알지 못했다. 베이크웰은 가끔씩 아래로 내려와 블랙보로에게 먹을 것과 마실것을 가져다 주었다.

다음 날 아침, 세 명의 공범들은 드디어 때가 왔다고 생각했다. 배가 육지에서 이미 멀리 떨어져 다시 돌아가기는 불가능해졌기 때문이다. 내내 갇혀 있던 블랙보로는 보초 근무 중인 화부 어니스트 홀리스의 방으로 자리를 옮겼다. 방에 도착하여 문을 연 홀리스는 자신의 방수복 밑으로 비어져 나온 두 개의 발을 보았다. 그는 황급히 메인마스트(가장 높은 중심 돛대) 뒤에 있는 갑판으로 올라갔다. 그러곤 거기서 보초를 서고 있는 와일드에게 그 사실을 이야기했다. 와일드는 즉시 홀리스의 방으로 가 블랙보로를 끌어낸 다음 섀클턴에게 데려갔다.

그 누구도 섀클턴만큼 화를 내는 사람은 없었다. 그는 블랙보로를 정면으로 마주 보며 그의 넓적한 어깨를 떠다밀었다. 그러고는 그를 호되게 다그쳤다. 블랙보로는 겁에 질려 있었고, 베이크웰과 하우와 맥리오드는 예기치 못한 상황 앞에서 그야말로 속수무책이었다. 긴 열변을 토하다가 갑자기 말을 멈춘 섀클턴은 블랙보로의 얼굴에 자신의 얼굴을 바짝 들이대며 버럭 고함을 질렀다.

"만약 식량이 떨어져 굶어 죽게 되면, 널 제일 먼저 잡아먹을 거야, 알았어?"

블랙보로의 동그랗고 앳된 얼굴에 천천히 미소가 떠올랐다. 그가 고개를 끄덕이자 섀클턴은 워슬리를 쳐다보며 블랙보로가 주방의 그린을 보조하면 좋겠다고 제안했다.

인듀어런스 호는 1914년 11월 5일 사우스조지아 섬의 그리트비켄 포경 기지에 도착했다. 그러나 그들을 기다리고 있는 건 우울한 소식이었다. 인근에서 조업하는 노르웨이 포경선의 선장들에 의하면 웨들 해의 얼음 상태가 사상 최악이라는 것이었다. 지금 웨들 해를 건너는 것은 불가능하다고 말하는 사람들도 있었고, 섀클턴에게 다음 시즌까지 기다리라고 만류하는 사람도 있었다. 실망한 섀클턴은 상황이 좋아지길 기다리며 잠시 동안 사우스조지아 섬에 남아 있기로 결정했고, 그 기간 동안 웨들 해 얼음의 전반적인 움직임에 대한 자세한 정보를 얻을 수 있었다.

웨들 해는 원 모양의 바다로서 남극 대륙, 파머 반도, 사우스 샌드위치 군도 등 세 개의 육지로 둘러싸여 있다. 그래서 웨들 해에서 형성된 얼음의 대부분은 그 지역에 묶여 있었다. 육지가 바다를 에워싼 채 얼음이 넓은 바다로 흘러 나가는 것을 가로막고 있기 때문이다. 그 지역의 바람은 너무 약해서 얼음을 이동시킬 수 없었으며 일 년 내내, 심지어는 여름에조차 얼음이 새로 얼었다. 결국 시계 방향의 강한 해류에 의해 떠밀린 얼음이 거대한 반원을 그리면서 바다 서쪽 파머 반도의 허리로 바짝 밀려가게 된다.

탐험대의 목적지는 파머 반도의 반대쪽인 바셀 만(灣)이었다. 하지만 그들이 만일 웨들 해의 강한 해류에 휩쓸린다면 그들은 얼음과 더불어 파머 반도로 가게 될 것이다. 물론 처음에는 해류를 타다가 중간 지점인 바셀 만 해변에 배를 댈 계획이었지만, 아무래도 강한 해류 때문에 중간에 방향을 틀기가 어려울 것 같았다. 얼음에 둘러싸여 빠져 나오는 데 실패한 채 파머 반도 주변에서 발이 묶일 염려가 있었던 것이다. 그래서 섀클턴은 탐험대의 계획을 조금 수정하기로 했다. 강한 해류를 타지 않고 웨들 해와 성가신 부빙군의 북동쪽으로 멀리 우회하기로 결정한 것이다. 얼음이 없는 바셀 만 근방에서 상륙하기 적당한 해안을 발견할지도 모른다는 기대와 함께.

인듀어런스 호는 순조로운 해류를 타고 사우스조지아 섬 해안을 따라 항해했다. 배 위의 풍경은 기괴했다. 걸핏하면 뒤엉켜 싸우는 예순아홉 마리의 에스키모 개들이 뱃머리에 묶여 있었고, 중앙 갑판에는 수 톤의 석탄이 산더미처럼 쌓여 있었다. 그리고 돛대와 연결된 밧줄에는 개에게 먹일 1톤의 고래고기가 걸려 있었다. 고기에서 떨어지는 핏방울이 갑판 위로 흩어지면서 행여 고깃덩이가 떨어지지 않을까 고대하는 개들을 광란케 했다.

처음으로 시야에 들어온 육지는 사우스 샌드위치 군도의 선더스 섬이었다. 12월 7일 오후 6시, 인듀어런스 호는 선더스 섬과 캔들마스 화산 사이를 통과했다. 거기서 배는 처음으로 장애물을 만났다.

다행히도 그건 배가 쉽사리 통과할 수 있는 소규모의 얼음 개울에 불과했다. 하지만 두 시간 뒤, 그들은 1m 두께에 폭이 800m나

되는 육중한 부빙군과 맞닥뜨렸다. 그 건너편으로 투명한 바다가 보이긴 했지만, 거센 파도가 넘실대는 얼음 덩어리들 사이로 밀고 들어간다는 것은 너무도 위험한 일이었다.

그들은 부빙군의 가장자리를 따라 다음 날 아침 9시까지 신중한 탐색 작업을 펼쳤고, 12시간 만에 드디어 안전한 통행로를 발견했다. 배는 속도를 완전히 죽인 채 느릿느릿 얼음 사이를 빠져 나가기 시작했다. 위로 떠오른 부빙과 서너 번쯤 세차게 충돌했지만 다행히 별다른 손상은 입지 않았다.

그들은 여러 개의 커다란 빙산을 지나쳤다. 개중에는 2km²에 가까운 엄청난 빙산도 있었다. 마치 벼랑으로 떨어지는 폭포의 물보라처럼 뱃전에서 부서져 하늘로 솟구치는 거친 파도를 탈 때마다 이 빙산들은 장엄한 광경을 연출했다. 몰아치는 파도로 인해 수많은 빙산에 거대한 얼음 동굴이 뚫렸다. 파도가 부서질 때마다 파란 얼음 동굴로 물살이 밀려들어갔고, 그럴 때마다 우르릉 꽝 하는 소리가 사위를 흔들곤 했다.

이틀 동안 그들은 부빙군 외곽을 돌면서 동쪽으로 항해했다. 그리고 12월 11일 자정이 되어서야 비로소 바셀 만을 향해 남쪽으로 방향을 돌릴 수 있었다. 그런 식으로 거의 2주 동안 몸부림을 치며 부빙군 사이를 요리조리 빠져 나갔지만, 꼼짝없이 발이 묶인 채 얼음이 흩어질 때까지 속수무책으로 기다릴 때도 있었다.

얼음이 없는 트인 바다로 나오자 돛의 도움이 없이도 시속 20km까지 속도를 낼 수가 있었고, 하루에 300km 이상을 달리는 것도 어렵지 않았다. 그러나 12월 24일 자정이 되자 배의 하루 평균 속도가 50km 이하로 뚝 떨어졌다. 사우스조지아 섬을 떠나기 전만 해도 섀클턴은 12월 말쯤이면 뭍에 닿으리라고 예상했었는데 아직 남극권조차 벗어나지 못하고 있었던 것이다. 이미 여름이 본격적으로 시작되었는데도.

이제 하루 스물네 시간이 대낮처럼 환했다. 태양은 장엄한 황혼을 길게 남긴 채 자정 무렵에만 잠깐씩 모습을 감췄다. 이 기간 중에는 대기 중의 수분이 얼어붙어 땅으로 떨어지는 '얼음 소나기' 현상이 자주 일어나면서 환상적인 동화 나라를 만들어 냈다. 가느다란 바늘처럼 생긴 수백만 개의 미세한 결정체가 노을진 하늘 아래로 아름답게 반짝거리며 떨어져 내렸다.

끝없는 황량함 속에서 부빙군이 사방을 뒤덮고 있긴 했지만 주위는 온통 생물체로 가득 차 있었다. 긴수염고래, 흑고래 그리고 가끔 길이가 30m가 넘는 푸른 거인고래들이 부빙들 틈새로 고개를 내밀며 떠올랐다. 먹이를 찾아 못생기고 뾰족한 코로 얼음 표면을 밀어냈다가는 이내 실망하여 물속으로 사라지는 흰줄박이돌고래도 있었다. 머리 위로는 큰 신천옹(바다새의 일종. 선원들 사이에서는 바다에서 죽은 사람이 이 새로 환생하기 때문에 이 새를 죽이면 재앙을 입는다는 전설이 있다)과 서너 종류의 바다제비들, 그리고 제비갈매기들이 원을 그리며 쏜살같이 물 위로 떨어져 내렸다. 얼음 위에는 웨들 해의 물개들이 누워 잠자는 모습이 여기저기 보였다.

펭귄 또한 빼놓을 수 없는 풍경이었다. 이 녀석들은 배가 옆으로 지나갈 때마다 근엄하게 묵묵히 지켜보는, 조금은 건방진 황제들이었다. 하지만 새끼 펭귄들은 아주 달랐다. 배를 깔고 덥석 엎드리거나 "클락, 클락!" 하고 울어 대며 두 발을 딛고 미끄럼을 타는 모습은 정말이지 귀엽기 짝이 없었다.

별다른 진척이 없는 상황에서도 성탄절만은 성대하게 치러졌다. 온갖 깃발과 천으로 사관실을 장식하고, 수프·청어·항아리에 삶은 토끼고기·건포도 푸딩과 케이크로 만찬을 베풀었으며, 맥주와 럼주로 목을 축였다. 저녁 식사 후에는 허시가 손수 만든 한 줄짜리 바이올린의 반주에 맞춰 유쾌한 합창대회가 열렸다. 잠자리에 들기 전, 그린스트리트는 그날의 일을 일기에 이렇게 적었다.

> "여기서 또 한 번 크리스마스를 맞았다. 다음 크리스마스는 어떤 상황에서 어떻게 맞게 될지 궁금하다. 기온 영하 1℃."

1월 16일 오전 8시, 돛대 꼭대기 너머로 육중한 부빙군이 보였다. 그들은 돛을 접고 화력에만 의지한 채 부빙군 가장자리를 돌며 빠져나갈 길을 찾아보았다. 그러나 길은 전혀 보이지 않았다.

강풍이 불어오기 시작했고 그 강도는 점점 더 심해졌다. 비록 머리 위의 하늘은 청명했지만 육지에서 몰려온 짙은 눈구름이 대기 중에 가득 차 있었다. 인듀어런스 호는 빙산 아래 은신한 채 앞뒤로 왔다 갔다 하며 바람을 피했다.

1월 18일 오전 6시경, 북동풍이 가라앉기 시작하자 배는 중간 돛을 올리고 느릿한 속도로 남쪽으로 전진했다. 정면으로 한 줄기 쪽빛 하늘이 보이기 시작했다. 뭔가 희망이 다가오는 듯했다. 탐험대원들은 곧 드넓은 바다가 나타나리라 기대하며 부빙군 사이를 헤치고 지나가기로 결정했다. 그리고 오후 5시, 인듀어런스 호는 그리로 들어갔다.

그와 동시에 그들은 이것이 전에 만났던 부빙군과는 전혀 다른 종류의 얼음이라는 사실을 깨달았다. 부빙들은 두꺼웠지만 몹시 부드러웠고, 대부분 눈으로 뭉쳐져 있었다. 그들이 떠 있는 곳은 깨진 눈덩이와 부빙 조각들로 인해 걸죽해진 얼음 수렁이었다. 그 수렁은 마치 푸딩처럼 배를 깊숙이 에워쌌다.

오후 7시, 그린스트리트는 두 개의 거대한 부빙을 헤치며 트인 바다를 향해 인듀어런스 호를 몰아 갔다. 그러나 절반쯤 지났을 때 배는 그만 얼음 수렁에 처박혀 버렸고, 어디서 나타났는지 새로운 부빙이 배의 뒤쪽으로 다가왔다. 엔진을 최대한으로 가동시켰지만 인듀어런스 호는 계속해서 제자리를 맴돌기만 할 뿐이었다. 그러기를 무려 2시간, 그들은 간신히 마의 부빙군을 빠져 나올 수 있었다.

일상적인 결정을 내릴 때마다 워슬리는 그것을 일일이 항해 일지에 기록했다.

"북동풍이 가라앉으면 부빙군이 쪼개지는지를 보기 위해 우리는 잠시 그곳에 서 있었다."

춥고 흐린 날이 지리하게 계속되었다. 엿새 뒤인 1월 24일, 드디어 북동풍이 멈추었다. 그러나 시야가 닿는 가장 먼 곳까지 아득하게 뻗어 있는 사방의 얼음은 인듀어런스 호를 빈틈없이 에워싸고 있었다.

워슬리는 항해 일지에 이렇게 적었다.

"남풍이 일어나거나 아니면 얼음이 저절로 쪼개질 때까지 우리는 인내심을 가져야 한다."

남풍도 불지 않았고 얼음 또한 저절로 쪼개지지 않았다. 또 얼마나 이렇게 기다려야 할지 알 수 없었다. 지루한 싸움이 다시 시작되는 듯했다. 그러나 다행스럽게도 그날 자정에 배의 전방 50여 m 지점에 4~5m의 균열이 생겼다. 다음 날 오전으로 접어들면서 균열은 400m 폭으로 넓어졌고, 그리로 빠져 나가기 위한 작업이 시작되었다. 보일러실이 분주해지며 화력이 최대한으로 높여졌다. 모든 돛이 일제히 올려졌고 엔진이 최고 속력으로 돌아가기 시작했다. 그렇게 3시간이 흘렀다. 하지만 배는 얼음과 씨름하며 단 한 발자국도 앞으로 나아가지 못했다.

마침내 인듀어런스 호의 발이 묶이고 만 것이다. 창고 책임자인 오들리는 "얼어버렸다, 초콜릿 바 속에 박힌 아몬드처럼"이라고 적었다.

4
—

 북풍이 웨들 해의 부빙군 전체를 잔뜩 짓누르며 지나갔지만 지구상의 그 어떤 힘도 얼음을 쪼갤 수는 없었다. 반대편에서 불어오는 강풍이라면 몰라도. 그러나 강풍은커녕 지극히 온화한 바람만 불어왔다. 워슬리의 일기에는 아무리 기다려도 오지 않는 강풍을 기다리며 보낸 날들의 이야기가 적혀 있다.

 "가벼운 남서풍… 온화한 동풍… 간지러운 남서풍… 차분하고 메마른 공기… 서쪽에서 부는 가벼운 미풍."

 인듀어런스 호가 정말 발이 묶였다는 사실이 대원들에게 아주 천천히 느껴지기 시작했다. 느릿한 체념처럼, 혹은 깨지 않는 악몽처럼. 하루도 빠짐없이 걱정스런 표정으로 지켜봤지만 부빙군의 표면은 아무런 변화를 보이지 않았다.

1월 24일, 강풍이 가라앉자 고집 센 목수 맥니쉬는 이렇게 적었다.

"여전히 붙들려 있다. 길이 열릴 기미가 보이지 않는다. 얼음의 압력은 심각한 문제다. 만약 빨리 빠져 나가지 못하면 여기서 벗어날 기회는 좀처럼 오지 않을 것 같다."

25일, "여전히 꼼짝 못 한다. 얼음을 잘라 내고 배를 빼내려 했지만 소용이 없었다……."

26일, "여전히 단단함. 우리 앞에 물이 조금 비췄지만 우리를 가둬 놓은 부빙은 단단하기 그지없다……."

27일, "여전히 단단하다. 우리는 또 얼음을 깨려고 시도했다… 그리고 포기했다."

30일, "여전히 단단함……."

31일, "여전히 단단함……."

그럼에도 불구하고 그들은 24시간 경비를 섰고, 배 안에서의 업무는 평소대로 진행되었다. 1월 31일엔 처음으로 무선 통신을 시도했다. 모르스식 전신 부호로만 전송 메시지를 받을 수 있는 배터리 동력 장치였다.

다음 날 새벽 3시 20분, 몇몇 대원들이 선장실의 수신기 앞으로 모여들었다. 그리고 1시간도 넘게 다이얼과 씨름을 했다. 모두가 예측한 대로, 공전(空電:대기 속의 방전 현상으로 생기는 잡음 전파) 이외에는 아무 소리도 들리지 않았다. 1915년의 장거리 무선 통신은 겨우 걸음마 수준에 불과했던 것이다. 인듀어런스 호에 타고 있는 대원들 중 뭔가 대단한 것을 기대한 사람은 아무도 없었다. 그래서 예상이 맞아떨어졌을 때 아무도 놀라거나 실망하지 않았다.

2월 들어 배 근처 얼음에 조금씩 균열이 생기자 그들은 두세 번 배를 빼보려고 했다. 그러나 이런 시도는 늘 실패로 돌아갔다.

2월 14일, 500m 전방에 바다로 빠져 나갈 수 있는 물길이 열렸다. 이 기회를 놓칠세라 서둘러 엔진이 가동되었고, 톱·끌·곡괭이 그리고 얼음 사이로 길을 낼 수 있을 만한 연장이라면 뭐든지 들고 얼음으로 내려가라는 명령이 전 대원에게 내려졌다.

인듀어런스 호는 겨우 30~60cm 두께의 갓 언 얼음 웅덩이에 빠져 있었다. 부빙을 쪼개 가며 물길로 접근할 공간을 확보하려면 일단 배 주변의 얼음을 잘라서 멀찌감치 떼어 놓아야 한다. 대원들은 오전 8시 40분에 작업을 시작하여 하루 종일 얼음과 씨름을 했다. 그리하여 자정 무렵엔 얼음을 베어 내고 약 150m 길이의 통로를 만들었다.

다음 날 아침 일찍 대원들은 작업을 재개했다. 물길이 다시 막히기 전에 배가 물길로 나가게 하기 위해서였다. 그들은 배를 최대한 멀리 후진시켰다가 부빙을 향해 전속력으로 들이받았다. 부빙에 V자 모양의 홈을 파놓았기 때문에 뱃머리가 얼음을 쉽게 쪼갤 수 있으리라 생각했던 것이다.

배는 물살을 튀기며 계속해서 부빙과 부딪쳤다. 그리고 그때마다 중심을 잃고 좌우로 흔들렸다가 뒤로 미끄러졌다. 시간이 갈수록 진동은 더 심해졌다. 얼음 위의 대원들은 얼음 덩어리들을 재빨리 굵은 철사 줄로 감았는데, 개중에는 무게가 20톤이 넘는 얼음도 있었다. 인듀어런스 호는 전속력으로 후진하면서 철사 줄을 당겨 얼음 덩어리들을 멀리 떼어 놓고 다시 전진하길 반복했다. 그런데도 뱃머리 쪽 부빙에는 균열다운 균열이 거의 생기지 않았다. 배 주위에는 녹았다가 다시 얼어붙는 얼음이 많이 있었고, 그 얼음들이 자꾸만 걸리적거리는 바람에 배의 공격 속도가 더뎌지고 타격마저 약해졌다.

오후 3시. 배가 500m의 얼음 벌판을 깨며 3분의 1가량 나아갔을 때, 더 이상의 노력은 부질없다는 결론이 내려졌다. 남은 300여 m 거리의 얼음 두께는 자그마치 3~6m였다. 결국 섀클턴은 얼음을 깨고 빠져 나간다는 희망을 포기한 채 대원들에게 화력을 줄이라고 지시했다.

그러나 대원들은 포기하려 들지 않았다. 경비 시간이 되면 여전히 밑으로 내려가 얼음 깨는 일을 계속했다. 나약한 성격의 요리사 찰스 그린조차도 서둘러 빵을 구워 놓고는 동료들이 톱질 하는 것을 도왔다.

하지만 자정이 되자 대원들은 그것이 가망 없는 일임을 인정할 수밖에 없었다. 그들은 실망에 빠져 터덜터덜 배로 올라왔고, 그린은 뜨거운 죽을 만들어 잠자리에 들려는 대원들의 몸을 녹여 주었다.

기온은 영하 16.6℃였다.

항상 솔직하고 모든 일에 거침이 없는 그린스트리트는 그날 밤 자신의 일기에 전반적인 분위기를 옮겨 놓았다. 지친 손으로 그는 다음과 같이 적었다.

"어쨌든 우리가 여기서 겨울 내내 발이 묶인다면 빠져 나가려고 최선을 다했다는 것으로 만족해야 할 것이다."

2월 24일, 결국 섀클턴은 풀려날 가능성이 희박하다는 사실을 인정했다. 바다 경비는 취소되었고 야간 경비 체계가 새로 가동되었다. 섀클턴의 지시는 이미 오래전부터 그들이 인정했던 사실, 그러니까 배에서 겨울을 날 것이라는 사실을 공식적으로 표현한 것에 지나지 않았다. 와일드는 그의 지시를 대원들에게 전달했고 어느 정도는 대원들의 환영을 받았다. 바다 경비가 취소되었다는 사실은 최소한 밤새 방해받지 않고 잠을 잘 수 있음을 의미하는 것이었다.

그러나 섀클턴은 이미 일어난 일과 앞으로 일어날 일들로 인해 고민에 휩싸였다. 그동안 부빙군과 나란히 지나쳤던 장소들 중 어느 한 곳에 대륙 횡단 팀을 내려놓았다면, 적어도 그들만큼은 이듬해 봄 남극점을 향해 출발할 준비를 마친 채 육지에서 있을 거라는 생각이 머리를 스쳤다. 그러나 그들을 현재의 곤경에 처하게 만든 일련의 재앙들, 말하자면 계절에도 맞지 않는 북풍과 온화하고 포근한 날씨는 어차피 아무도 예측할 수 없는 것이었다.

이제는 대륙 횡단 팀을 상륙시킬 기회가 없어졌다. 인듀어런스호의 발이 묶인 이후, 표류하는 부빙군은 그들과 바셀 만과의 거리를 약 100km 이내로 좁혀 놓은 듯했다. 감질나게 가까운 거리였다. 하지만 얼음으로 뒤덮인 그 100km를 어떻게 통과할 수 있을지 그건 아무도 모르는 일이었다. 그것도 최소한 일 년분의 식량과 장비, 임시 막사를 지을 목재, 그리고 병들고 훈련도 안 된 개들과 그

개들이 끄는 썰매들을 전부 싣고서. 어쩌면 그 100km는 너무나 먼 거리일 수도 있었다.

설사 대륙 횡단 팀의 상륙이 가능하다고 해도, 지금은 한 탐험대의 리더로서 나머지 대원들을 남겨둔 채 배를 포기할 때는 아니었다. 배는 표류할 것이다. 강한 바람과 해류를 타고 아마도 서쪽으로. 하지만 얼마나 멀리 갈 것인가? 그리고 어디로 갈 것인가? 그러다가 배가 파손되기라도 하면 그때는 또 어떻게 하는가? 인듀어런스 호에 끝까지 남는 것이 섀클턴의 임무임은 두말할 나위 없이 명백한 것이었다.

가뜩이나 불투명했던 남극 대륙 횡단 탐험대의 성공 가능성이 이제 수천 배나 더 희박해졌다는 것은 너무나도 쓰라린 사실이었다. 하지만 대원들에게 자신의 실망한 모습을 들키지 않을 만큼 신중했던 섀클턴은 앞으로 닥쳐올 긴 겨울밤을 준비하고자 배를 정비하는 일을 짐짓 더 쾌활하게 감독하기 시작했다.

배에서 얼음으로 개들을 내려놓은 그들은 얼음 벽돌과 눈을 이용하여 개 한 마리당 한 채의 '도글루(dogloo:에스키모의 집인 이글루 igloo와 개dog를 합친 말)'를 지어 주었다. 모든 대원들에게 따뜻한 겨울 의복이 지급되었고, 항해사들과 과학자들의 숙소를 갑판실에서 갑판과 갑판 사이 창고 구역에 있는 좀 더 따뜻한 방으로 옮기는 작업이 시작되었다. 그들은 3월 초에 이사를 했고, 새 숙소의 이름은 '리츠(The Ritz:세계적으로 유명한 호화 호텔 브랜드)'였다.

인듀어런스 호는 일반 배에서 일종의 해상 해안 기지로 변신했으며, 변신과 함께 생활의 템포도 눈에 띄게 느려졌다. 대원들에게 할 일이 없어졌기 때문이다. 겨울 스케줄에 들어 있는 하루 작업시간은 3시간에 불과했고, 나머지는 각자가 원하는 일을 할 수 있는 자유시간이었다.

대신 그들에겐 중요한 임무가 하나 주어졌다. 고기와 고래 기름 또는 물개의 기름을 비축하는 일이었다. 고기는 겨울 동안 대원들의 식량과 개들의 먹이로 필요했고 동물 기름은 석탄을 대신해 연료로 사용하는 데 필요했다. 그러나 이것 또한 2월 한 달 동안은 별로 어려운 일이 아니었다. 부빙 주변에 동물들은 널려 있었다. 때때로 돛대 꼭대기에 올라가면 200마리나 되는 물개 떼를 볼 수 있었기 때문에 필요한 수를 확보하는 것은 어렵지 않았다. 대원들이 소리 없이 다가가도 물개들은 좀체 도망갈 생각을 하지 않았다. 펭귄과 마찬가지로 물개도 바다표범과 범고래만을 유일한 적으로 알고 있기 때문에 얼음에서 사람을 만나도 전혀 두려워하지 않았다.

그러나 3월이 다가오면서 상황은 달라지기 시작했다. 낮이 짧아지자 동물들의 숫자가 눈에 띄게 줄어들었던 것이다. 물개와 펭귄이 태양을 따라 북쪽으로 이동하기 때문이었다. 3월 말부터는 무리에서 떨어진 어린 물개나 간간이 볼 수 있었고, 그나마도 예리한 눈이 아니면 놓치기 십상이었다.

프랭크 워슬리가 그런 예리한 눈을 가지고 있었다. 그는 늘 사냥감의 감시를 도맡았는데, 이는 크로즈네스트(포경선 등의 돛대 위에 있는 망대)로부터 멀리 5~6km 밖에 있는 물개까지 찾아내는 놀라운 시력 덕분이었다. 그는 일을 효율적으로 하기 위해 돛대 꼭대기에 망원경·쌍안경·메가폰 그리고 사냥감의 방향을 알리거나 사냥 팀

근처에 범고래가 있다는 경고를 보내기 위한 대형 깃발 따위를 걸어 두었다. 사형 집행은 대개 땅딸이 프랭크 와일드가 맡았다. 그는 워슬리가 가리키는 방향을 따라 물개가 누워 있는 곳까지 걸어가거나 스키를 타고 가서 총으로 물개의 머리를 쐈다.

  사냥에서 가장 어려운 일은 물개를 배까지 끌고 오는 일이었다. 대부분의 물개들이 최소한 180kg이 넘기 때문이었다. 물개가 차갑게 식기 전에 옮기려고 대원들은 늘 안간힘을 썼다. 물개의 살이 따뜻할 때 가죽을 벗기고 도살을 해야만 손에 동상이 걸리는 것을 막을 수 있었다.

  이 기간 중에 개들의 상태는 매우 좋지 않았다. 개들은 한 마리씩 차례로 병이 들었고 대부분 쇠약해져 갔다. 4월 6일에 브리스톨이란 개가 사살되면서 사우스조지아 섬을 떠난 이후 총 열다섯 마리가 죽었다. 처음에 데려온 예순아홉 마리가 어느새 쉰네 마리로 줄어 있었다.

  젊은 의사 맥클린과 선배인 맥클로이가 죽은 개들을 해부한 결과 30cm나 되는, 혹은 그보다 더 긴 거대한 붉은 기생충이 원인임을 밝혀냈다. 그러나 문제는 병든 개들을 치료할 방법이 없다는 점이었다. 탐험대가 영국에서 빠뜨리고 챙기지 못한 것 중 하나가 바로 이 기생충 약이었던 것이다.

  죽은 열다섯 마리의 빈자리는 두 마리의 암캐가 낳은 새끼들로 어느 정도 채워졌다. 녀석들은 잡종이긴 해도 매우 온순한 편이었다. 그러나 늙은 개들은 성질이 고약했다. 자기들끼리, 혹은 대원들에게, 그리고 특히 훈련 도중 맞닥뜨리는 물개나 펭귄에게는 더더욱 고약하게 성질을 부렸다. 아무래도 종자 탓인 것 같았다. 캐나다의 야생에서 태어난 몇몇 개들은 본능적으로 썰매를 끄는 감각과 추운 날씨에 대한 저항력이 발달되어 있었지만 나머지는 그렇지 않았다.

개들을 다루는 데 가장 중요한 기술은 물리적으로 우월하다는 사실을 보여 주는 것이었다. 개들이 자기들끼리 힘자랑을 하느라 엉겨 붙어 싸운 적이 몇 차례 있었는데, 맥클린은 점잖은 성격에도 불구하고 채찍보다 더 효과적인 방법을 생각해냈다. 벙어리 장갑을 낀 손으로 사나운 개의 턱 밑을 세차게 후려갈겼던 것이다. 아무 상처를 주지 않으면서도 개의 간담을 서늘하게 만드는 방법이었다.

4월 초, 섀클턴은 개를 팀별로 담당할 책임자를 임명했다. 맥클린·와일드·맥클로이·크린·마츤 그리고 헐리였다. 일단 팀을 짠 뒤엔 정식으로 훈련이 시작되었다. 썰매를 끄는 일뿐만 아니라 물개를 사냥한 뒤에 썰매에 태워 배로 실어 오려는 현실적인 목적도 포함된 훈련이었다. 그러나 불행하게도 물개를 실어 오는 경우는 날이 갈수록 그 횟수가 줄어들고 있었다.

4월 한 달 동안 해는 날이 갈수록 지평선에 가까워졌고 낮의 길이도 짧아졌다. 부빙군은 대체로 조용해졌지만 그들이 관찰한 바에 의하면 전체가 한 덩어리로 천천히 움직이고 있었다. 그들이 처음 발이 묶인 2월에는 부빙군이 거의 느끼지 못할 정도로 조금씩 서쪽을 향해 해안과 나란히 움직였다. 3월 초에는 점차 서북서 방향으로 돌아서며 속도가 붙기 시작했고, 4월에는 한 달 내내 정북서로 선회하여 하루 평균 4km 속도로 움직이고 있었다.

5월 2일, 그들의 위치는 2월 말 이후 북서로 65km 표류했음을 나타내고 있었다. 인듀어런스 호는 16만km² 넓이의 얼음에 박힌, 길이 44m 폭 7.6m의 소우주였다. 그리고 인듀어런스 호를 감싸고 있는 얼음은 거부할 수 없는 웨들 해의 해류와 바람에 밀려 시계 방향으로 천천히 돌아가고 있었다.

 5월 초에 해가 마지막으로 수평선 위로 떠올랐다가 천천히 시야에서 사라졌다. 남극의 밤이 시작된 것이다.

 한동안은 어스름한 빛이 남아 있었기 때문에 수평선을 배경으로 배의 윤곽을 뚜렷하게 볼 수 있었다. 그러나 거리를 분별하기는 어려웠다. 발밑의 얼음조차 제대로 보이지 않아 걷는 것조차 몹시 위험한 일이었다. 보이지 않는 구멍에 빠질 수도 있었고, 빙구(얼음 언덕)에 부딪혀도 활대(돛에 가로로 댄 막대로서 여기에 돛을 맨다)로 착각할 만큼 사물을 분간하기가 어려웠다.

 그러나 이내 그 희미한 빛조차도 사라졌다. 그리고 그들은 어둠 속에 남겨지고 말았다.

5

 극지의 밤보다 더 완벽한 적막은 지구의 어디에도 없다. 그것은 빙하 시대로의 복귀였다. 하루 이틀도 아닌 수개월을 해가 없이 산다는 것이 뭘 의미하는지 겪어 보지 않은 사람은 결코 알 수가 없다. 익숙해져서 그것의 영향력으로부터 벗어날 수 있는 사람은 아무도 없었으며 더러는 미쳐 버리는 사람들도 있었다.
 남극에서 겨울을 보낸 '벨지카' 호의 선원들은 이상한 향수병에 걸렸다. 몇 주가 지나면서부터는 차츰 우울증에 빠졌고, 우울증은 절망감으로 발전했다. 정신을 집중하여 생각을 할 수도 없고 음식을 먹을 수도 없었다. 자기들의 정신병을 극복하기 위해 그들은 배 주변을 돌며 산책을 했다. 그래서 사람들은 그 주변 길을 '정신병원 산책로'라고 불렀다.
 이곳을 거쳐간 한 선원이 만성 심장병으로 죽었는데 사인은 얼토

당토않게도 어둠에 대한 이유 없는 공포였다. 그런가 하면 동료들이 자기를 죽일지도 모른다는 두려움에 사로잡힌 선원도 있었다. 그는 언제나 배의 후미진 곳에 숨어 웅크리고 잠을 잤다. 스트레스를 견디지 못해 일시적으로 벙어리와 귀머거리가 된 사람도 있었다.

그러나 인듀어런스 호의 대원들 중에 우울증에 시달리는 사람은 거의 없었다. 악명 높은 남극의 밤이 다가오면서 오히려 대원들의 분위기는 더 화기애애해졌다.

인듀어런스 호가 영국에서 출항할 당시만 해도 탐험대는 각기 다른 개성을 가진 사람들이 모인 이질적인 집단이었다. 그들의 면면도 케임브리지 대학의 강사에서 요크셔의 어부까지 천차만별이었다. 그러나 9개월 동안 같은 공간에서 더불어 먹고 작업하며 부대끼는 동안 대원들은 서로 간의 차이점을 상쇄시켰고, 같은 경험을 가진 집단을 형성하였다. 이 9개월 동안 인듀어런스 호의 대원들은 서로를 속속들이 알게 되었고, 특별한 예외를 제외하곤 모두 서로가 서로를 좋아하게 되었다.

이제 블랙보로를 밀항자로 생각하는 사람은 아무도 없었다. 땅딸막한 키에 짙은 머리카락의 어린 웨일스 청년도 이제는 어엿한 탐험대의 일원이 된 것이다.

대원들은 생물학자인 바비 클라크를 농담도 모르는 채 일만 하는 고집쟁이 스코틀랜드 사람으로 알고 있었다. 하지만 시간이 흐르면서 그가 자신에게 주어진 일뿐만 아니라 다른 대원들에게도 우호적으로 도움을 주는 사람임을 알게 되었다. 그가 유일하게 흥분하는 시간은 얼음 밑으로 내린 그물에서 진귀한 물고기를 건져 올리는 순간이었다. 그는 그 물고기들을 견본 병에 담아 보관했다. 한번은 대원들이 삶은 스파게티 국수를 그의 포르말린 병에 담아 한바탕 그를 놀린 적도 있었다.

톰 크린. 거인처럼 키가 큰 그는 생긴 그대로 무지막지한 뱃사람이었다. 선원들의 거친 말투가 몸에 배어 있었지만 솔직하고 고지식한 사람이었다. 따뜻한 성격은 아니었지만 바다를 잘 알았고 또 자신의 일을 잘 알고 있었다. 그런 이유로 나머지 대원들은 그를 존경했다. 섀클턴도 개인적으로 크린을 좋아했다. 덩치 큰 아일랜드 남자의 부지런한 성격이 마음에 들었던 것이다.

요리사인 찰리 그린은 미치광이라는 평판이 나돌았다. 두서없이 산만하고 경솔한 그의 성격 때문이었다. 대원들은 그의 쩍쩍 갈라지고 높은 목소리 때문에 '내시'라고 부르곤 했는데, 실제로도 그는 사고로 고환을 잃었다. 비록 겉으로는 장난을 쳐도 대원들은 마음속으로 그를 좋아했고 또 존경했다. 그는 누구보다 양심적인 사람이었다. 나머지 대원들은 하루에 고작 3시간 일을 했지만 그는 이른 아침부터 밤늦게까지 주방에서 분주한 시간을 보냈다.

약간은 왜소한 체격인 이십 대 초반의 기상학자 레오나르드 허시는 웃기는 농담을 잘해 모든 사람들이 좋아했다. 그는 입심도 좋았지만 남의 농담을 기분 좋게 받아넘길 줄도 알았다. 대원들은 또 그가 치터 밴조(바바리아 지방과 오스트리아의 산간지방에서 쓰는 일종의 현악기. 납작한 공명판 위에 5줄의 선율 현과 많은 반주 현이 있으며 오른손 엄지손가락으로 뚱기어 연주한다)를 친다는 이유로 그를 좋아했다. 누구든지 노래를 부르고 싶어하면 그가 기꺼이 반주를 해주었던 것이다.

특출난 사람으로는 외과의사인 맥클로이를 빼놓을 수가 없었다. 잘생기고 귀족적인 얼굴에 다른 대원들보다 나이가 많은 편이었지만 그의 옛 무용담을 듣고 있노라면 모두들 시간 가는 줄을 몰랐다. 맥클로이는 빈정대길 잘했지만 그럼에도 사람들은 그를 좋아했다. 그의 세계주의적 사고방식은 대원들의 지지를 받았고, 그의 말에는 악의라곤 조금도 들어 있지 않았다.

탐험대의 화가인 조지 마츤은 하루는 기분이 좋았다가 다음 날은 가라앉는 변덕스런 인물이었다. 대원들 모두가 낙관적인데 반해, 그는 앞으로의 일을 드러내 놓고 걱정하는 유일한 사람이기도 했다. 마츤은 기분이 우울해질 때마다 집에 있는 아내와 아이들 생각에 빠져들었다. 섀클턴은 그의 그런 불안한 생각이 다른 대원들에게 전염될까 봐 걱정하는 눈치였다.

갑판원과 선원 그리고 화부들 사이에 유일하게 튀는 인물은 젊고 야심만만한 싸움꾼, 존 빈센트였다. 그는 키는 작아도 다부진 체격에 그 누구에게도 뒤지지 않는 체력을 가지고 있었다. 그리고 이 우월한 체력으로 동료들을 제압하려 들었다. 그는 식사시간에도 제일 먼저 음식을 달라고 고집했는데, 그건 가장 좋은 부분을 차지하기 위해서였다. 다른 대원들은 그를 싫어했을 뿐만 아니라 아예 탐험대원으로서의 자질을 의심할 정도였다.

빈센트는 해군에 복무했지만 항해 경험이라곤 트롤선을 타고 북해에 가본 것이 전부였다. 그런데도 그는 공석으로 있던 갑판장 자리를 탐냈으며, 위압적인 힘을 과시하는 것이 그 자리를 차지하는 유일한 방법이라고 생각했다. 참다못한 대원들이 섀클턴에게 불평을 늘어놓았고, 섀클턴은 빈센트를 불렀다. 그들이 무슨 얘기를 했는지는 알려지지 않았지만 어쨌든 그날 이후 빈센트의 태도는 다소 누그러졌다.

남극의 밤이 시작되면서 대원들 간의 마찰은 눈에 띄게 줄어들었다. 칠흑 같은 어둠과 예측 불능의 날씨는 대원들의 활동 범위를 배 주변으로 묶어 놓았다. 할 일도 거의 없었으므로 그들은 그 어느 때보다도 서로 접촉할 기회가 많아졌다. 그렇다고 서로의 신경을 거슬리게 하는 일은 없었으며 대원 전체가 한 가족처럼 점점 더 가까워졌다.

일요일 저녁이면 대원들은 일기를 쓰거나 아니면 침대에 누워 한두 시간씩 구식 축음기에서 흘러 나오는 음악을 들었다. 그렇지만 바늘이 부족한 탓에 축음기를 돌리는 시간이 제한되어 있었다. 와일드가 영국에서 5천 개의 바늘을 주문하면서 주문서에 '축음기용'이란 말을 빠뜨렸던 것이다. 배가 출항하고 한참 뒤에 창고 책임자인 오들리는 그 5천 개의 바늘이 몽땅 '바느질용'이며 '축음기용'은 단 한 상자뿐이라는 사실을 발견했다.

매달 한 번씩 대원들은 '리츠'에 모였다. 그리고 사진사인 프랭크 헐리는 오스트레일리아와 뉴질랜드 등 그가 여행한 각처의 슬라이드 사진을 보여 주며 이른바 '환등기 수다'를 떨기 시작했다. 그중에서 가장 인기가 있는 것은 바람에 흔들리는 야자수 나무와 원주민 처녀를 찍은 '자바의 훔쳐보기'란 사진이었다.

이런 밤에는 '리츠'만큼 아늑하고 포근한 장소가 없었다. 중앙 갑판 바로 밑이며 앞 갑판 선실의 뒤쪽인 이곳은 원래 적하장이었다.

중앙에는 긴 테이블이 있었고 테이블 위에는 파라핀 양초 램프가 있었다. 여기서 그들은 식사를 하고 일기를 쓰고 카드를 치고, 또 책을 읽었다. 한쪽 구석에는 석탄 난로가 있어서 실내의 온도를 쾌적하게 유지시켜 주었다. 인듀어런스 호의 두꺼운 벽은 뛰어난 단열재 구실을 했다.

그러나 밖은 기온이 점차 떨어지고 있었다. 5월 말의 기온은 영하 16℃에 머물러 있었다. 6월 중순까지의 평균 기온은 영하 27℃였다. 하지만 인듀어런스 호의 갑판에서 보는 풍경은 말할 수 없이 아름다웠다. 청명한 날씨에 달이라도 뜨면 별이 총총한 하늘에 며칠이고 계속해서 높고 뚜렷한 원을 흩뿌리며 부빙 전체에 부드럽고 어렴풋한 달빛을 쏟아부었다. 또 어떤 때는 남극의 밤을 대표하는, 숨이 막힐 만큼 아름다운 오로라가 나타났다. 녹색·푸른색·은색의 빛이 구름 사이를 뚫고 수평선 너머 짙푸른 하늘로 올라오면 무지갯빛 광채가 바윗덩이 같은 얼음을 아련하게 비추었다. 점점 추워지는 기온과는 달리 지극히 차분하고 바람도 없는 날씨가 계속되었다.

6월 22일 동짓날을 기념하여 대원들은 특별 기념 파티를 열었다. 장식천과 깃발로 '리즈'를 화려하게 장식했다. 저녁 8시가 되자 대원들 모두가 파티에 모여들었다.

대장인 섀클턴이 참가자들을 소개했다. 창고 책임자인 오들리는 교회의 목사처럼 분장을 하곤 '노름 죄'에 관해 훈계를 늘어놓았다. 교수로 분장한 제임스는 '칼로리'에 관한 강의를 장황하게 했다. 맥클린은 자신이 직접 쓴 열정적인 시 '캡틴 에노'를 암송했다. '캡틴

에노'는 씩씩하고 활기찬 선원으로, 워슬리를 염두에 두고 지은 시였다.

그린스트리트는 일기에 그날 저녁을 이렇게 묘사했다.

"나는 야만인으로 분장하고 '투우사 스파고니'를 부른 커어 때문에 배꼽을 잡았다. 커어는 음정을 너무 높게 잡았다. 반주자 허시가 계속해서 낮은 음정을 켜대며 '더 낮게, 더 낮게!'라고 소곤대는데도 불구하고 그는 여전히 음을 못 잡다가 결국은 곡조를 완전히 놓치고 말았다. 게다가 '스파고니'란 이름을 잊어버려 '투우사 스터버스키'가 튀어나왔으며, 그다음부터 후렴 부분을 완전히 잊어버리는 바람에 그냥 '그는 죽겠네, 그는 죽겠네, 그는 죽고 말겠네!'만을 반복했다. 우리 모두는 배꼽을 잡았고 눈물까지 흘리며 웃어 댔다. 맥클로이는 스페인 아가씨처럼 분장을 했는데, 싸구려 이브닝 드레스를 입고 옆이 찢어진 스커트 사이로 넙적다리 맨살을 드러내며 멋진 모습을 연출했다. 스페인 춤까지 추어 가면서……."

파티는 자정이 되어서야 끝이 났으며 그들은 차가운 식사와 축배를 들었다.

그렇게 겨울의 반이 지나갔다.

6

 대원들의 마음속에 봄과 해와 따뜻한 날씨에 대한 기대가 싹트기 시작했다. 인듀어런스 호가 얼음 감옥을 빠져 나오기만 하면 그들은 바셀 만을 향해 새로운 공격을 단행할 수 있을 것이었다.
 6월이 끝나갈 무렵, 딱 한 번 얼음의 압력에 의한 굉음이 들려왔다. 날짜는 28일이었고 워슬리는 그의 일기에 이렇게 적었다.

> "그때 밤새도록 우렁찬 소리가 멀리서 크고 분명하게 들려왔다. 그랬다가 마치 위협하는 듯 삐걱거리며 신음하는 소리로 바뀌었다. 불현듯 아무 소리도 들리지 않다가 다시 멀리서 또렷하게 들려왔다. 거리가 멀면 멀수록, 소리는 더 분명했다."

 7월 9일, 기압계가 아주 천천히 떨어지기 시작했다(기압의 하강은 폭풍의 징조. 폭풍은 한데 얼어붙어 있던 부빙군을 여러 개로 쪼개기 때문에 떠다니는 부빙에 의해 배가 충격을 받을 위험이 그만큼 높아지게 된다). 연속 닷새 동안 눈금이 아래로 떨어졌다. 29.79… 29.61… 29.48… 29.39… 29.25.

7월 14일 아침, 기압계는 바닥을 가리켰다. 28.88. 오후가 되자 불길한 어둠이 낮게 깔렸다. 시간이 지나면서 남서로 방향을 바꾼 바람이 불어오기 시작했고, 점점 드세졌다. 저녁 7시부터 눈이 내리기 시작했다.

다음 날 새벽 2시, 시속 100km가 훨씬 넘는 사나운 바람에 배 전체가 진동을 했다. 눈은 흡사 남극점에서 몰아닥친 모래 폭풍 같았다. 대원들은 방수천으로 승강구를 단단히 묶어 입구를 막으려고 했지만 소용이 없었다. 정오가 되자 배 절반 너머는 아예 보이지도 않았다. 기온은 영하 36.6℃였다.

섀클턴은 배에서 불과 1~2m 떨어진 개집을 기준으로 그 이상은 절대 넘어가지 말라고 지시했다. 개에게 먹이를 주는 대원들은 바람에 날려가지 않도록 손과 무릎으로 얼음 위를 기어다녀야 했다. 배에서 나선 뒤에 겨우 2분만 지나도 눈과 입이 온통 눈으로 덮여 질식할 것만 같았다.

바람의 기세는 불어가는 쪽의 얼음에 골을 파고 물길을 만들 정도로 대단했다. 반대로 바람이 불어오는 쪽에서는 바람에 날려 눈덩이가 4m가 넘게 쌓였고 무게 또한 100톤은 족히 나갈 것 같았다. 배 양옆의 부빙들이 눈덩이의 무게에 눌려 기울어졌으며, 배 또한 쌓인 눈으로 인해 평소보다 30cm나 더 가라앉았다.

이튿날엔 밤새도록 맹렬한 눈보라가 미친 듯이 몰아쳤다. 하지만 7월 16일, 눈발이 가늘어지면서 아침 일찍 머리 위로 군데군데 맑은 하늘이 드러났다. 정오의 희미한 빛 사이로 새로 생겨난 얼음 언덕이 여기저기 사방에 보였다. 그것들은 마치 얼음 벌판에 쳐놓은 울타리 같았다. 커다란 눈덩이들이 언덕 주변을 떠돌아다녔지만, 바람이 한 번만 불어와도 이내 흩어지면서 유리처럼 깨끗한 얼음 표면이 드러났다.

폭풍이 불기 전에는 부빙군이 하나의 얼음 덩어리였다. 하지만 지금은 그 덩어리가 여러 조각으로 깨져, 북쪽으로 군데군데 바다가 드러나기도 했다.

이제 얼음의 압력은 불가피한 상황이었다. 몸부림치다 결국 깨져버린 얼음 덩어리는 바람에 맞아 수천만 조각으로 쪼개졌다. 수많은 얼음 덩어리들이 제각기 따로 움직일 수 있게 된 것이다. 부빙군이 바람에 움직이면 얼음에는 엄청나게 강한 일종의 추진력, 즉 관성이 생겨난다. 떠다니는 얼음 덩어리에 실려 있던 그 거대한 힘은 배가 얼음과 충돌할 때마다 마치 산산조각 낼 듯이 무시무시한 압력을 배에 가하게 된다.

그것이 시작된 건 7월 21일이었다. 인듀어런스 호는 두껍고 거친 얼음의 한가운데에 박혀 있었기 때문에 아직 직접적인 압력을 받고 있지는 않았다. 하지만 남쪽과 남서쪽을 향해 얼음이 이동하는 소리가 들려왔다. 소리는 밤새도록 계속되었고 다음 날 아침에도 그치지 않았다. 이제 부빙군의 해체는 시간 문제였다. 가끔은 얼음을 통해 전해지는 육중한 충격을 느낄 수도 있었다.

7월 26일, 그린스트리트는 와일드 팀과 함께 달리기를 하러 나갔다가 몇몇 움직이는 얼음을 보고 멈추어 섰다. 그들이 서서 보고 있는 동안 3m 두께의 단단하고 짙푸른 부빙 하나가 그 옆의 부빙 쪽으로 이동했다. 그리고 그 두 개의 얼음 덩어리는 마치 두 개의 코르크 조각처럼 불쑥 솟구쳤다.

배로 돌아온 그린스트리트는 그의 일기에 이렇게 썼다.

"그런 압력이 우리 배에 닥치지 않은 것이 천만다행이다. 얼음 덩어리를 그렇게 위로 밀어붙이는 압력에는 그 어떤 배라도 무사하지 못할 것이다."

몇몇 대원들 사이에 순식간에 불안감이 싹텄다. 그날 밤 저녁 식사를 마친 '리츠'에는 어두운 분위기가 감돌았다. 정오가 지난 직후 수평선 너머로 잠깐 해가 굴절되어 보인 것이다. 해를 보기는 79일 만에 처음이었다. 그러나 그 해가 그리 달가운 것이 아니었다.

맥니쉬는 그날 밤 일기에 불안한 감정을 고스란히 옮겨 놓았다.

"태양은 지금 우리에게 많은 것을 의미한다. 태양이 오래도록 비추면 부빙이 녹아 버릴 것이기 때문이다. 우리 모두 기온이 올라가길 기다리고 있는 건 사실이지만 그렇다고 물길이 열리기 전에 부빙이 쪼개지는 것은 원치 않는다. 지금 당장 배가 떠내려가기 시작한다면 난파될지도 모르기 때문이다."

그로부터 엿새 후인 8월 1일 오전 10시, 개 조련사들이 개집 앞에서 삽으로 눈을 퍼내는 사이, 삐걱대며 스치는 소리에 이어 일순 요동을 치는가 싶더니 갑자기 인듀어런스 호가 위로 솟구쳤다. 그러곤 왼쪽으로 기우뚱거리다가 다시 가볍게 미끄러지며 물속으로 빠졌다. 부빙이 갈라지면서 배가 풀려나게 된 것이다.

섀클턴은 즉시 갑판으로 올라갔고 대원들이 그 뒤를 따랐다. 그는 재빨리 주위를 살피고는 개들을 갑판으로 끌어올리라고 소리쳤다. 전 대원이 배 양옆에서 몸부림치고 있는 부빙으로 뛰어내려 개들이 있는 곳으로 달려갔다. 그리고 얼음 사이에 박힌 체인을 비틀어 뽑은 다음 서둘러 개들을 현문(선박의 뱃전 옆에 만들어 놓은 출입구)으로 끌어올렸다. 총 소요 시간은 겨우 8분이었다.

시간은 정확하게 맞아떨어졌다. 현문이 닫히자 밑에서 들이받는 얼음의 기세에 배가 앞으로 그리고 좌우로 세차게 요동을 쳤다. 그토록 오랜 시간 동안 배를 보호해 주었던 견고한 얼음이 이제는 공격자로 돌변하여 배의 양옆을 두드려 대고 있었다. 작은 '도글루'들이 순식간에 무너져 내리면서 그 얼음 조각들이 뱃전에 부딪쳤다.

숨막히는 15분이 지났다. 한 번 더 배 뒷전을 들이받힌 인듀어런스 호의 뱃머리가 천천히 부빙 위로 올라오기 시작했다. 대원들은 배가 기우는 것을 느낄 수 있었고, 동시에 안도의 외침이 터져 나왔다. 그 순간만큼은 배가 안전했던 것이다.

배 가까운 곳의 얼음이 도처에서 밀려오는 압력에 시달리며 꿈틀대다가 정오가 지나자 이내 가라앉았다. 인듀어런스 호는 왼쪽으로 5도쯤 기운 채 얼음 꼭대기에 엉거주춤 서 있었다. 대원들은 보트의 밧줄을 푼 채 내릴 채비를 갖추었고, 배에서 '탈출해서 걸어야 할' 경우에 대비해 가장 따뜻한 옷을 입고 있었다. 오후 내내, 그리고 저녁이 다 가도록 그 누구도 입을 열지 않았다.

아침이 되자 배를 에워싸고 있던 얼음 덩이들이 다시금 단단한 덩어리로 얼어붙었다. 하지만 이 얼음이 배로 밀고 들어오면서 45도 각도로 기울어지는 바람에 썰매를 내리기에 안성맞춤인 반질반질한 비탈길을 만들고 있었다.

8월 4일, 부빙군이 해체된 지 사흘째 되던 날 섀클턴은 대원들을 찾아 '리츠'로 올라갔다. 인듀어런스 호가 과연 어떤 압력에도 견딜 수 있는지 확실하게 짚고 넘어가기 위해서였다. 그는 대원들과 함께 테이블에 앉았다.

거기서 섀클턴은 선술집에 살고 있던 새앙쥐 이야기를 꺼냈다. 어느 날 밤 새앙쥐는 맥주통이 새는 것을 발견했다. 그래서 배가 터지도록 맥주를 마셨다. 마침내 술을 다 마신 새앙쥐는 수염을 비비꼬며 거만하게 주위를 둘러보았다. 그리고 말했다.

"그 빌어먹을 고양이는 어디 있는 거야?"

의미심장한 섀클턴의 이야기에도 불구하고 대원들 사이에 팽배한 자신감은 좀처럼 무너지지 않았다. 그들은 이제 압력이 뭔지 알고 있었다. 배가 끄떡없이 압력에 견디는 것도 직접 눈으로 확인했다. 다시 해가 나오는 것도 그들의 사기를 진작시키는 일이었다. 이제는 하루 3시간씩 낮도 길어졌고, 어스름한 여명도 7~8시간으로 늘어났다. 대원들은 얼음 위에서 하키 게임도 다시 시작했고, 활기찬 시합도 벌였다. 거구의 톰 크린이 썰매 끄는 연습을 시키기 위해 새끼 강아지들에게 끌채를 매자 대원들이 모두 관심을 가지고 지켜보았다.

대원들의 사기에 영향을 주는 또 다른 요인은 그들의 표류 상태였다. 7월에 맹렬한 눈보라가 불어닥친 이래로 그들은 강한 남풍 덕을 톡톡히 보았으며, 그 기간 동안 257km가 넘는 거리를 지나왔다.

하지만 8월 29일 자정, 육중한 충격이 배에 닿았다. 잠시 후 멀리서 천둥소리가 들렸다. 대원들은 침대에서 일어나 혹시나 하고 기다렸지만 아무 일도 일어나지 않았다. 다음 날 아침 그들은 배 뒤를 가로지르는 가느다란 균열을 발견했지만, 그것이 전부였다. 그날 하루는 아무 일 없이 지나갔다.

그러나 오후 6시 30분, 대원들이 막 저녁 식사를 끝마쳤을 때 인듀어런스 호가 두 번째 충격을 받아 뱃머리가 부르르 떨렸다. 몇몇 대원들이 식탁을 박차고 갑판으로 뛰어올라갔다. 하지만 모든 것이 여전히 그대로였다. 다만 배 뒤쪽 균열이 1.3cm 정도 넓어졌을 뿐이었다.

31일 밤 10시가 되자 인듀어런스 호가 마치 유령의 집처럼 기분 나쁘게 삐걱거리는 소리를 내기 시작했다. 배 안에 쿵쿵 울려 대는 소리 때문에 도무지 잠을 이룰 수가 없었다.

압력은 오후 늦게 다시 시작되어 저녁까지 계속되었다. 그날 밤은 최악이었다. 워슬리는 이렇게 일기를 썼다.

"자정이 지나자마자 난폭하게 쪼개지는 소리, 삐걱대는 소리가 계속해서 들려왔다. 얼음에 들이받힐 때마다 배는 기우뚱거리며 앞뒤로 요동을 쳤다. 많은 대원들이 허둥지둥 옷을 입고 갑판으로 달려갔다. 아무것도 할 수 없는 속수무책의 상황에서 놀라는 일도 솔직히 이젠 지쳤다. 그래서 제일 크게 부딪치는 소리가 났을 때에도 나는, 나무가 쪼개지는 소리가 나기 전에는 배 안으로 얼음이 들어오지 않는다는 것을 확인했기 때문에 돌아누워 계속 잠을 잤다."

다음 날 오후, 압력이 멈추었다. 그리고 인듀어런스 호는 두 번째 공격에서 무사히 살아남았다.

7

대원들의 배에 대한 자신감은 한층 더 고조되었다. 그린스트리트는 9월 1일자 그의 일기에 이렇게 적었다.

"배는 우리가 생각했던 것보다 훨씬 튼튼하다. 더 큰 압력만 만나지 않는다면… 우리는 순조롭게 빠져 나갈 수 있을 것이다."

하지만 그린스트리트는 약간의 여운을 남겼다. 더 큰 압력이 없을 거라고 과연 누가 보장할 수 있단 말인가? 그들은 인듀어런스 호의 견고함을 의심하지는 않았지만 인듀어런스 호가 진정한 압력, 이 지구상에서 가장 두려운 웨들 해의 공포의 압력에 대비해 설계되지는 않았다는 사실을 알고 있었다. 얼음에 밀려 북쪽으로 표류를 거듭하는 동안 인듀어런스 호가 지금까지 겪은 것보다 더 힘겨운 장애물을 만나지 않기를 매순간 기대할 뿐이었다.

심지어 늘 꿋꿋한 워슬리조차도 그의 일기에 전반적인 불안감을 털어놓았다.

> "편평한 빙산은 대부분 거대한 창고나 곡물창고처럼 보이지만 사실은 정신착란증에 시달리는 어느 탁월한 건축가의 작품 같다. 이리저리 표류하다 최후의 심판을 맞아 부서지고 쪼개지는 부빙군. 그랬다가 수천만 개의 조각으로 깨져 동서남북으로 산산이 흩어져 버릴 부빙군을 너무 오래 바라본 나머지 정신착란증에 걸려 버린 어느 훌륭한 건축가의 작품. 살아 있는 물체라곤 아무것도 보이지 않는다!"

그들은 특히 물개가 사라진 것을 실감했다. 사냥의 즐거움과 신선한 고기를 동시에 제공하는 향응을 누려 보지 못한 지가 벌써 다섯 달이나 되었다.

간간이 남극의 봄이 다가오고 있다는 징조가 나타났다. 어느덧 하루 10시간씩 해가 떠 있었으며, 9월 10일의 기온은 7개월 만에 가장 높은 기록인 1.9℃까지 올라갔다. 대원들에게는 이런 것들이 모두 열파(熱波:더운 공기의 영향으로 기온이 급속히 올라가는 현상)처럼 느껴졌다. 이젠 장갑과 모자를 쓰지 않고도 돛대까지 올라갈 수 있었다. 일주일 후, 바비 클라크의 생물 실험용 그물에 물속에서 늘어나고 있는 플랑크톤이 가득 실려 올라왔다. 봄이 다가왔다는 결정적인 증거였다.

그러나 이렇게 고무적인 징조에도 불구하고 대원들 사이에는 뚜렷한 불안감이 확산되고 있었고, 그런 와중에 10월 1일이 가까워졌다. 지난 두 달, 즉 9월과 8월은 모두 맹렬한 압력으로 첫날을 시작한 바 있었다. 대원들은 그런 사실을 놓고 차츰 미신적인 생각에 빠져 들기 시작했다.

이번에는 하루 차이로 운명이 뒤바뀌었다. 9월 30일 오후 3시쯤 압력이 시작됐다. 그것은 1시간 동안 계속됐고, 그 1시간은 그야말로 공포 그 자체였다.

이번 공격의 주인공인 뱃머리 부근 왼쪽 앞바다의 부빙은 앞 돛배 바로 밑을 무자비하게 치고올라왔다. 갑판 아래쪽이 기우뚱거리며 배가 치솟았다가 수직으로 고꾸라졌다. 숙취로 기분이 좋지 않은 맥니쉬가 아래 '리즈'에 남아 있었다. 그의 머리 위로 거대한 빔들이 지팡이처럼 휘어졌다. 갑판에 있던 그린스트리트는 앞 돛대에서 눈을 뗄 수가 없었다. 어찌나 덜컹거리는지 금방이라도 부러질 것 같았기 때문이었다.

워슬리는 배 뒷전에 있다가 한 차례의 압력이 지나가자 그의 일기장에 다음과 같이 적었다.

"배는 상상할 수 없는 힘을 보여 준다… 매순간 부빙은 마치 호두 껍질을 부수듯 배를 부숴 버릴 것만 같다. 모든 대원이 서서 지켜보았지만, 배가 더 이상 견딜 수 없을 것 같은 순간에 100만 톤 이상은 족히 나갈 것 같은 거대한 부빙이 다행히도 우리의 조그마한 배를 포기하고 만다. 400m에 걸쳐 좌우로 쪼개지면서. 압력이 그렇게 사그라든다. 우리 배는 얼음 위에서 정말로 훌륭히 해냈다. 이 세상에서 가장 멋진 목조선이 틀림없다……"

압력이 지나가고 나자 대원들은 휘어져 버린 갑판과 선반에서 떨어진 물건들을 찾으러 아래로 내려갔다. 배는 여전히 그들의 발밑에서 건재했다.

예의 낙관주의가 다시금 고개를 들기 시작했다. 인듀어런스 호는 결국 해낼 것이다. 벌써 세 번이나 얼음의 공격을 받았고, 또 시간이 갈수록 압력은 그 기세를 더해 갔다. 하지만 인듀어런스 호는 그럴 때마다 당당히 싸워 이겼다.

10월 18일, 안개가 자욱하고 간간이 눈발이 날리는 가운데 동이 텄다. 앞쪽으로 보이던 물줄기는 사라지고 대신 얼음이 조금 더 가까워져 있었다. 그날 하루 종일 약간의 압력이 느껴졌지만 심각한 정도는 아니었다. 오후 4시 45분, 인듀어런스 호 양옆의 부빙들이 배를 향해 조금씩 다가오더니 배에 바짝 달라붙었다.

배 안의 모든 대원들이 감전이라도 된 것처럼 뻣뻣하게 굳어 있었다. 몇몇 대원들이 사닥다리를 타고 갑판 위로 올라갔다. 다음 순간 배가 왼쪽으로 기우뚱했고, 발밑의 갑판이 갑자기 미끄러지듯 움직이는 것 같았다. 모든 것들이 일시에 갑판 한쪽으로 확 쏠렸다. 제임스는 겨울옷을 넣어 둔 상자 밑에 끼였고, 그 상자 위로 영문을 모르는 개들이 서로 뒤엉킨 채 낑낑대며 울부짖고 있었다. 솥의 물이 불 위로 엎질러진 주방과 사관실에서는 김이 모락모락 피어올랐다.

순식간에 왼쪽으로 20도나 기울어진 인듀어런스 호가 계속해서 기울고 있었다. 워슬리는 재빨리 난간으로 달려가 얼음 속으로 하나씩 떨어져 내리는 널빤지들을 내려다보았다. 그린스트리트는 당장이라도 뛰어내릴 태세로 곁에 서 있었다.

잠시 배가 얼음에 걸려 잠잠해지자 섀클턴은 당장에 불을 끄라고 명령했다. 전 대원이 일사천리로 움직였다. 흩어져 있는 모든 것들을 단단히 붙들어매고, 개들에게 발 디딜 곳을 만들어 주기 위해 갑판 바닥에다 작은 널빤지들을 못질해 두었다. 7시쯤 갑판에서 작업을 마친 대원들은 아래로 내려갔다. 벽에 걸려 있는 물건들이 모두 제자리에 붙어 있는지 점검하기 위해서였다. 오른쪽 벽에 걸려 있던 커튼·액자·옷 그리고 주방 기구들 따위였다.

그린이 저녁 식사를 준비하는 동안 나머지 대원들은 갑판 아래의 승강구에 방수포를 박았다. 대원들은 대부분 바닥에 나란히 주저앉아 무릎에 접시를 올려놓고 식사를 했다.

"특별 관람석에 앉아 식사를 하는 것 같군."

제임스가 말했다.

오전 8시쯤에 부빙들이 인듀어런스 호의 밑창을 치고올라왔지만 배는 즉시 제자리를 잡았다. 대원들은 키 주위에 얼어붙은 얼음을 깨기 시작해 오전 10시에 작업이 끝났다. 술이 지급되었고 보일러 펌프질이 다시 시작되었다. 야간 경비대를 제외한 모든 대원들은 새벽 1시가 되어서야 기진맥진한 몸으로 잠자리에 들었다.

8

뜸을 들이고 있었다. 10월 23일은 아무 일도 없이 느릿느릿 지나갔다. 부빙군이 북동풍의 영향 아래 약간씩 움직인 것을 빼고는.

24일 오후 6시 45분에 찾아온 압력은 뜸을 들이지 않았다. 전에도 압력이 있었지만 지금의 것과는 전혀 달랐다. 이번 압력은 완만한 파도처럼 부빙군 전체를 뒤흔들며 얼음 표면 전체에 소용돌이를 일으키다가 마침내 산산조각으로 쪼개는 위력을 갖고 있었다. 맥클린은 그 광경을 잠간 지켜보다가 믿을 수 없다는 표정으로 돌아섰다. 그리고 일기에 적었다.

"그것은 뭔가 엄청난, 감히 상상조차 할 수 없는 그 무언가의 작용이었다."

얼음은 이리저리 배를 밀어젖히며 애를 먹였다. 그러다가 배는 결국 두 개의 부빙에 의해 오른쪽은 뱃머리에서 뒷전까지, 그리고 왼쪽은 한가운데를 짓눌린 채 꼼짝달싹 못 하게 되어 버렸다.

육중한 얼음 덩어리 하나가 배의 뒷전을 밀치고 올라왔고, 그 바람에 오른쪽 난간에 붙어 있던 선미재(船尾材:용골 뒷끝과 이어지는 선미의 세로대)가 일부 쪼개지면서 물이 안으로 쏟아져 들어왔다. 이를 확인하기 위해 급파된 맥니쉬는 뱃머리 쪽 선창에 물이 빠른 속도로 불어나고 있다고 보고했다. 엔진실도 마찬가지라고 리킨슨이 덧붙였다.

이동식 소형 펌프가 설치되었고, 엔진실에 들어온 물을 퍼내는 펌프를 작동하기 위해 보일러가 가동되었다. 펌프질은 저녁 8시까지 계속되었지만 수위를 적정 수준으로 유지하는 데에는 실패했다. 남는 인력은 메인마스트 옆에서 수동으로 펌프질 하는 일에 전원 투입되었다. 몇 분간 펌프질을 계속했으나 더 이상은 물이 올라오지 않았다. 흡입구가 얼어 관이 막힌 게 분명했다.

워슬리는 허드슨과 그린스트리트를 데리고 아래쪽 벙커로 내려갔다. 몸이 얼어붙는 듯한 추위와 칠흑 같은 어둠 속에서 그들은 질척질척해진 석탄과 그 위로 아무렇게나 퍼다 부은 물개 기름 덩어리 사이를 헤치며 용골로 내려갔다. 배가 몸부림치는 소리가 귀청이 찢어질 만큼 가깝게 들렸다. 그들은 얼어붙은 파이프에 계속해서 끓는 물을 퍼다 부었다. 한 대원이 소형 용접기로 꽁꽁 얼어붙은 기계의 부품들을 데우는 동안, 나머지 두 사람은 막힌 곳을 뚫기 위해 파이프를 힘껏 두드려 댔다. 1시간 후 마침내 펌프가 뚫렸다.

맥니쉬는 선미재 앞에 3m 높이로 임시 물막이 공사를 시작했다. 그쪽을 막아 물이 들어오지 못하게 하기 위해서였다. 15분씩 교대로 펌프질을 하던 대원들은 쉬는 틈에 그를 도와서 길게 찢은 담요 조각으로 임시 물막이의 널판 틈새를 막았다. 그사이 나머지 대원들은 곡괭이와 얼음 톱을 가지고 뱃전으로 올라갔다. 밀고 들어오는 부빙의 녹은 부분을 잘라내기 위해서였다. 하지만 얼음에 구멍을 뚫자마자 가장자리의 얼음이 깨지면서 와르르 무너져 내렸다. 쏟아지는 얼음을 피했다가 다시 또 구멍을 뚫었다.

밤새도록 그들은 그렇게 작업을 계속했다. 15분은 펌프질, 15분은 휴식, 그리고 뱃전으로 올라갔다가 다시 엔진실로 내려가기를 거듭하면서. 아침이 밝아오자 섀클턴은 개 조련사들에게 썰매와 개를 준비하라고 시켰다. 갑자기 배를 탈출해야 할 경우를 위해서였다. 워슬리는 갑판원들과 함께 보트를 묶은 밧줄을 풀고 내릴 채비를 해두었다.

대원들은 저녁까지 하루 종일 펌프질을 해대고 물막이를 쌓았다. 28시간을 쉬지 않고 일한 맥니쉬는 자정 무렵이 되어서야 자신의 임무를 마칠 수 있었다. 하지만 그래봐야 물이 들어오는 것을 조금 늦출 뿐이었고 펌프는 펌프대로 계속 돌아가야만 했다. 교대 시간은 고통 그 자체였다. 일이 끝나면 대원들은 비틀거리며 침대로 가거나, 아니면 아무 구석에나 털썩 주저앉았다. 지친 근육들이 잠을 잘 수 있을 정도로 풀리는 데는 최소한 10분이 걸렸다. 그런 다음 교대 시간이 되면 어렵사리 선잠이 든 대원들을 다시 일으켜 세워야만 했다.

저녁이 되면서 다시 압력이 드세어졌다. 왼쪽 뱃머리를 둘러싼 부빙이 밀고 들어오며 배 밑창을 치받았고, 배는 휘어지면서 흡사 고통스런 동물처럼 몸부림을 쳤다. 저녁 9시, 섀클턴은 워슬리에게 보트를 내리고 모든 필수품과 식량을 오른쪽 부빙 아래로 옮길 것을 지시했다. 오른쪽 뱃머리는 쪼개질 확률이 가장 적은 곳이었다.

저녁 늦게 대원들은 열 마리가량의 숫펭귄 무리를 보았다. 펭귄들은 배를 향해 아장아장 걸어와 배 가까이에서 멈추었다. 한두 마리씩 짝을 지은 펭귄들을 본 적은 있었지만 이렇게 무리를 지어 한 떼가 몰려온 것은 처음 있는 일이었다. 펭귄들은 한동안 고통에 시달리는 배를 쳐다보다가 고개를 처들고는 섬뜩하고 슬픈 목소리로 애도하듯 울부짖었다. 평범한 대원들은 물론 남극의 베테랑들조차 한 번도 들어 본 적이 없는 불길한 울음소리였다.

대원들은 하던 일을 멈추었다. 나이 지긋한 맥리오드가 맥클린을 쳐다보았다.

"저 소리 들었나?"

맥리오드가 물었다.

"이제 집으로 돌아가긴 다 틀렸어."

맥클린은 섀클턴이 입술을 지그시 깨무는 것을 보았다.

자정 무렵, 균열이 생긴 배 뒤쪽으로 얼음이 다가오면서 배에 물이 훨씬 적게 들어왔다. 하지만 아직도 수동 펌프로 물을 퍼내고 있었다. 그들은 밤새도록 눈을 감은 채 펌프질을 해댔다. 마치 어떤 사악한 장치에 의해 저절로 움직이는 시체들처럼.

오후 4시경, 압력이 새로운 높이로 다가왔다. 갑판이 뒤틀리면서 빔이 전부 쪼개졌다. 배 뒷편이 6m나 솟구쳤고, 키와 선미재 또한 쪼개지면서 아래로 떨어졌다. 흐르던 물이 얼어붙는 바람에 무거워진 뱃머리가 아래로 기울었다. 얼음이 배 안으로 밀려들어왔고, 그 무게에 견디지 못한 배의 한쪽이 완전히 물에 잠기고 말았다.

5시가 되자, 대원들은 이제 포기해야 할 때가 왔음을 깨달았다. 배는 끝장이 났고, 그건 누구의 눈에도 명백한 사실이었다.

섀클턴은 와일드에게 고개를 끄덕여 보였고, 와일드는 기우뚱거리는 갑판을 따라 뱃머리로 갔다. 앞 갑판에 남아 있는 대원이 있는지 확인하기 위해서였다. 거기서 그는 펌프질을 마치고 돌아와 이제 막 잠자리에 누운 하우와 베이크웰을 발견했다. 와일드는 방 안으로 고개를 들이밀었다.

"이것 봐, 친구들, 배가 가라앉고 있어. 밖으로 나갈 때가 된 것 같아."

와일드가 말했다.

2 ─── 얼음 위의 배들

얼음은 뉘 태(胎)에서 났느냐.
공중의 서리는 누가 낳았느냐.
물이 돌같이 굳어지고,
해면이 어느니라. ─ 구약 성경 욥기 중에서

1

> 여호와께서 육지와 바다의 모든 위험으로부터 너를 보호하시고 네 임무를 완수하도록 도우시리라.

이것은 영국의 알렉산더 황태후가 탐험대에게 준 성경책 여백에 쓰여 있던 말이다. 섀클턴은 이 성경책을 손에 든 채 인듀어런스 호를 떠나 캠프 기지로 가고 있었다.

다른 대원들은 그가 다가오는 것도 눈치채지 못했다. 그들은 텐트 안팎을 기어다니며 남은 힘을 다해 조금이라도 더 안락한 장소를 만드느라 분주했던 것이다. 몇몇은 눈 덮인 얼음을 가리기 위해 널빤지를 바닥에 깔았다. 텐트 천을 바닥에 까는 대원들도 있었다. 하지만 모든 사람에게 충분할 만큼의 공간이 없었으므로 몇몇은 그냥 눈 바닥에 등을 깔고 누워야 했다. 그래봐야 별로 다를 것도 없었다. 잠들면 그뿐이었다.

 마침내 그들은 잠을 잤다. 대부분은 동태가 되지 않기 위해 옆에 있는 동료를 꼭 끌어안고 잠이 들었다.

 하지만 섀클턴은 잠을 이룰 수가 없었다. 그는 계속해서 얼음 주변을 천천히 돌아다녔다. 압력은 여전히 극심했고 캠프 기지에도 수차례 지독한 충격이 전해져 왔다. 200여 m 너머로 인듀어런스 호의 시커먼 윤곽이 청명한 밤하늘 아래 높다랗게 보였다.

 새벽 1시쯤, 섀클턴이 얼음 위를 오락가락하고 있을 때 갑자기 덜커덕 하는 소리가 들려왔다. 다음 순간 텐트를 친 부빙을 가로지르며 가느다란 균열이 리본처럼 구불구불하게 생기기 시작했다. 그 균열은 조금씩 넓어졌고, 깜짝 놀란 섀클턴은 텐트마다 돌아다니며 곤히 잠든 대원들을 황급히 깨웠다.

 잠결에 일어난 대원들은 잠시 우왕좌왕하며 헤맸다. 그 지옥 같은 배에서 탈출한 지 얼마 되지도 않아 맞이하게 된 새로운 국면이 짜증스럽기까지했다. 칠흑 같은 어둠 속에서 둘로 쪼개진 부빙의 큰 덩어리 쪽으로 정신없이 캠프를 옮기는 데 1시간이 넘게 걸렸다.

 아침이 되자 날씨는 잔뜩 흐리고 음산했지만 기온은 영하 21℃로 올라갔다. 얼음 위에서 잠을 잔 대원들은 뻣뻣하게 얼어붙은 채 밖으로 나왔고, 잠에서 깨어 정신이 들기까지는 많은 시간이 걸렸다. 대원들은 장비를 분류하여 썰매에 차곡차곡 싣기 시작했다. 모든 대원들은 자기가 해야 할 일을 알고 있었고, 시키기도 전에 조용히 작업을 했다.

 그들은 폴렛 섬을 향해 행군할 예정이었다. 북서로 557km 떨어진 그곳에는 1902년에 두고 온 필수품이 아직 남아 있을 것이다. 언젠가는 물을 만날지 모르니 두 대의 보트도 함께 끌고 가야 했다.

맥니쉬와 맥리오드는 고래잡이 배와 돛배 한 척을 썰매에 싣기 시작했다. 썰매와 보트를 전부 합친 무게가 최소한 1톤은 넘을 듯했다.

이따금 압력으로 인해 건물 2층 높이까지 얼음이 솟아오른 곳이 있었다. 이 불안하기 짝이 없는 얼음 위로 보트 두 척을 끌고 가는 일이 쉬울 거라고 생각하는 사람은 아무도 없었다. 하지만 대원들은 누구 하나 실망하지 않았다. 배를 탈출하기 전 며칠 간의 끔찍한 작업과 불안감에 비한다면 지금의 상황은 아무것도 아니었다. 그들은 배가 없어졌다는 끔찍한 사실을 떠올리려 하지 않았고, 2m 두께의 얼음 덩어리 위에 캠프를 치고 있다는 사실에도 그다지 충격을 받지 않았다. 살아 있다는 것만으로도 충분했다.

오히려 대원들의 태도에선 약간의 들뜬 분위기조차 느껴졌다. 적어도 그들에겐 확실하게 할 일이 생긴 것이었다. 방향도 없이 표류하면서 어떤 일이 닥칠지 몰라 전전긍긍했던 9개월은 끝이 났다. 이제 그들은 어떤 어려운 일이든 스스로 헤쳐나가야 했다.

하루 종일 그들은 한때 자신들의 배였던, 버려진 인듀어런스 호로 순례를 다녀왔다. 인듀어런스 호는 더 이상 배라고 할 수 없었다. 배가 물 위에 떠 있는 게 아니라 얼음이 배를 떠받들고 있는 상황이었다. 배를 부수기에 정신이 팔린 얼음이 이미 배의 양옆을 뚫고 들어가 쪼개진 선체를 지탱하고 있었던 것이다. 배의 나무 골조는 온통 뒤틀리고 쪼개진 상태였다. 압력이 지속되는 한 배는 수면 위에 떠 있게 될 것이다.

다음 날 오후, 섀클턴은 전 대원을 불러모아 텐트 안에 둘러앉혔다. 그의 표정은 무거웠다. 그는 짐을 최소한 가볍게 줄여야만 하는 이유를 설명했다. 대원 한 사람이 가지고 갈 수 있는 물건은 입고 있는 옷 이외에 벙어리 장갑 한 켤레, 양말 여섯 켤레, 부츠 두 켤레, 슬리핑백 하나, 담배 500g과 개인 소지품 1kg뿐이었다. 섀클턴은 결의에 찬 목소리로 그들의 생존에 지장을 주는 물건은 아무 쓸모가 없다고 말했다.

말을 마친 뒤 그는 자신의 파카 주머니에서 금으로 만든 담배 케이스와 몇 개의 금화를 꺼내 눈 속으로 집어던졌다. 그러곤 알렉산더 황태후가 준 성경책을 펼쳐, 기도문이 쓰여진 여백지와 「시편」 23편이 들어 있는 페이지를 뜯어냈다. 또 다음 구절이 들어 있는 「욥기」에서도 한 페이지를 뜯었다.

얼음은 뉘 태(胎)에서 났느냐.
공중의 서리는 누가 낳았느냐.
물이 돌같이 굳어지고,
해면이 어느니라.

그런 다음 그는 성경을 눈 위에 내려놓고 사라졌다. 오후가 되자 불필요한 물건들이 눈 위에 산더미처럼 쌓였다.

"그건 정말 잡동사니들의 집합소였다."

제임스는 그렇게 표현했다. 크로노미터·톱·망원경·양말·렌즈·스웨터·끌·책·문구류 그리고 사진과 개인 소지품들. 몇몇 대원들에겐 특별한 이유로 인해 어느 정도의 개인 소지품을 허용했다. 물론 두 의사에겐 약간의 의료 장비와 기구가 허용되었다. 일기장도 마찬가지였다. 허시는 무게가 6kg이나 나가는 치터 밴조를 가지고 갈 수 있게 되었다. 그는 밴조를 케이스에 넣어 고래잡이 배의 뱃머리 아래에 묶었다. 추운 날씨에 망가지지 않게 하기 위해서였다.

출발은 다음 날 아침으로 예정되어 있었다. 출발하기 전날 밤 섀클턴은 이렇게 적었다.

"전 대원을 전초기지까지 무사히 인도하게 해달라고 하나님께 기도한다."

10월 30일은 간간이 날리는 눈발과 함께 잔뜩 흐린 음산한 날씨였다. 기온은 영하 9.4℃로 따뜻했지만 그 때문에 얼음 표면이 녹아 썰매를 끌기에는 좋지 않은 날씨였다.

오전 내내 대원들은 마지막 비상식량을 준비하느라 여념이 없었다. 11시 30분, 섀클턴은 와일드를 데리고 행로를 답사하러 나갔다. 떠나기에 앞서 그는 가장 어린 강아지 세 마리와 그보다 조금 일찍 태어난 시리우스를 없애라고 명령했다. 시리우스에게 죄가 있다면 썰매를 한 번도 끌어 본 적이 없다는 것뿐이었다. 암수를 구분하기 전에 실수로 '치피 여사'라고 이름을 붙인 맥니쉬의 수코양이 역시 없애기로 했다. 대원들을 끌고 갈 수 있는 동물에게만 먹이를 줄

수 있었다.

 전에 없이 거칠어진 톰 크린은 어린 강아지들과 고양이를 캠프에서 멀리 떨어진 곳으로 데리고 가 주저없이 사살했다. 하지만 시리우스를 없애기로 한 맥클린은 도저히 해낼 자신이 없었다. 그는 마지못해 와일드의 텐트에서 12구경 엽총을 꺼낸 다음 시리우스를 멀리 끌고 갔다.

 적당한 지점에서 걸음을 멈춘 그는 어린 강아지를 내려다보았다. 시리우스는 사람을 잘 따르는 호기심 많은 강아지였다. 강아지는 깡충깡충 뛰며 꼬리를 흔들고 맥클린의 손을 핥으려 들었다. 맥클린은 그것을 뿌리치며 가까스로 시리우스의 목에 엽총을 들이댔다. 방아쇠를 당겼지만 그의 손이 떨리고 있었기 때문에 두 번째 탄환을 재고 다시 쏘아야 했다.

 그들은 오후 2시에 행군을 시작했다. 섀클턴, 워디, 허시 그리고 허드슨이 삽이나 등산용 곡괭이 따위의 연장을 썰매에 싣고 앞장을 섰다. 그들은 평평한 길을 따라 대원들을 안내하려 애썼지만 소용없는 일이었다. 압력으로 인해 솟아오른 얼음 언덕배기를 1km에 한 번꼴로 건너야 했고, 보트가 지나갈 수 있는 길을 내기 위해 얼음을 쪼개야 했다. 뒤에서는 개들이 450kg의 짐을 실은 썰매를 끌었다.

 마지막은 보트였다. 워슬리의 지휘하에 열다섯 명의 대원들이 이미 닦아 놓은 길을 따라 밧줄에 묶은 보트를 끌었다. 그건 너무도 힘든 일이었다. 보트 자체의 무게만으로도 물컹한 눈 더미 속으로 자꾸 가라앉았다. 보트를 끌어당기려면 거의 바닥과 평행으로 상체를 굽힌 채 밧줄을 힘껏 잡아당겨야 했다. 전체적으로 볼 때 그들의 행군은 썰매를 탄다기보다는 눈을 헤치고 나가는 식이었다.

행군은 느리고도 힘이 들었다. 오후 5시, 3시간에 걸친 행군 끝에 그들은 배에서 1,600m 거리에 와 있었다. 하지만 빙 돌아왔기 때문에 실제 이동거리는 거의 두 배가 넘었다.

6시, 저녁 식사를 하고 나자 녹초가 된 대원들은 즉시 슬리핑백에 들어가 몸을 웅크리고 누웠다. 밤새도록 눈이 펑펑 쏟아졌고 새벽녘이 되자 반쯤 녹은 눈이 약 15cm나 쌓였다. 기온은 영하 3.8℃로 치솟아 썰매를 타기에는 지독히 나쁜 날씨가 예상됐다.

다음 날 오후 4시경, 겨우 1,200m를 이동하여 두껍고 편평한 부빙에 도착했다. 주위에 마땅한 캠핑 장소가 눈에 띄지 않자 섀클턴은 그곳에서 밤을 지새기로 결정했다. 하지만 텐트를 세우기가 무섭게 텐트 안으로 물이 새어 들어왔다. 물과 눈을 걷어내지 않고는 텐트에서 잠을 잘 수가 없을 정도였다.

맥클린은 이렇게 적었다.

"텐트 입구에 있는 워슬리가 안쓰러워 견딜 수가 없었다. 전 대원이 묻히고 들어오는 물을 그가 흠뻑 뒤집어썼기 때문이다."

그렇지만 워슬리 자신은 조금도 괴로워하지 않았다. 그는 그날 밤 일기에 이렇게 썼다.

"사람은 자신의 생각을 얼마나 빨리 바꾸는지… 우리 스스로가 원시적인 상태에 적응해 나가는 것이 정말 대견하다."

섀클턴은 대원들의 명랑한 분위기에 기분이 좋았다. 그는 "많은 대원들이 유쾌하게 떠들어 댔다. 얼마나 다행인가"라고 기록했다.

다음 날 아침, 행로를 확인하기 위해 와일드와 워슬리와 함께 밖으로 나간 섀클턴은 단호한 결정을 내렸다. 그들은 서쪽으로 어지럽게 흔들리는 '압력의 바다'를 보았고, 이를 본 섀클턴은 "건너가는 것은 불가능"하다고 못박았다. 그런 얼음 위에서는 보트와 썰매들이 단 1km도 전진하지 못한다는 것을 깨달은 섀클턴은 캠프에 도착하자마자 대원들을 불러모아, 현재의 위치에 머물러 있다가 타고 있는 얼음이 표류하여 육지에 가까워지기를 기다리자고 말했다. 몇몇 대원들의 얼굴에 실망감이 스치고 지나갔다.

섀클턴은 그날 밤 저녁 식사인 물개고기 스튜에 고래 기름을 넣으라고 지시했다. 대원들이 기름을 먹는 데 익숙해지도록 하기 위해서였다. 생선 기름 냄새가 나는 질긴 덩어리들이 '잡탕 찌개'에 둥둥 떠다니자 그걸 일일이 건져 내는 대원들도 있었다. 하지만 대부분은 너무도 배가 고픈 나머지 기름 덩어리까지 모조리 게걸스럽게 먹어치웠다.

2

대원들은 정확히 일주일간 얼음 위에서 지냈다. 질서정연하고 쾌적한 인듀어런스 호의 선상에서 불편하고 축축하고 말할 수 없이 추운 캠프로 옮겨 지낸 것이다. 바로 일주일 전만 해도 그들은 따뜻한 침대에서 잠을 잤고 아늑한 분위기의 식탁에 둘러앉아 식사를 했었다. 그런데 지금은 비좁은 텐트 안에서 맨 얼음 위, 혹은 기껏해야 딱딱한 나무 널빤지 위에 깐 사슴 털이나 양털 슬리핑백에 누운 채 한데 뒤엉켜 있었다. 식사 시간에는 눈 위에 앉아 알루미늄 머그 잔에 음식을 한꺼번에 쏟아부어서 먹었다.

그들은 이 지구상에서 가장 거칠고 험한 지역에 버려진 표류자들이었다. 갈 곳도 모르고 구조될 가망도 없지만 신이 일용할 음식을 보내 주는 한은 생명을 부지할 수 있는 표류자들이었다.

그래도 그들은 이 새로운 생활에 놀라울 만큼 잘 적응해 나갔다. 그리고 대부분은 나름대로 행복해했다. 인간의 적응력이란 너무도 놀라워서 그들 스스로가 자신들의 절망적인 상황을 일부러 떠올려야 할 정도였다. 11월 4일, 맥클린은 그의 일기에 이렇게 적었다.

"화창한 날이다. 우리가 언제 어떻게 될지 모르는 불안한 상황에 처해 있다는 사실을 믿을 수가 없다."

매일매일의 일상이 반복되었다. 단 한 가지 큰 변화가 있다면 그것은 음식에 대한 자세였다. 워슬리는 이렇게 썼다.

"정말 수치스런 일이다. 우리 모두는 이제 먹기 위해 살고 또 오직 먹는 생각만 하는 사람들 같다. 내 평생 지금처럼 먹는 생각만 해본 적은 한 번도 없었다. 그리고 우리 모두는 다 똑같다… 우리는 아무 거라도 먹을 준비가 되어 있다. 전에는 거들떠보지도 않던 고래 기름까지 말이다. 야영을 하면서 오직 음식을 통해서만 체온을 유지할 수 있기 때문에 그렇게까지 먹는 생각을 하는지도 모르겠다……"

11월 5일, 대원들은 다시 배를 찾았다. 몇몇은 개인 소지품을 가져오고 싶어했다. 맥클린은 그의 어머니에게서 받은 성경책을 찾으러 갔다. 그는 기울어진 갑판실에 난 구멍으로 기어들어가 자신의 옛 숙소로 통하는 복도에 도달했다. 복도가 온통 물에 차 있었기 때문에 얼음과 물 위로 드러난 난간 위로 조금씩 기어 내려가야 했다. 그러나 숙소와 불과 3.5m 떨어진 물 언저리에서 그는 멈추어 설 수밖에 없었다. 방문이 빤히 보였지만 시커먼 얼음물에 잠겨 다가갈 수가 없었던 것이다.

운이 좋았던 그린스트리트는 자기 방에 들어가 책 몇 권을 꺼내 올 수 있었다. 하우와 베이크웰 역시 갑판 앞쪽에 있던 방이 완전히 잠겨 버렸기 때문에 아무 곳에나 들어가 보물 사냥을 했다. 복도 아래로 조심스럽게 길을 더듬어 가다가 그들은 헐리가 암실로 사용하던 객실 문에 도착했다. 안을 들여다보니 헐리의 필름이 들어 있는 상자들이 눈에 띄었다. 잠시 망설이던 두 사람은 반쯤 찌그러진 문을 열고 발목까지 물이 차는 방 안으로 첨벙첨벙 들어가서 선반에 있는 상자들을 꺼냈다. 그것이야말로 진짜 보물이었다. 그들은 그날 밤 그 필름을 헐리에게 돌려주었다.

필수품 복구 팀은 물건의 유용성을 따져 볼 여유도 없이 인듀어런스 호에서 닥치는 대로 물건을 긁어모았다. 사실 배에서 쓸모없는 물건이란 거의 없었다. 나무는 언제라도 취사 연료로 사용할 수 있었고, 텐트 천은 바닥 깔개나 텐트용으로, 밧줄은 썰매 끌채로 쓸 수가 있었다. 대원들은 조타실을 아예 통째로 뜯어 캠프로 가져왔다. 이동식 창고로 쓰기 위해서였다. 목재, 돛대 그리고 돛대를 묶는 밧줄도 가져왔다.

또 몇 시간에 걸쳐 갑판을 쪼개 호두 더미·설탕 한 봉지·베이킹 소다 한 상자·3.5톤의 밀가루·쌀·설탕·보리·렌즈콩·야채·잼 등을 건져 올려 썰매에 싣고 캠프로 돌아왔다. 이것은 꽤 보람 있는 소득으로 전 대원의 대대적인 환영을 받았다.

물건 회수 작업은 11월 6일 오후에 중단되었다. 남쪽에서 맹렬한 눈보라가 불어닥쳐 대원들은 텐트 안에서 꼼짝도 할 수가 없었다.

섀클턴은 그사이 식량 상황을 점검했다. 그들은 현재 4.5톤의 식량을 가지고 있었다. 여섯 명의 대륙 횡단 팀을 위해 마련했던 농축 식량을 제외하고 말이다. 섀클턴은 비상시를 대비해 그것을 남겨 둘 생각이었다. 그들이 계산해 본 결과 현재 가지고 있는 식량은 정량으로 배급할 경우 3개월간 먹을 수 있었다. 게다가 물개나 펭귄의 수가 늘어날 것이 확실했으므로 그들은 앞으로 2개월간은 정상 배급을 해도 안전할 것으로 판단했다.

그러다 보면 남극 여름의 중심점인 1월로 접어들 것이다. 그땐 그들 앞에 어떤 운명이 닥칠지 분명해질 거라고 섀클턴은 생각했다. 그리고 겨울이 마지막 맹공격을 해오기 전에 어떻게 할 것인지도 결정을 내려야겠다고 생각했다.

모든 것은 부빙군의 표류에 달려 있었다. 얼음은 파머 반도 쪽으로 그들을 끌고 북서로 계속 이동하면서 북쪽으로 800km쯤 떨어진 사우스오크니 섬까지 갈지도 모른다. 만일 어떤 이유로 인해 표류가 중단된다면 그들은 대충 그 어딘가쯤에 머물게 될 것이다. 아니면 부빙군이 육지와는 거리가 먼 북동쪽이나 동쪽으로 방향을 바꿀 수도 있었다.

어떤 일이 일어나건 1월은 돌이킬 수 없는 기점이 될 것이다. 만약 육지 쪽으로 표류하게 된다면 그들은 적당한 물길을 만나 보트를 띄우고 확실한 지점으로 나아갈 수 있을 것이다. 적어도 이론적으론 그럴듯해 보였다. 만약 부빙군이 움직임을 멈춘다면 얼음에서 겨울을 보낼 것이 아니라 보트가 아닌 넓은 나무배를 타고 삿대를 저어 가장 가까운 육지로 서둘러 떠나야 할 것이다. 물론 위험한 일이지만 얼음 위에서 겨울을 나는 것보다는 나을 것이다.

  세 번째 가정은 정말로 오싹했다. 만약 부빙군이 북동쪽이나 동쪽으로 떠내려간다면, 그래서 보트를 띄울 수가 없다면 그들은 살을 에는 추위와 강풍이 몰아치는 남극의 밤과 겨울을 표류하는 얼음 위에서 나야 할 것이다. 이것 또한 1월에나 알게 될 것이다. 그러나 그렇게 될 가능성에 대해 진지하게 생각하는 사람은 아무도 없었다.

3

 식량 사정에 관한 임원급 회의에 프랭크 헐리가 참석한 것은 특별한 의미가 있었다. 그것은 헐리가 남극 탐험을 해본 경험이 있었기 때문이 아니라, 그의 반감을 사고 싶지 않은 섀클턴의 배려 때문이었다. 탐험대를 이끄는 섀클턴의 리더십이 드러나는 단적인 사건이었다.
 섀클턴은 물리적인 면에서는 두려움을 모르는 사람이었지만 통제력을 잃어버려선 안 된다는 강박관념에 늘 시달렸다. 이런 태도는 지나친 책임감에서 생겨난 것이었다. 그는 대원들을 현재의 상황으로 몰아넣은 것이나 그들을 안전하게 탈출시키는 것이 자신의 책임이라고 생각했다. 그래서 팀의 결속을 흐트러뜨리는 문제의 대원들을 집중적으로 관찰했다. 대원들 간에 불화가 생기면 탐험대는 생존과 죽음의 갈림길에서 충분한 에너지를 발휘할 수가 없으며,

전진할 수도 없다고 그는 생각했다. 그래서 대원들이 자신의 통제 하에 결속력을 유지하도록 늘 애를 썼다.

비록 헐리가 유능한 사진사였고 훌륭한 대원이었지만 귀가 얇은 사람이었고, 가끔씩은 사람들과 기분 좋게 어울리면서 자신이 중요한 인물이라고 느껴야 하는 그런 사람이었다. 섀클턴은 그의 이러한 욕구를 감지했고, 이것이 충족되지 않을 경우 그가 스스로 무시당했다고 느껴 대원들 사이에 불만감을 퍼뜨릴까 봐 염려스러웠다.

그래서 섀클턴은 자주 헐리의 의견을 물었으며, 그가 한 일에 대해 칭찬을 해주려고 애를 썼다. 또 그를 자신의 텐트 멤버로 선정함으로써 그의 속물근성에 호소했으며, 잠재적인 반주류파와 어울릴 기회를 최소화했다.

다른 텐트에도 감시의 눈을 박아 놓았다. 섀클턴은 항해사인 허드슨과 물리학자인 제임스, 그리고 헐리와 함께 제1텐트에 머물렀다. 이들 중에 특별히 문제가 있는 사람이 있는 것은 아니었지만 혹시라도 이들이 다른 대원들과 너무 오래 가깝게 지내면 마찰을 일으킬지도 모른다고 생각했던 것이다.

허드슨은 언제나 그랬듯이 단순하면서도 다소 도발적이었다. 농담을 좋아했지만 눈치가 부족해 가끔 분별없어 보일 때가 많았다. 그는 자신의 외모를 부각시키고 싶어하는 멋쟁이 청년이었지만 사실은 스스로에 대한 자신감이 부족했다. 이런 불안정한 성격으로 인해 다소 자기중심적이었으며 남의 말을 잘 듣지 않았다. 자신을 과시하기 위해서라면 주제와 상관없이 반드시 대화에 끼어들어 말참견을 했다. 그래서 놀림을 당할 때도 옆에서 귀띔해 주기가 어려였다. 이상하게도 그는 스스로 놀림당하는 것을 즐기는 것 같았다. 적어도 무대 중심에 설 수 있는 기회를 주니까 말이다. 섀클턴은 허드슨 같은 타입을 좋아하진 않았지만 다른 대원들에게 부담을 주느니 차라리 자신이 떠맡기로 한 것이었다.

제임스로 말할 것 같으면, 한 번도 탐험을 해본 적이 없는 사람 같았다. 학문에만 몰두해 온 그는 어딘지 샌님 같은 데가 있었다. 능력이 넘치는 순수한 과학자였지만 현실적인 문제에서는 어설펐고 또 그런 것을 좋아하지도 않았다. 대부분의 다른 대원들에게 가장 큰 매력인 탐험의 모험적인 측면도 제임스에겐 전혀 관심의 대상이 아니었다. 섀클턴은 이런 제임스의 입장을 고려하여 그를 자신의 텐트로 끌어들였다.

와일드의 통제 아래 맥니쉬를 제2텐트에 보낸 것 역시 계산된 결정이었다. 목수로서 맥니쉬는 정통한 기술자였다. 그는 절대 자로 재는 법이 없이 눈대중으로만 일을 하는 사람이었다. 임무가 주어지면 할 일을 간단히 훑어본 다음 곧바로 톱질에 들어간다. 그래도 언제나 정확하게 들어맞았다.

맥니쉬는 체격이 크고 체력도 강했지만, 다른 탐험대원들의 평균 나이보다 2배나 많은 쉰여섯이었고 치질로 고생을 하고 있었다. 그는 탐험을 떠나는 순간부터 향수병에 시달렸다. 그가 왜 탐험대를 따라왔는지는 알 수 없는 일이었다. 어쨌든 맥니쉬는 까다로운 사람임에 틀림없었다. 그리고 배를 오래 탔다는 이유로 그는 스스로를 선원들의 권리를 대변하는 일종의 '바다 변호사'라고 생각했다. 이런 것들을 고려하여 섀클턴은 맥니쉬를 지켜봐야 할 인물이라고 느꼈으며 와일드에게 그 임무를 맡겼다.

그렇게 늘 기분이 언짢은 중년의 맥니쉬도 11월 6일 남쪽에서 맹렬한 눈보라가 불어닥치자 몹시 즐거워했다. 덕분에 텐트 밖으로 나갈 수도 없었고 생활 조건은 열악하기 그지없어졌지만 대원들은 이 눈보라가 자신들을 북쪽으로 끌고 갈 거라고 믿었다.

"이 눈보라가 딱 한 달만 계속됐으면 좋겠다고 우리 모두는 생각했다."

맥니쉬는 그렇게 적었다.

눈보라는 48시간 동안 계속되었다. 날씨가 개자 워슬리는 그들이 남서로 26km 이동했음을 깨달았다. 상당히 만족할 만한 거리였다. 기본적으로 낙천적이고 긍정적인 대원들의 사고방식은 자신들이 처한 상황이 그저 일시적일 뿐이라는 생각을 스스로에게 심어 주었다. 분명 머지않아 모든 것이 다 좋아질 것이었다. 여름이 다가오면서 대원들은 그동안 느린 속도로 진행되던 부빙군의 표류가 조만간 빨라질 것이라고 믿었다. 설사 그렇지 않다 해도 여름 날씨는 얼음을 녹일 것이고 그렇게 되면 그들은 보트를 띄울 수 있을 것이다.

맹렬한 눈보라가 지나가고 나흘째 되던 11월 12일, 바람이 북쪽으로 선회하면서 갑자기 여름이 왔다. 온도계가 1.6℃를 가리키며 치솟았고, 몇몇 대원들은 눈 속에서 호스스런 목욕을 하기 위해 웃옷을 벗어 던졌다.

반면 뜨거운 조류로 인해 생활 조건이 더욱 열악해지기 시작했다. 낮에는 텐트 안이 숨이 막힐 만큼 뜨거웠다. 섀클턴은 기온이 27.7℃까지 올라갔다고 기록했다. 부빙 표면은 눈과 얼음이 녹아 질퍽거렸고 걷는 것도 불안하기 그지없었다. 푸석해진 얼음을 잘못 디디면 얼음물에 무릎이나 허리까지 빠지기가 일쑤였다. 무거운 물개를 썰매에 싣고 캠프로 돌아오는 일은 최악이었다. 썰매를 모는 대원들은 대개 온몸이 흠뻑 물에 젖어 돌아오곤 했다.

탐험대의 모든 대원 중에서 가장 이상한 인물은 단연 오들리였다. 가장 힘이 센 사람도 아마 그일 것이다. 탐험대에 가담하기 전 그는 영국 해군에서 체조교사로 복무했다. 그래서 그는 나머지 스물일곱 명의 대원들을 몰아붙이기 일쑤였다. 하지만 동료들이 아무리 시비를 걸어도 그는 절대 대거리를 하지 않았다. 대개는 걸걸한 목소리로 "자, 이제 그런 소린 집어치워"라고 받아넘길 따름이었다.

그는 절대 비겁한 사람은 아니었다. 자신이 맡은 일에는 앞뒤를 가리지 않고 덤벼들었다. 물개 사냥을 나가도 그는 범고래가 돌아다니는 부빙 사이를 껑충거리며 막무가내로 부빙 틈새를 뛰어넘었다. 인듀어런스 호가 갇혔던 깜깜한 겨울에도 그는 배의 창고에서 자전거를 찾아내 그걸 타고 얼어붙은 부빙들 사이를 건너다닌 적이 있었다. 위험한 추위 속에서 두 시간 동안이나 돌아오지 않아 결국은 대원들이 찾으러 나가야 했다. 그가 배로 돌아오자 섀클턴은 혼자서는 절대 외출하지 말 것을 명령했고, 워슬리가 이를 감시하기로 했다.

오들리는 어린아이처럼 순진한 면이 있으면서도 좀체로 파악하기 힘든 성격의 소유자였다. 그는 자기가 좋아하는 스키 따위의 활동을 빼놓고는 모든 면에서 게으름을 피웠다. 하지만 게으름을 부끄러워하거나 일부러 감추려 들지는 않았다. 심지어 다른 대원들이 피로에 지쳐 쓰러지는 절망적인 상황에서도 그는 드러내놓고 자기 할 일을 회피하며 꾀를 부렸다. 어쩌면 그의 솔직함 때문에 대원들이 꾹꾹 참아 주는지도 몰랐다.

그러나 창고 관리인으로서의 그는 흠잡을 데가 없었다. 적어도 열악한 환경에서는 말이다. 그는 늘 굶어죽을지 모른다는 끔찍한 공포에 시달렸기 때문에 비상식량에 대해서만큼은 기를 쓰고 구두쇠 노릇을 했다. 식량이 부족하다고 너무 떠들어대는 바람에 섀클턴에게 문책을 당한 적도 여러 번 있었다.

탈출 경로를 꼼꼼히 연구하던 섀클턴은 11월 13일 한 가지 계획을 발표했다. 그들은 현재 북서쪽으로 440km 떨어진 스노우 힐 섬을 향해 표류하고 있었다. 스노우 힐 섬은 파머 반도의 먼바다에 있었고 반도와는 얼음으로 연결되어 있었다. 보트를 띄울 수 있을 정도로 부빙군이 충분히 벌어진다면 그들은 육지에 닿을 수 있을 것이다. 그러면 파머 반도의 서해안까지 240km를 육로로 여행할 수 있을 것이며, 결국은 포경선들의 하절기 체류지인 윌헬미나 만에 다다를 것이다. 일단 포경선들과 접촉만 한다면 구조는 확실할 것이었다.

섀클턴은 파머 반도에서 1.5km 높이의 빙산을 넘는 육로 여행을 위해 소수의 팀을 구성하겠다는 계획을 세웠다. 그동안 나머지 대원들은 스노우 힐 섬에 남아 구조를 기다리게 할 작정이었다.

그 계획이 실행에 옮겨진다는 보장은 없었지만, 지금은 아무리 희박한 가능성이라도 매달려 봐야 하는 상황이었다. 헐리는 빙산에 오를 대원들을 위해 네 켤레의 부츠에 징 대신 나사를 박았다. 섀클턴은 가장 좋은 루트를 찾기 위해 그 지역 해도(海圖)를 꼼꼼히 들여다보았다.

그날 밤, 불안한 그들의 상황을 되새겨 주기라도 하듯 멀리서 희미한 천둥소리가 들려왔다. 새로운 압력의 파도가 시작된 것이다. 3.2km 밖에서 얼음이 다시금 배를 공격하는 것이 보였다. 저녁 9시쯤 그들은 얼음이 쪼개지는 소리를 들었다. 멀리서 인듀어런스 호의 앞 돛대가 무너져 내리고 있었다.

4

 비록 그들이 머물고 있는 부빙이 다른 부빙으로부터 공격을 받지는 않았지만, 대원들이 그릇된 낙관에 빠지는 것을 원치 않았던 섀클턴은 11월 15일 비상 업무 체계를 발표했다. 모든 대원들은 갑자기 텐트를 철거해야 할 경우에 대비해 구체적인 업무를 전달받았다. 만약 얼음 위를 지나가게 될 경우, 썰매를 모는 대원들은 최대한 빨리 썰매에 끌채를 달아야 하며 그동안 나머지 대원들은 식량과 장비를 챙기고 텐트를 철거한 다음 빨리 썰매로 가야 한다. 그러나 만일 그들이 바라는 대로 물길을 이용하여 빠져 나간다면 보트가 준비되어야 할 것이다.
 그러나 대원들은 여전히 방심했다. 안정된 캠프 생활에 점차 익숙해져 갔기 때문이다. 얼음 위에 일렬로 늘어선 초록색 텐트가 이제는 인듀어런스 호가 그랬던 것처럼 익숙하게 여겨졌다.

캠프의 하루는 오전 6시 30분에 시작되었다. 이 시간이 되면 야간 경비를 섰던 대원이 주방에 있는 통에서 가솔린을 한 스푼 따라 난로 바닥에 있는 작은 받침 접시에 부었다. 그리고 가솔린에 불을 붙이면 받침 접시 위 쇠창살에 걸쳐 놓은 고래 기름에 옮겨 붙었다. 헐리는 배에서 가져온 구식 기름통과 무쇠로 된 슈트(무거운 짐을 높은 곳에서 낮은 곳으로 미끄러뜨리는 장치)를 이용해 이 난로를 만들었다.

난로가 타오르기가 무섭게 야간 경비는 그린을 깨웠다. 아침 식사를 준비하도록 하기 위해서였다. 7시가 되면 대원들은 각자 텐트에서 나와 용변을 보러 가까운 얼음 언덕 뒤로 갔다. 돌아오는 길에는 가지고 있던 닳아빠진 칫솔과 눈으로 양치질을 했다. 7시 45분이 되도록 일어나지 않는 지독한 잠꾸러기들을 깨우는 것도 야간 경비의 몫이었다. 그는 텐트마다 돌아다니며 "그만 자고 일어나요"를 외친다. 대원들은 슬리핑백을 말아 놓고 앉아서 아침 식사를 기다렸다.

아침 식사가 끝나면 일상의 허드렛일을 시작한다. 그린은 오전 내내 배넉 과자를 구웠다. 밀가루 반죽에 패미컨(쇠고기, 말린 과일, 감미료를 섞어 굳히고 향미료를 첨가한 저장식품. 탐험가나 여행가들이 휴대한다)이나 렌즈콩, 그밖에 맛을 낼 수 있는 것이면 뭐든지 섞어 만든 과자빵이었다.

맥니쉬는 대원들의 도움을 받아 가며 거친 바다에서도 안전한 고래잡이 배와 돛배를 만드느라 분주했다. 헐리 역시 보트 여행을 준비하느라 정신없었다. 그는 훌륭한 사진작가일 뿐만 아니라 숙련된 양철공이었다. 그는 나침반을 넣는 상자의 튜브 일부를 떼어내 보트 펌프를 만들고 있었다.

 나머지 대원들은 사냥을 하며 시간을 보냈다. 두 사람씩 짝을 지어 물개를 찾으러 나간 사이 개 조련사들은 부빙 주위를 돌며 개들을 훈련시켰다. 개를 훈련시키다 보면 멀리서 사냥 팀들이 작은 깃발을 흔드는 것이 보였다. 물개가 나타났다는 신호였다. 그러면 사냥감을 옮겨 오기 위해 한 팀이 개를 데리고 나섰다.

 물개 사냥은 대개가 피비린내 나는 일이었다. 와일드는 배에서 12구경 엽총과 33구경 라이플 총을 가져왔지만 탄약이 별로 많지 않았다. 그래서 가급적 손으로 물개를 죽였다. 조심스럽게 물개에게 다가가 스카나 부러진 노로 물개의 콧등을 때려 기절시킨 다음 정맥을 끊었다. 또 다른 방법은 곡괭이로 물개의 머리를 내리치는 것이었다. 그러나 두 의사는 이 방법을 권장하지 않았다. 그렇게 죽이면 물개의 머리를 먹을 수가 없기 때문이었다. 의사들은 물개의 머리가 비타민이 많이 함유된 최고의 식품이라고 말했다.

 몇몇 대원들, 특히 1등 기관사인 루이스 리킨슨은 처음엔 이 잔인한 사냥 방법을 몹시 혐오스러워했다. 하지만 오래가진 않았다. 살아남겠다는 의지가 수단과 방법을 가리지 않고 식량을 구하는 잔인함을 잊도록 해준 것이다.

 저녁에는 텐트별로 다양한 행사가 열렸다. 워슬리의 텐트에서는 소리 내어 책읽기를 했고, 제1호 텐트인 섀클턴의 텐트에서는 늘 포커나 브리지 게임을 했다. 제4호 텐트의 갑판원들과 화부들 역시 카드를 하거나 아니면 둘러앉아 잡담을 했다. 섹스에 관한 주제는 좀처럼 화제가 되지 못했다. 섹스라는 주제가 모든 대원들의 머릿속에 가득 차 있는 추위, 습기, 배고픔 따위의 주제와 너무 동떨어져 있기 때문이었다. 여자 이야기는 향수에 젖어 우울해질 때만 화제가 되었다. 집에 두고 온 아내, 어머니, 애인을 생각하면서.

인듀어런스 호를 떠난 후 대원들의 가장 큰 변화는 아무래도 외모였다. 평소 언제나 말끔하게 면도를 했던 얼굴들엔 손가락 마디만큼씩 구레나룻이 자라 있었다.

대원들의 얼굴은 기름에서 나온 그을음 때문에 날이 갈수록 더 꾀죄죄해졌다. 연기가 사방에 퍼져 무엇이든 만지는 것마다 시커먼 그을음이 묻어 났으며 세숫비누로도 잘 지워지지 않았다.

청결에 관한 한 대원들은 두 부류로 나누어졌다. 날씨가 허락하는 대로 눈으로 얼굴을 문질러 닦는 대원들이 있는가 하면, 때가 쌓이면 피부가 튼튼해져 동상에 걸릴 염려가 없다는 이론을 내세우며 일부러 얼굴에 때가 끼도록 내버려두는 대원도 있었다. 물론 목욕은 아예 생각도 할 수 없는 상황이었다.

먹는 문제도 이와 유사하게 저장파와 비저장파 두 부류로 엇갈렸다. 워슬리는 먹을 수 있을 때 뭐든지 닥치는 대로 먹어 두자는 비저장파의 선두주자였다. 그렇지 않아도 굶어죽을지 모른다는 공포에 시달리는 오들리는 저장파 이론의 유력한 옹호자였다. 그는 매 끼니마다 식사를 다 하지 않고 치즈나 과자를 조금씩 떼어내 옷 속에 넣어 두었다. 언젠가 식량이 떨어지는 날이 오면 그때 먹기 위해서였다. 가끔 1주일, 2주일, 3주일 전 음식을 주머니에서 꺼내 보여 주기도 했다.

하지만 그 당시 식량은 부족하지 않았다. 심지어 제 발로 캠프를 찾아오는 친절한 동물들도 있었다. 물개들이 캠프를 육지나 서식지로 알고 들어오는 경우가 종종 있었던 것이다.

11월 21일 오후 4시 50분, 섀클턴은 인듀어런스 호를 살펴보기 위해 밖으로 나왔다. 멀리서 배가 움직이는 것이 보였다. 배의 굴뚝이 사라져 가고 있었다.

"배가 가라앉는다!"

섀클턴은 소리치며 전망대로 뛰어 올라갔다. 놀란 대원들이 더 잘 보이는 자리를 차지하려고 앞다투어 텐트 밖으로 기어 나왔다. 모두들 말없이 사라져 가는 인듀어런스 호를 지켜보았다. 인듀어런스 호의 배 뒷전이 공중으로 6m 정도 솟구쳐 오르더니 돌아가지 않는 프로펠러와 함께 잠시 허공에 매달려 있었다. 부서진 키가 갑판에 걸려 있었다. 깊은 한숨을 쉰 뒤 인듀어런스 호는 천천히 그리고 조용히 얼음 밑으로 사라져 갔다. 배가 떠 있던 자리가 시커멓게 드러났다. 그것도 잠시, 그 자리조차 얼음으로 메워지고 말았다. 이 모든 일들이 순식간에 일어났다.

섀클턴은 그날 밤 일기에 인듀어런스 호가 가라앉았다고 간단히 적었다. 그리고 이렇게 덧붙였다.

"도저히 더 쓸 수가 없다."

이렇게 해서 그들은 완전히 고립되고 말았다. 이제는 아무리 사방을 둘러보아도 끝없는 얼음 외엔 아무것도 보이지 않았다. 그들의 위치는 남위 68도 38과 1/2부, 서경 52도 20부 지점. 사람이 한 번도 다녀간 적이 없는, 설사 다녀갔다 해도 다시 와보고 싶을 것 같지 않은 곳이었다.

5

 인듀어런스 호가 완전히 사라져 버렸다는 것은 일종의 충격이었다. 문명 세계와의 마지막 끈이 끊어져 버린 것이다. 그것은 분명 결정적인 사건이었다. 배는 그들과 바깥 세상을 연결하는 하나의 상징, 만질 수 있는 물리적인 상징이었다. 배는 그들을 싣고 거의 지구 반 바퀴를 돌았다.

 "…우리를 너무도 멀리, 너무도 안전하게 실어다 주었다. 그리고 잔인한 얼음에 항복하기 전까지 그 어떤 배도 할 수 없을 만큼 용감하게 싸웠다."

 워슬리는 그의 일기에 애도의 말을 적었다.
 이제 배는 사라지고 없었다. 마치 오랫동안 죽음의 기로에 서 있던 오랜 친구를 잃어버린 것처럼 대원들은 슬픔에 잠겼다. 대원들은 배가 몇 주일은 더 견딜 수 있을 거라고 믿었었다. 하지만 25일 전 배를 떠날 때만 해도 배는 당장이라도 가라앉을 듯한 상황이었다. 그토록 오랫동안 가라앉지 않고 버텼다는 것만 해도 놀라운 일이었다.

다음 날 아침, 워슬리는 지난 나흘간 불었던 북풍에도 불구하고 자신들이 뒤로 밀려가지 않았다는 고무적인 사실을 발견했다. 부빙군은 남쪽에서 밀려오는 해류의 영향을 받는 것 같았다. 그러나 허시는 이미 얼음의 움직임에서 불길한 변화를 감지했다. 더 이상 북풍으로 물길이 열리지는 않았다. 게다가 바람 또한 남극점에서 불어오는 바람만큼이나 차가웠다. 추측컨대 얼음이 북쪽으로 아주 멀리까지 펼쳐져 있다는 뜻이었다. 그러나 대원들은 놀랄 만큼 낙관적이었다.

인듀어런스 호가 침몰한 첫날 밤, 섀클턴은 생선과 비스킷으로 특별 만찬을 베풀었다. 대원들을 위로하기 위한 섀클턴의 특별 배려였다. 모두가 즐거워했다.

섀클턴은 늘 대원들에게 친근하게 보이고 싶어했다. 똑같은 대우에 똑같은 음식 그리고 똑같은 옷을 입겠다고 고집하며 애써 노력했다. 때론 식사시간에 텐트까지 쟁반을 나르는 따위의 허드렛일도 마다하지 않았다. 그리고 이따금 그가 '대장'이란 이유로 주방장의 특별 대우를 받았다는 걸 알면 몹시 싫어했다.

그러나 불가피한 일이었다. 어쨌든 그는 대장이었다. 그에겐 다가갈 수 없는, 뛰어넘을 수 없는 거리감이 있었다. 이러한 거리감은 물리적인 것이 아니라 정신적인 것이었다. 그는 자신의 지위와 책임을 단 한순간도 잊을 수가 없었다. 나머지 대원들이 생존의 궁리에서 잠시 벗어나 쉬는 동안에도 그는 그럴 수가 없었다. 그에겐 휴식도 도피처도 없었다. 책임은 오로지 혼자만의 몫이었다.

그는 대원들의 모든 활동에 참여했다. 그래서 늘 대원들과 함께 있었다. 11월 26일 제5호 텐트의 누군가가 새 카드 한 벌을 찾아냈다는 소문이 나돌았을 때에도 섀클턴은 벌써 그 텐트에 도착해 있었다. 맥클로이와 함께 대원들에게 브리지 게임을 가르쳐 주고 있었던 것이다.

어느덧 '서쪽으로의 항해'를 위한 준비가 끝나가고 있었다. 고래잡이 배의 선측을 세우는 일도 거의 마무리가 되어 갔고, 대원들은 맥니쉬의 솜씨에 놀라움을 금치 못했다. 그는 솜으로 된 램프 심지와 마쯘의 유화물감을 가지고 징을 만들어 덧댄 판자에 박았다. 연장과 자재가 아무리 부족해도 그는 조금도 지장을 받지 않는 것 같았다. 보트도 마무리가 거의 끝나 이제 이름 짓는 일만 남았고, 그 일은 섀클턴이 맡았다. 그는 탐험대의 주요 후원자들의 이름을 따서 짓기로 결정했다. 그래서 고래잡이 배는 '제임스 커드'라고 이름 붙였다. 제1호 보트는 '듀들리 더커'라 했고, 두 번째 보트는 '스탠콤 윌스'라고 붙였다. 화가인 조지 마쯘은 남은 물감으로 각 보트에 이름을 써넣느라 분주했다.

섀클턴은 워슬리의 제안을 받아들여 그들이 머물고 있는 부빙을 '오션 캠프'라고 부르기로 했다. 그러고 나서 각 보트의 담당을 정해 주었다. 섀클턴은 프랭크 와일드와 함께 '제임스 커드'를 맡기로 했다. 워슬리는 '듀들리 더커'의 선장으로, 그린스트리트는 부선장으로 임명되었다. 허드슨은 톰 크린과 함께 '스탠콤 윌스'를 맡았다.

이렇게 11월이 끝나가고 있었다. 대원들이 얼음 위에서 생활한 지도 벌써 한 달이 지났다. 모든 우여곡절과 불편함에도 불구하고 한 달 동안의 원시적인 생활은 나름대로 풍요로워지고 있었다. 대원들은 무의식중에 스스로에 대한 신뢰를 잘 지켜 나가고 있었던 것이다.

맥클린은 무려 4시간 동안 한 벌뿐인 바지의 엉덩이 부분에 정성스레 헝겊을 대고 깁고 나서 "집에서 나를 위해 이런 일을 해주었을 때 난 얼마나 그 고마움을 몰랐었는지"라고 적었다.

그들은 스스로를 더 잘 알게 되었다. 얼음과 적막뿐인 이 외로운 세계에서 부족한 대로 만족할 줄 알았다. 그들은 시험을 받았지만 아무 부족함이 없음을 깨닫게 되었다.

대원들은 물론 집 생각을 했지만, 무조건 문명사회로 돌아가고 싶은 열망은 없었다. 워슬리는 이렇게 기록했다.

"화창한 아침에 눈을 뜨면 나는 뉴질랜드나 영국의 봄날 아침, 이슬에 젖은 잔디와 꽃들의 향기가 사무치게 그리워진다. 문명에 대한 다른 그리움은 거의 없다. 맛있는 빵과 버터, 독일 맥주, 신선한 굴, 애플 파이는 그리움이라기보다 오히려 즐거운 추억이다."

대원들은 떠날 준비를 모두 끝마쳤다. 이제는 더 이상 할 일이 없어졌다. 남은 것은 얼음이 쪼개지는 일뿐이었다.

하지만 얼음은 쪼개지지 않았다. 하루가 지나고 또 하루가 지났지만 부빙군은 여전히 한결같은 상태였다. 그들의 표류 또한 만족할 만한 정도는 아니었다. 그동안 바람이 남쪽에서 불어왔지만 그렇다고 강한 바람은 아니었다. 부빙군은 하루 3km씩 여전히 느린 속도로 계속 북쪽으로 이동했다.

시간이 무겁게 느껴지기 시작했다. 하루하루가 아무 변화도 없이 무미건조하게 지나갔다. 아무리 긍정적으로 생각하려고 애를 써도, 대원들은 점차 불거지는 실망감에서 벗어날 수가 없었다.

인듀어런스 호를 탈출한 이후 대원들은 북쪽을 향해 곧장 130km를 이동했다. 하지만 활처럼 반원을 그리며 표류했기 때문에 육지와는 거리가 먼 동쪽으로 선회하고 있었다. 심각한 정도는 아니었지만 마음을 놓을 수는 없었다.

섀클턴은 신경통이 심하게 재발하는 바람에 텐트에 틀어박힌 채 아무 일도 할 수 없었다. 하지만 중순으로 접어들면서 대원들이 동요하고 있음을 느낄 수 있었다. 12월 17일, 느닷없이 풍향이 북동쪽으로 바뀌었다. 다음 날 관측 결과, 그들의 캠프가 뒷걸음질을 쳤음이 확인되었다.

그날 밤, 팽팽하게 긴장된 분위기가 캠프에 감돌았고 대화도 별로 없었다. 많은 대원들은 저녁을 먹자마자 잠자리에 들었다.

섀클턴은 불안했다. 그들을 방해하는 적 중에서 그가 가장 두려워하는 것은 사기 저하였다. 12월 19일, 그는 일기에 이렇게 썼다.

"아무래도 서쪽으로 출발해야 할 것 같다."

그는 뭔가 행동을 취할 필요가 있다고 느꼈고, 다음 날 오후에 자신의 계획을 발표했다. 일단 와일드, 헐리 그리고 크린을 데리고 서쪽으로 답사를 떠나기로 한 것이다.

반응은 즉각 나타났다. 그린스트리트는 이렇게 적었다.

"대장은 서쪽으로 부딪치고 싶은 모양이다. 현재 아무 진척이 없기 때문이다. 내 생각엔 떠나는 것이 결코 바람직해 보이지 않는다. 앞을 예측할 수 없는 상황이라 지금보다 더 어려워질 수도 있기 때문이다. 아무래도 최후의 수단으로 그런 결정을 내린 모양인데, 대장이 그런 생각을 당장 포기하길 바랄 뿐이다. 우리 텐트에선 이 문제를 놓고 심각한 토론이 벌어졌다…."

사실이 그랬다. 워슬리도 같은 생각이었다.

"내 생각엔 여기에 남는 게 좋을 것 같다. 표류의 방향이 동쪽으로 완전히 돌아서지 않는 한… 조금 더 기다린다면 가만히 앉아 있어도 우리가 가려는 곳으로 흘러가게 될 것이다. 그러면 굳이 보트를 띄울 필요도 없을 테고, 부빙군 사이로 물길이 열릴지도 모르지 않은가."

하지만 나머지 대원들은 섀클턴의 결정을 따뜻하게 지지해 주었다. 이에 관해 맥클린은 이렇게 적었다.

"…개인적으로 나는 우리가 가능한 한 멀리 서쪽으로 가야 한다고 생각한다. 서쪽으로 320km 지점에 육지가 있다는 것을 우리는 알고 있다… 현재 우리의 표류 상태로 봐서 폴렛 섬이 위치한 위도에 닿으려면 3월 말이나 되어야 할 것이다. 더구나 우리가 탈출할 수 있다는 확신도 없는 마당이다. 결론적으로 내 생각은 '서쪽으로 가려고 최대한 노력하자'는 것이다. 현재의 표류 방향이 북쪽이니 결과적으로는 북서쪽으로 가게 될 테고, 거긴 우리가 원하는 방향이다… 어쨌거나 내일이면 결정이 날 것이다."

6

 답사 팀은 오전 9시에 출발하여 10km 정도 갔다가 오후 3시에 돌아왔다. 섀클턴은 5시에 전 대원을 불러모아 "서쪽으로 갈 수 있다. 지금으로부터 36시간 뒤인 12월 23일 아침 일찍 출발하여, 기온이 떨어져 얼음 표면이 단단해지는 밤에만 주로 이동하게 될 것이다. 크리스마스에는 이미 여행 중일 테니 떠나기 전에 크리스마스 파티를 하며 이틀 동안 먹고 싶은 음식을 실컷 먹을 것이다. 어차피 엄청난 양의 음식을 남겨 두고 가야 할 테니까"라고 발표했다.

 이 마지막 말은 섀클턴의 계획에 반신반의했던 사람들의 마음을 사로잡기에 충분했다. 즉시 크리스마스 파티가 벌어졌고 파티는 다음 날까지 계속됐다. 모든 대원들이 먹고 싶은 만큼 실컷, 그린스트리트의 말대로 올챙이 배가 될 때까지 먹었다.

 대원들은 다음 날 서쪽으로 1.5km 정도 옮겨 새로 텐트를 쳤다.

새클턴은 그들이 머물렀던 오션 캠프에 메모지가 들어 있는 병을 하나 남겨 두었다.

메모지에는 '인듀어런스 호가 남위 69도 5부, 서경 51도 35부에서 난파되어 버려졌으며, 남극 횡단 탐험대는 현재 남위 67도 9부, 서경 52도 35부 위치에서 육지에 도달한다는 희망을 안고 얼음을 가로질러 서쪽으로 진행 중'이라고 적혀 있었다. 메시지는 '이상 무'라는 말로 끝을 맺었다. 일시 1915년 12월 23일, 서명은 '어니스트 새클턴'으로 되어 있었다.

이는 1915년에 새클턴과 그의 대원들에게 일어났던 일을 후대 사람들에게 알리는 단순한 메모였다. 새클턴은 의도적으로 모두가 오션 캠프를 떠날 때까지 그 쪽지를 보이지 않았다. 대원들이 그것을 보면 자신들의 리더가 대원들이 과연 살아남을 수 있을지 의심하고 있다고 해석할까 봐 두려웠던 것이다.

다음 날, 어스름한 빛 아래 초라한 행군 대열이 얼음을 건넜다. 새클턴은 가장 좋은 길을 찾으며 앞장을 섰다. 그 뒤로 개들이 끄는 일곱 대의 썰매가 두 팀으로 나뉘어 일정한 거리를 유지한 채 따라오고 있었다. 기름 스토브와 취사 도구를 실은 작은 썰매가 뒤따랐다. 그린과 오들리가 끄는 썰매였다. 두 사람의 얼굴은 날마다 난로와 씨름한 탓에 기름 그을음으로 시커멓게 변해 있었다. 행렬의 맨 마지막에는 열일곱 명의 대원들이 워슬리의 지휘 아래 보트를 끌고 있었다.

하루 중 가장 추운 시각인 새벽 3시, 얼음 표면이 얇게 얼어붙어 부서지기 쉬운 상태였다. 녹아서 질퍽대던 얼음 표면이 얼어붙으면서 얼음 막이 만들어졌다. 겉으로 보기엔 표면이 단단해서 걸음을 옮겨도 지장이 없을 것 같았다. 하지만 막상 한 발을 떼어 다른 발에 무게가 실리면 위에 살짝 언 얼음이 깨지면서 그 밑에 고여 있던 물에 빠지게 된다. 이때 물은 대개가 무릎까지 닿거나, 아니면 더 깊었다.

대부분의 대원들은 얼음용으로 특별히 디자인한 무거운 이중 방수 부츠를 신고 있었다. 발목까지는 가죽이고 그 위는 개버딘(방수천의 일종)으로 무릎까지 닿는 장화였다. 하지만 진창 속을 헤매다 보면 부츠에는 어느덧 물이 스며들어 끊임없이 질퍽거렸고 무게도 3.5kg이나 나갔다. 이런 신발로 한 발씩 옮긴다는 것 자체가 여간 힘든 일이 아니었다.

그러나 대원들에게 가장 힘든 일은 역시 보트를 끄는 일이었다. 걸음을 옮길 때마다 무게가 가중되었고, 쉬지 않고 한 번에 갈 수 있는 거리는 고작해야 200~300m에 불과했다. 이따금씩 보트를 실은 썰매의 롤러가 얼음 속에 얼어붙으면, 앞서 지나간 자국을 따라 썰매를 미는 수밖에 달리 방도가 없었다. "하나, 둘, 셋… 밀어!"라는 워슬리의 구령에 맞춰, 롤러가 움직일 때까지 몇 번씩 심호흡을 하며 힘을 써야 했다.

4시간의 행군을 마친 8시, 섀클턴이 휴식 사인을 보냈다. 너무도 힘겨운 800m를 행군한 것이다. 1시간의 휴식을 취한 뒤 그들은 정오까지 다시 행군을 계속했다. 텐트가 쳐지고 저녁 식사가 준비되었다. 차가운 물개고기 스테이크에 홍차가 전부였다.

정확히 일 년 전 같은 날 밤, 인듀어런스 호에서 축제의 만찬을 마친 뒤 "내년 크리스마스는 어떤 상황에서 어떻게 보내게 될지 정말 궁금하다"라는 일기를 썼던 그린스트리트는 오늘이 무슨 날인지도 알아차리지 못하고 있었다. 섀클턴은 꼭 해야 할 말만 간략하게 기록했다.

"묘한 크리스마스, 집 생각."

대원들은 자정에 일어나 새벽 1시에 행군을 재개했다. 하지만 4시간의 모진 어려움 끝에 5시가 되자, 행군 대열은 일련의 얼음 언덕배기와 넓은 물길 앞에서 멈추어 서고 말았다. 나머지 대원들이 기다리는 동안 섀클턴은 와일드를 데리고 빠져 나갈 길을 찾아 나섰다. 두 사람이 돌아온 시각은 8시 30분이었다. 현재의 얼음 언덕 지대에서 800m만 가면 4km 직경의 부빙이 있으며, 거기서부터 북북서쪽으로 편평한 부빙이 보였다. 그렇지만 일단은 밤까지 기다리기로 했다.

정오쯤 잠이 든 대원들은 오후 8시에 깨울 때까지 곤한 잠을 잤다. 식사 후 전 대원들은 밖으로 나가 섀클턴과 와일드가 찾아낸 길을 따라갔다. 그리고 얼음 언덕배기를 깨며 폭 2~2.5m의 일종의 둑길을 만드는 작업에 착수했다. 보트가 지나갈 수 있도록 하기 위해서였다.

1시간이 채 지나지 않아 그들은 맞은편 부빙에 도착했다. 거기서 그들은 자신들을 기다리는 또 다른 얼음 언덕과 맞닥뜨렸다. 지금처럼 어려운 조건은 처음이었다. 특히 보트를 끄는 사람들에겐 말할 것도 없었다.

 2시간에 걸친 분투 끝에 그들이 약 900m쯤 전진했을 때였다. 느닷없이 맥니쉬가 워슬리를 돌아다보며 더 이상 갈 수 없다고 버텼다. 워슬리가 썰매의 후미로 당장 돌아가라고 명령했지만 맥니쉬는 들은 척도 하지 않았다.

 그는 배가 침몰하고 나면 법적으로 명령에 따라야 할 의무가 없다고 주장했다. 따라서 선상에서 근무하고자 서명한 계약서는 이제 무효이며, 명령에 따르건 따르지 않건 그건 자기의 자유라고 말했다. 그에게 내재되어 있던 '바다의 변호사'가 튀어나온 것이었다.

 여행을 시작할 때부터 이미 그의 불평불만은 시작되고 있었다. 가뜩이나 고된 일에 불편한 심기까지 가세하자 마침내 그 본색을 드러낸 것이었다. 지난 이틀 동안 그는 드러내놓고 불평을 해댔고, 이제는 더 갈 수 없다고 버티고 있었다.

 이 일은 워슬리에겐 능력 밖의 일이었다. 단지 남보다 참을성이 조금 더 많을 뿐인 그는 맥니쉬의 적수가 되지 못했다. 워슬리 자신도 거의 한계점에 도달해 있었다. 온몸이 뼛속까지 지쳐 있었고, 짜증도 났다. 날마다 행군을 하면서도 소용없다는 생각이 점점 깊어지고 있었다. 맥니쉬의 고집스런 얼굴에 대고 단호한 반응을 보이는 대신, 그는 곧바로 섀클턴에게 이 사실을 알렸다.

 섀클턴은 황급히 선두에서 빠져 나와 맥니쉬의 곁으로 왔다. 그리고 '아주 강한 어조로' 그의 의무가 무엇인지를 말해 주었다. 맥니쉬는 인듀어런스 호가 침몰되면서 명령에 복종해야 할 자신의 의무도 함께 사라졌다고 주장했다. 일반적으로 선원들이 서명한 계약서는 배가 가라앉으면 자동으로 소멸된다. 그리고 월급도 동시에 중단된다. 그러나 인듀어런스 호를 타고 항해한 선원들이 서명한 계약서에는 "선상에서, 보트에서, 혹은 선장이나 선주가 지시하는 해안에서도 모든 의무를 수행한다"는 특별 조항이 삽입되어 있었다. 섀클턴의 정의에 의하면 그들은 현재 '해안에' 있었다.

합법성의 문제를 떠나서도 맥니쉬의 태도는 전혀 앞뒤가 맞지 않았다. 자신에게 주어진 일을 하지 않으면서 탐험대의 일원이 될 수는 없는 일이었다. 만약 그가 자신의 일을 거부한다면 설사 섀클턴이 그것을 허용한다고 하더라도 그는 일주일도 못 가서 얼어죽고 말 것이다. 맥니쉬의 행동은 단지 감정적이고 소모적인, 휴식을 원하는 늙고 병든 몸이 일으킨 반항일 뿐이었다. 섀클턴의 말을 듣고 난 뒤에도 그는 여전히 고집을 부렸다. 잠시 후, 섀클턴은 스스로 이성을 되찾도록 그를 내버려둔 채 앞으로 가버렸다.

오전 6시, 그들이 적당한 캠프 장소를 찾았을 때 맥니쉬는 썰매의 후미인 자신의 위치로 돌아가 있었다. 하지만 이번 일은 섀클턴을 몹시 불안하게 만들었다. 다른 대원들이 비슷한 감정을 느낄지 모른다는 생각에, 섀클턴은 잠들기 전에 전 대원을 소집해 그들이 서명한 계약서를 큰 소리로 읽어 주었다.

대원들은 그날 밤 8시까지 잠을 잤다. 그리고 1시간 뒤 다시 행군을 시작했다. 비록 얼음의 조건이 점차 나빠지고 있는 것 같았지만 대원들은 다음 날인 25일에도 오직 1시간의 식사 시간을 제외하곤 행군을 계속해 약 4km를 걸었다.

그러나 얼음의 상태가 아무래도 불안했던 섀클턴은 텐트를 치고 난 뒤 헐리와 함께 답사를 나갔다. 작은 빙산에 도착한 두 사람은 그곳으로 올라갔다. 꼭대기에서 보는 광경은 섀클턴의 두려움을 확인시켜 주었다. 바로 4km 앞에 도저히 건널 수 없는 얼음이 보였던 것이다. 십자형으로 물길이 나 있는 그 얼음의 주변은 쪼개진 얼음 조각으로 온통 뒤범벅이 되어 있었다. 게다가 얼음 두께가 너무 얇아 지극히 위험했다.

두 사람은 7시경 캠프로 돌아왔고, 섀클턴은 그들이 더 이상 행군할 수 없음을 마지못해 알렸다. 대부분은 당혹스럽게 새 소식을 받아들였다. 생각지도 못했던 소식이어서가 아니었다. 섀클턴의 입에서 스스로 포기한다는 말을 듣는 것이 왠지 낯설고 두렵게 느껴졌기 때문이었다.

그러나 그 누구도 섀클턴만큼 심각하게 패배감을 느끼지는 않았다. 그로서는 포기한다는 것이 도저히 견딜 수 없는 일이었다. 그날 밤, 그는 아주 독특한 구두점을 찍어 가며 일기를 썼다.

> "잠자리에 들었으나 잠을 잘 수 없음. 처음부터 다시 생각하고 더 안전한 얼음으로 후퇴하기로 결정함. 이것만이 안전한 길이다… 걱정이다. 이렇게 대규모의 탐험대와 두 척의 보트를 위해 우리는 최악의 상태에서 아무것도 할 수가 없다. 목수를 제외한 나머지 대원들은 잘 해내고 있다."

후퇴는 그날 밤 7시에 시작되었다. 주변의 얼음이 깨지고 있는 것을 느낀 섀클턴은 즉시 귀환 깃발을 달도록 지시했다. 물개를 사냥

하러 나간 팀을 불러들이기 위해서였다. 이번에는 800m 거리에 있는 아주 평평하고 단단한 부빙으로 한 번 더 후퇴를 단행했다. 하지만 여기서도 대원들은 안전하지 못했다. 다음 날 아침, 수많은 균열과 그 틈새에 잔뜩 끼어 있는 눈이 보였다. 그들은 안전한 얼음을 찾기 위해 부빙의 한가운데를 향해 이동했지만 안전한 곳은 어디에도 없었다.

워슬리는 그때의 상황을 "주변에 있는 모든 부빙들이 온통 바닷물에 잠겨 있는 것 같았다. 2m 두께의 부빙 표면을 3cm만 파도 금세 그 구멍으로 물이 흘러 들어왔다"라고 설명했다.

그들은 현재의 부빙에서 꼼짝달싹할 수 없는 함정에 빠졌다는 느낌이 들었다. 그린스트리트는 "앞으로 더 나아갈 수도, 다시 오션 캠프로 돌아갈 수도 없는 진퇴양난의 상황 같았다. 우리가 지나갈 때마다 얼음이 힘없이 무너져 내렸기 때문이다"라고 적었다.

다음 날은 12월 31일이었다. 맥니쉬는 "섣달그믐날(스코틀랜드의 신년축제일)이면서 쓸쓸한 날, 다른 사람들처럼 즐겁게 놀지도 못하고 우리는 얼음 위를 표류하고 있다. 하지만 '세상에는 어리석은 사람도 있는 법이다'라는 속담도 있으니까"라고 적었다.

맥클린은 이렇게 적었다.

"1915년의 마지막 날… 내일은 1916년이 시작된다. 앞으로 우리에게 무슨 일이 생길지 궁금하다. 작년 이맘때 우리는 지금쯤은 대륙을 무사히 건넜을 거라고 생각했었다."

섀클턴은 "묵은 해의 마지막 날. 새해는 우리에게 행운을 가져다주길. 이 걱정스런 시간에서 우리가 안전하게 구출되고 또 우리가 그토록 사랑하는 사람들에게 좋은 일이 많이 생기기를 기원해 본다"라고 적었다.

3 ─── 삶과 죽음의 갈림길

"하나님은 우리가 그곳에 접근하는 것을 원치 않으신다. 우리가 모두 죽어 버릴지도 모르기 때문이다."

1

 닷새 동안 기진맥진하도록 행군을 하며 힘겹게 보낸 그들에게 갑자기 할 일이 없어졌다. 그저 생각하는 일 외엔 아무 할 일이 없었다. 그렇다고 생각만 하며 보내기에는 시간이 너무 많았다.
 대원들은 상황이 얼마나 절망적인가를 처음으로 깨달았다. 더 정확하게 말하자면 자신들이 얼마나 무력한지, 얼마나 부족한지를 깨닫게 된 것이다. 오션 캠프를 떠나올 때만 해도 그들은 스스로에 대한 믿음을 잃지 않았고, 자신들에게 용기를 북돋아 주려고 끊임없이 노력하는 섀클턴의 자세를 본받으려 했었다.
 그러나 닷새 동안의 행군으로 겨우 14km를 이동하고 되돌아갈 수도 없이 완전히 갇혀 버린 지금의 상황은 그들이 아무리 혼신의 노력을 기울여도 극복될 수 없다는 생각이 들었다. 극복하기엔 자신들이 너무 미약하다는 것을 깨닫게 된 것이다. 이러한 깨달음을 통해 느껴진 감정은 부끄러움이라기보다는 두려움이었다.

스스로 이곳을 빠져 나간다는 것은 불가능한 일이 되었고, 이제 모든 것은 부빙군에 달려 있었다. 현재로선 아무 힘도 발휘할 수가 없었다. 목표도 없었고 겨냥해야 할 표적조차 없었다. 그들은 완벽하게 불확실한 상황에 직면한 것이었다. 그들의 상황은 지금까지와 비교해도 더 이상 나빠질 수 없는 최악의 조건이었다.

"우리에게 어려운 시기가 시작되고 있다. 부빙이 열릴 기미가 전혀 보이지 않기 때문이다. 깨진 얼음 진창으로는 보트를 띄울 수가 없다. 빨리 빠져 나가지 않는다면 현재보다 더 심각한 상황을 맞게 될 것이다. 가을에 썰매를 타고 폴렛 섬까지 간다고 해도 그곳의 물품 은신처에 식량이 없다면, 우리는 어디서 우리와 개가 먹을 식량을 구한단 말인가? 겨울에는 물개도 나타나지 않을 텐데, 그렇게 되면 우리는 구조선이 도착하기 전에 굶어 죽고 말 것이다."

맥클린은 새해 첫날 이렇게 적었다.

많은 대원들이 명랑해지려고 애를 썼지만 별 소용이 없었다. 즐거워할 만한 일이 없었던 것이다. 기온은 빙점인 0°C 부근에 머물러 있었으므로 낮 동안에는 부빙 표면이 수렁으로 변했다. 그들은 무릎까지 빠지는 수렁 속에서 무거운 발걸음을 옮겨 놓아야 했고, 예기치 않은 구멍이라도 만나면 허리까지 푹 빠지기도 했다. 대원들의 옷은 마를 사이가 없었고 매일 밤 눅눅하긴 해도 그럭저럭 견딜 만한 슬리핑백 속에 몸을 웅크리고 누울 때가 그나마 유일하게 즐거운 시간이었다.

 식량 사정 역시 그다지 안심할 만한 수준은 아니었다. 1인당 1kg씩 총 50일분의 식량이 남아 있었다. 그 정도 양이면 충분하다고 여겼던 때는 이미 오래전이었다. 그때는 물개와 펭귄으로 식량을 보충할 수 있으리라고 생각했었지만 지금은 그들이 기대하는 것만큼 동물들을 찾아보기가 힘들었다.

 1월 1일, 새해가 행운의 변화를 가져다 준 것 같았다. 다섯 마리의 물개와 수컷 펭귄 한 마리가 잡힌 것이다.

 사냥을 마친 뒤에 녹은 얼음 위로 스키를 타고 돌아오던 오들리가 막 캠프 가까이에 도착했을 때였다. 갑자기 바로 코앞에서 시커먼 머리 하나가 불쑥 솟구쳐 올라왔다. 깜짝 놀란 오들리는 뒤로 돌아서 미친 듯이 스키 폴을 지쳐 도망치며 와일드에게 총을 가져오라고 소리쳤다.

 그것은 바다표범이었다. 녀석은 물 위로 나와 오들리의 뒤를 쫓아왔다. 특유의 흔들목마 같은 걸음걸이로 얼음 위를 뒤뚱거리면서. 녀석은 마치 몸집이 작고 뱀처럼 목이 긴 공룡 같았다.

 오들리가 아무리 열심히 도망쳐도 바다표범과의 간격은 점점 좁아져 갔다. 성큼성큼 대여섯 걸음을 뛴 바다표범은 오들리 바로 뒤까지 바짝 쫓아왔다. 이제 녀석이 한 번만 훌쩍 뛰어오르면 오들리는 꼼짝없이 잡힐 판이었다.

 그러나 오들리에게 막 덤벼들기 일보 직전, 바다표범은 무슨 생각에서인지 갑자기 방향을 틀더니 첨벙 물속으로 뛰어들었다. 오들리는 긴 한숨을 내쉬었다. 바다표범이 포기하고 돌아간 듯했다. 오들리는 아직도 긴장이 풀리지 않은 듯 떨리는 손으로 스키 폴을 들고 맞은편 부빙으로 넘어가려고 발을 들었다.

그때였다. 촤악, 차가운 물을 사방에 튀기며 코앞에서 바다표범의 머리가 다시금 솟구쳐 올랐다. 너무나 놀란 오들리의 동공이 크게 벌어졌고, 황급히 이쪽저쪽 얼음을 뛰어넘으며 도와 달라고 소리쳤다. 녀석도 만만치 않았다. 펄쩍펄쩍 얼음을 넘어 오들리의 그림자를 밟으며 바짝 뒤를 쫓았다. 녀석은 당장이라도 오들리를 죽일 듯이 톱니 같은 이빨을 드러내며 달려들었다.

바다표범이 앞발을 곧추세운 채 오들리를 막 덮치려는 순간, 오들리의 비명소리를 들은 와일드가 나타났다. 와일드를 발견한 바다표범은 이번엔 와일드를 향해 공격해 왔다. 와일드는 한쪽 무릎을 꿇고 자신을 향해 돌진해 오는 바다표범에게 총을 쏘았다. 9m를 남겨 놓고 마침내 바다표범이 쓰러졌다.

두 팀의 개가 동원되어 사냥감을 캠프로 옮겼다. 길이가 3.6m나 되는 그 바다표범은 무게도 0.5톤은 족히 나갈 것 같았다. 배를 가르자 5~8cm 직경의 털 뭉치가 위장에 들어 있었다. 녀석이 잡아먹은 물개의 잔해였다. 직경이 23cm나 되는 바다표범의 거대한 턱뼈는 발견한 기념으로 오들리에게 주어졌다.

그날 밤 일기에 위슬리는 이렇게 썼다.

"깊이 빠지는 눈에서 무기도 없이 그런 동물을 만나면 속수무책이다. 녀석들은 뒷발로 곧추선 채 미끄러지면서 최소한 1시간에 8km를 갈 수 있다. 사람을 물개나 펭귄으로 여기고 무조건 공격해 온다."

　후텁지근한 날씨로 얼음 위가 온통 질퍽거렸음에도 사냥 팀의 작전은 다음 날도 계속되었다. 네 마리의 물개가 잡혀 캠프로 실려 왔다. 대원들이 물개를 잡는 동안 스키 여행에서 돌아온 오들리가 세 마리의 물개를 더 잡았다고 알려 왔다. 넉넉해진 식량에 모두들 즐거워했지만 섀클턴은 이미 한 달간의 식량을 확보했으니 그 물개들은 그냥 그곳에 놔두라고 단호하게 지시했다.
　몇몇 대원들은 그런 섀클턴의 태도를 도무지 이해할 수가 없었다. 그린스트리트는 자신의 의견을 이렇게 적었다.

　"멍청이… 현재까지 그의 예측은 모두 빗나갔다. 이곳에서 겨울을 맞을 걸 대비해서 뭐든 확보해 두는 게 최선이다."

　그린스트리트는 다른 대원들과 마찬가지로 가급적 많은 고기를 비축하는 것이 현명한 일이라고 생각했다. 평범한 사고를 가진 사람으로서 말이다. 그러나 섀클턴은 평범한 사람이 아니었다. 그는 자신의 무한한 능력에 대한 확신을 갖고 있었으며, 패배란 개인적인 역량의 부족일 뿐이라고 생각했다. 평범한 사람에겐 신중하게 보이는 합리적인 태도도 섀클턴에게는 실패할 가능성을 인정하는 혐오스런 타협으로 보였다.
　섀클턴의 이런 불굴의 자신감은 극단적인 낙관주의로 나타났고, 그건 두 개의 서로 다른 결과를 가져왔다. 하나는 대원들의 마음속에 열정을 불러일으켰다는 점이다. 맥클린의 말대로 그의 곁에 있는 것 자체가 하나의 색다른 경험이었다. 이런 자신감이 섀클턴을 위대한 리더로 만들어 주었다.

하지만 지나친 자신감은 그로 하여금 현실을 제대로 직시할 수 없게 만들었다. 그는 자신의 지나친 낙관주의가 주변에 있는 사람들에게도 나타나길 은근히 기대했다. 이런 태도는 그가 과연 대원들을 안전하게 이끌고 있는 것인지 의심스럽게 만들었다.

세 마리의 물개를 가져오자는 단순한 제안도 섀클턴이 보기엔 불손한 행동처럼 보일 수 있었다. 다른 때 같았으면 너그럽게 넘어갈 수도 있는 일이었지만 지금 그는 지독히 예민해져 있었다. 그가 착수했던 모든 일, 말하자면 탐험과 인듀어런스 호의 구조와 안전한 곳을 향한 두 번의 행군이 무참하게 실패로 돌아간 것이다.

어느 날 그는 이렇게 적었다.

"약간 피곤하다. 중압감인 것 같다. 생각에서 벗어나 쉬고 싶은 마음이 간절하다."

며칠 동안 아무 진전이 없었다. 날씨는 믿을 수 없을 만큼 계속해서 나빠지고 있었다. 낮 동안의 기온은 2.8℃까지 높이 올라갔으며, 비가 섞인 축축한 눈이 지리하게 내렸다. 대원들은 텐트에 누워 잠을 청하거나, 카드를 하거나, 아니면 그저 배가 얼마나 고픈지 생각하는 일 외에는 할 일이 거의 없었다.

섀클턴은 1월 9일 일기에 기록했다.

"대원들 때문에 점점 더 걱정이다."

그가 그러는 것도 무리는 아니었다. 거의 한 달이 지났는데도 바람은 산들바람 이상을 벗어나지 못했고, 그것조차도 대부분 북쪽에서 불어왔다. 지난 주에는 겨우 두 마리의 물개를 잡았을 뿐이었다. 저장된 고기가 놀랄 만큼 빠르게 줄어드는 동안, 그들은 하릴없이 시간을 보냈다. 식량이 최소한 한 달은 지속될 거라는 섀클턴의 예측은 과장된 것이었음이 밝혀졌다. 새 캠프에서 겨우 열흘을 보냈을 뿐인데 어느덧 긴장감이 감돌기 시작했다. 그린스트리트는 이렇게 적었다.

"생활의 단조로움이 우리의 신경을 거슬리게 하고 있다. 할 일도 없고 산책할 곳도 없고 주위에 변화도 없고 먹을것도 없다. 하나님께서 빨리 물길을 열어 주지 않으면 우리 모두는 미쳐 버릴 것이다."

1월 13일, 섀클턴이 식량을 아끼기 위해 개를 죽이려 한다는 소문이 나돌았다. 대원들 간에는 단순한 체념에서 격렬한 충격에 이르기까지 다양한 반응이 나타났다. 개들이 먹는 식량을 놓고 개의 중요성에 관한 열띤 토론이 각 텐트마다 벌어졌다.

이런 토론을 벌일 만큼 대원들이 개에 대해 관심을 갖는 건 개들이 썰매를 끄는 것 이상의 의미를 가지고 있기 때문이었다. 개와 대원들이 끈끈한 감정으로 연결되어 있었던 것이다. 이런 불모의 지대에서 뭔가를 사랑하고 애정을 표현하는 것은 인간이 지닌 기본

적인 욕구였다. 개들은 비록 서로 물고 뜯는 부리기 힘든 동물이었지만 대원들에 대한 충성과 헌신만큼은 절대적이었다. 그리고 대원들은 평범한 상황에서 느꼈던 것과는 비교할 수 없을 만큼 많은 애정을 그들에게 쏟아부었다.

일 년 전 인듀어런스 호에서 태어난 그러스를 잃는다는 생각을 하며, 맥클린은 이렇게 회상했다.

> "녀석은 아주 훌륭한 강아지다. 일도 열심히 하고 성질도 온순하다. 나 역시 녀석이 태어났을 때부터 녀석에게 먹이를 주고 훈련을 시켰다. 녀석이 아주 작은 강아지였을 때 주머니에 넣고 다니던 기억이 난다. 녀석은 하얗게 서리가 앉은 코를 주머니 밖으로 내밀고 있었다. 개들을 끌고 나갈 때면 나는 녀석을 썰매에 태우곤 했었다. 그때부터도 녀석은 개들이 하는 일을 유심히 지켜보았다."

최상의 상황에서도 그것은 그다지 좋지 못한 소식이었다. 더군다나 현재의 상황에서는 굳이 말할 것도 없었다. 이런 소문은 대원들의 마음속에서 아주 불행한 사건으로 확대되었다. 그린스트리트처럼 비통함에 빠진 몇몇 대원들은 섀클턴을 비난하기에 이르렀다.

> "…현재의 식량 부족은 전적으로 오들리가 잡아 놓은 사냥감을 그냥 버린 대장 책임이다… 대장의 지나친 낙관주의는 내겐 어리석음으로밖에 보이지 않는다. 가만히 기다렸으면 모든 일이 잘 풀렸을 텐데 그걸 기다리지 못해 우리가 지금 여기 있는 것이다."

그러나 섀클턴은 며칠 동안 개를 죽이라는 말을 하지 않았다. 대신에 캠프를 옮기라고만 했다. 부빙이 위험한 속도로 녹아 내리고 있었다. 기름 난로에서 나온 시커먼 그을음이 온 얼음 표면을 덮었고, 그 시커먼 부분이 태양열을 잔뜩 흡수한 것이다. 정오에 대원들은 얼음과 눈 벽돌로 길을 만들었다. 남동쪽으로 150여 m 떨어진 부빙까지 연결하기 위해서였다. 작업은 오후에 완전히 끝이 났다. 대원들은 새 장소를 '페이션스 캠프(인내의 캠프)'라고 불렀다.

새로운 캠프로 이동한 다음 날, 헐리와 맥클린은 썰매를 끌고 오션 캠프에 식량을 가지러 갔다. 10시간이나 걸리는 모진 여행이었다. 푹푹 빠지는 깊이 쌓인 눈과 깨진 얼음 사이를 뚫고 지나가야 했기 때문이다. 개들은 배까지 눈에 빠졌다.

맥클린은 그날 일기에 이렇게 적었다.

"가는 길이 너무 나빠 개들은 내 몸무게조차 끌어당기지 못했다. 그래서 썰매에서 내려 옆에서 허우적거리며 걸어야 했다. 개들도 쓰러져 뒤처졌다. 한 마리가 쓰러지거나 가죽끈에 기댄 채 움직이지 못하면 라인 전체가 멈추었다. 이럴 때마다 개들은 전부 쓰러졌고, 혹독하게 다루지 않으면 좀체 일어나려 들지 않았다. 또 곡괭이로 서너 개의 얼음 언덕배기를 깨뜨려 얼음을 삽으로 퍼내야만 했다. 오전 4시경, 마침내 완전히 지친 개들을 데리고 우리는 거의 기다시피 가까스로 오션 캠프로 들어갔다."

돌아오는 길은 비교적 쉬웠다. 지나온 자국이 있었기 때문이다.

비록 맥클린 팀의 리더인 늙은 보스가 너무 지친 나머지 계속 토하고 심하게 비틀거리긴 했어도, 개들은 대체로 훌륭하게 썰매를 끌어주었다. 두 썰매가 페이션스 캠프에 도착한 시각은 오후 1시였다.

"개들은 눈 위로 고꾸라졌다. 어떤 녀석들은 먹을것을 코에 갖다대도 일어날 줄 몰랐다."

맥클린은 이렇게 기록했다.
그날 밤, 녹초가 된 몸으로 슬리핑백에 누운 맥클린은 쓸 힘도 없는 손으로 이렇게 끝을 맺었다.

"우리 팀의 개들은 내일 사살될 것이다."

2

 두 텐트를 건너 맥니쉬도 일기를 쓰고 있었다. 후텁지근하고 바람 한 점 없는 불쾌한 날씨에 그는 몹시 피곤했다. 아침 일찍부터 보트의 이음새에 물개 피를 바르느라 몹시 분주했던 것이다. 보트를 물에 띄웠을 때 물이 새들어가지 않도록 하기 위해서였다.
 "바람 한 점 없다"고 그는 일기에 썼다.
 다음 날 오후 3시, 남서쪽에서 조금씩 바람이 일기 시작하면서 대기 중에 찬 공기가 몰려왔다. 밤새도록 기온은 아래로 떨어졌고 다음 날은 하루 종일 남서풍이 그치지 않았다. 그날 밤 섀클턴은 아주 조심스럽게 일기에 적었다.

 "이것이 우리의 운명을 바꿔놓을지도 모르겠다."

그 바람이 예사로 받아들여지지 않았던 것이다. 헐리는 이렇게 썼다.

"이건 굉장히 조심스럽게 하는 말이다. 그 말을 할 때는 반드시 나무에 손을 대야 한다(부정 타는 것을 막기 위한 미신적인 표현)."

누군가 나무를 만졌던 것일까. 바람은 다음 날에도 불어왔다. 눈발을 동반한 강풍이 남서쪽에서 몰려왔고, 텐트가 바람에 무섭게 흔들렸다. 대원들은 슬리핑백 속에 몸을 웅크리고 있느라 불편하기 짝이 없었지만, 그래도 오랜만에 행복해했다.

"한 시간에 80km라……."

맥니쉬는 그지없이 행복하게 일기를 썼다.

"어쨌든 대환영이다. 텐트가 견딜 수 있는 한 아무리 많이 불어도 좋다."

1월 19일에도 바람은 조금도 기세가 꺾이지 않았고 사방에서 윙윙거렸다. 낙관적인 성격의 섀클턴조차 행여 이 소중한 바람에 부정이라도 탈까 스스로 말조심을 했다.
"지금 우리는 북쪽으로 조금씩 가고 있는 게 틀림없다."
그는 지극히 절제된 감정으로 말했다.

대부분의 대원들은 끔찍한 조건을 즐겁게 견뎌냈으며 북쪽으로 전진하고 있다는 사실에 몹시 행복해했다.

그러나 바람이 아무리 불어도 부빙군은 열리지 않았다. 부빙군이 열려야 보트를 띄울 수 있을 텐데 부빙군은 열리기는커녕 느슨해지지도 않았다. 그들은 기다리고 기다리고 또 기다렸다.

1월 25일, 이슬비가 자욱하게 내렸다. 맥니쉬는 그것을 '바다 특유의 안개'라고 했다. 가까운 곳에 얼음이 없는 넓은 바다가 있다는 징조라는 것이다. 그러나 바다는 열리지 않았고 섀클턴은 인내심이 점점 바닥나 가고 있는 것을 느꼈다. 26일, 지극히 단조로운 하루를 보낸 뒤 그는 일기장을 꺼내 여백에다 이렇게 썼다.

"기다림… 기다림… 기다림."

일주일이 지나자 대부분의 대원들은 희망을 버리기 시작했다. 부빙군에서는 아무 변화도 읽을 수 없었다. 캠프에는 체념의 분위기가 감돌기 시작했다. 다행히도 대원들은 적당히 분주했다. 새로 옮긴 캠프에는 사냥감이 풍부했고, 대원들은 물개를 사냥하고 그것들을 썰매에 실어 캠프로 나르느라 바빴다. 강풍이 지나가고 8일째인 1월 30일, 그들은 열 한 마리의 물개를 저장할 수 있었다. 섀클턴은 맥클린과 크린에게 오션 캠프에 가서 뭐든지 쓸 만한 것이 있으면 다 가져오라는 지시를 내렸다.

그들은 청어 통조림 한 꾸러미와 사각으로 된 소고기 조미료 30kg, 그리고 담배 등 잡동사니를 가지고 돌아왔다. 책도 여러 권 있었는데 그중에는 브리태니커 백과사전도 들어 있어서 환영을 받았다. 열렬한 기독교 신자인 맥니쉬조차도 처음부터 끝까지 이미 여러 번 읽은 성경 대신 다른 책을 읽는 즐거움을 애써 감추려 들지 않았다.

오션 캠프에서 스탠콤 윌스 호를 가져온 이후로 많은 대원들의 태도가 달라졌다. 그때까지만 해도 부빙군이 열린다는 기대감이 남아 있었다. 하지만 오션 캠프까지 19km의 왕복 여행을 하면서 그들은 얼음이 예전과 다르게 촘촘해진 것을 목격했다. 희망적인 나날은 끝이 났고, 이젠 앉아서 기다리는 일만 남았다.

하루하루가 아무 일도 없이 무미건조하게 지나갔다. 그러다 보니 아주 사소한 일도 거대한 사건처럼 받아들여졌다.

"주워 온 잔가지 조각을 태우는 냄새에 오늘밤은 고향 생각이 난다. 새로 맡는 냄새나 옛 일을 연상시키는 냄새를 맡고 있으면 얼마나 기분이 좋은지 모른다. 벌써 4개월 동안 목욕을 하지 못해 우리 자신의 냄새는 잘 못 맡지만 낯선 냄새에는 민감한가 보다……"

8일 일기에 제임스는 이렇게 적었다.

"지금 당장은……"

그리고 덧붙였다.

"바람에 비어져 나온 곳은 없는지 우리 텐트의 이음새를 유심히 들여다본다… 바람의 방향을 신경 쓰지 않아도 되는 그런 곳으로 가고 싶다."

그는 나중에 또 이렇게 썼다.

"우리는 바람 착란증에 시달리고 있다. 이 병은 두 가지 증세로 나타난다. 첫째는 바람의 방향에 관해 지나치게 민감해져서 내내 바람 얘기만 하거나, 아니면 이 병에 걸린 다른 사람의 말을 들으면서 일종의 정신이상을 일으킨다. 두 번째 증세의 특징은 늘 귀를 곤두세우고 있다는 것이다. 난 이 두 가지 증세를 다 가지고 있다."

바람 이외에 유일한 화제가 있다면 식량이었다. 이는 늘 토론에 불꽃을 튀기게 했다. 2월 초에는 거의 2주일 동안 한 마리의 물개도 잡지 못했다. 고기를 비축할 수도 없었고 취사용 고래 기름도 겨우 열흘분이 남아 있었다. 2월 9일, 섀클턴은 이렇게 적었다.

"물개가 없다. 기름의 사용을 줄여야 한다… 아, 마른 땅을 밟아 봤으면."

다음 날, 눈으로 덮인 쓰레기 더미를 파헤칠 팀이 짜여졌다. 쓰레기 더미 속에서 찾아낸 뼈에 더 발라 낼 기름이 있는지 확인하기 위해서였다. 물개의 지느러미발을 잘라냈고, 이미 잘라냈던 물개 머리도 가죽을 벗겨 내어 일일이 기름을 발라 냈다. 하지만 다 모아 봐야 별로 많은 양이 아니었다. 그래서 섀클턴은 뜨거운 음료를 하루에 한 잔으로 줄이기로 했다. 맥니쉬는 "오늘 오후에 담배를 피우니 속이 메스꺼웠다. 배가 고픈 걸 억지로 참았기 때문이다"라고 적었다.

대원들은 섀클턴의 생일인 2월 15일을 손꼽아 기다렸다. 많은 음식이 기다리고 있기 때문이었다.

"워낙 식량이 부족한 탓에 우리는 실컷 먹을 수가 없다. 밀가루와 패미컨으로 만든 배녁 과자를 먹게 될 텐데, 정말 기다려진다"라고 맥클린은 썼다.

그리고 2월 17일 아침, 드디어 기름이 바닥을 드러냈다. 그러나 다행히도 누군가 캠프로부터 그리 멀지 않은 곳에서 일광욕을 즐기고 있는 한 무리의 어린 아델라이 펭귄들을 발견했다. 전부 합쳐 20마리쯤이었다. 스무 명의 대원들은 손에 잡히는 대로 손도끼니 곡괭이니 부러진 노 등을 집어들고 네 발로 조심스럽게 기어갔다. 대원들은 물로 뛰어들지 못하도록 도주로를 막은 채 은밀하게 펭귄 무리를 에워쌌다. 각자의 위치를 확인한 그들은 일제히 앞으로 돌진하여 꽥꽥대며 물 위로 미끄러지는 펭귄들을 사정없이 내리쳤다. 전부 17마리의 펭귄이 잡혔다. 같은 날 오전 다시 작은 무리가 눈에 띄었고, 사냥 팀은 즉시 사냥에 나섰다. 오후 일찍 짙은 안개가 끼기 직전까지 그들이 잡은 펭귄은 전부 69마리였다. 그날 늦게 대원들이 안개에 휩싸인 텐트 안에 모여 앉았을 때에도 사방에서 귀에 거슬리는 목소리로 동료들을 부르는 펭귄들의 울음소리가 들려왔다.

식품 창고에 새로 식량이 추가됐음에도 불구하고 그날 저녁은 맥니쉬가 적었듯이 "펭귄 염통·간·눈·혀·발가락, 그밖에 온갖 잡동사니가 들어간 스튜와 물 한 잔이 전부인 알뜰한 식사"였다. 그는 이렇게 덧붙였다.

"과식하는 악몽을 꿀 사람은 아무도 없을 것이다."

2월 20일, 마침내 날씨가 갰다. 해가 나자마자 대원들은 텐트 밖으로 나왔고, 자기들이 마치 펭귄의 소굴에 들어와 있는 것 같은 착각에 빠졌다. 수천 마리의 펭귄들이 부빙 사방에 흩어진 채 부빙 주위를 뽐내며 걸어다니거나, 물속에서 장난을 치거나, 아니면 왁자지껄하게 떠들어 대고 있었다. 펭귄들은 북쪽으로 이동하고 있었고, 다행히 페이션스 캠프가 그 길목 위에 있었던 것이다.

전 대원이 '대학살'에 들어갔다. 그들은 닥치는 대로 펭귄을 잡아들였다. 밤에는 펭귄을 잡고 가죽을 벗기고 내장을 들어냈다. 대략 300마리의 아델라이 펭귄이 대원들에 의해 토막이 났다. 다음 날 아침 잠에서 깬 대원들은 펭귄 무리들이 갑자기 나타났던 것처럼 또 갑자기 사라져 버린 것을 발견했다. 2월 24일까지 대원들은 총 600마리의 펭귄을 확보했지만 아델라이는 너무 작아 먹을 게 별로 없었다. 그래서 식량으로는 생각만큼 많은 양이 나오지 않았다. 게다가 기름도 거의 없었다.

그럼에도 불구하고 아델라이의 갑작스런 출현은 한동안 굶주림이라는 가장 심각한 당면 과제를 해결해 주었다. 굶주림의 문제를 벗어나자 그들의 마음은 어쩔 수 없이 다시금 탈출의 문제를 떠올리고 있었다.

그린스트리트는 이렇게 적었다.

"이제는 고기가 충분해져 식량 문제는 사라졌다. 물개 스테이크·물개 스튜·펭귄 스테이크·펭귄 스튜·펭귄 간… 특히 간은 정말 맛이 있었다. 코코아는 벌써 떨어졌고 홍차도 바닥이 나고 있으니 이제 머지않아 남은 음료라곤 분유뿐일 것이다. 밀가루도 거의 바닥이 났다. 그래서 패미컨만으로 배넉 과자를 만드는데, 이건 지독히 맛이 없다. 폴렛 섬까지의 거리는 이제 150km로 좁혀졌으며, 이는 우리가 전체 거리의 4분의 3을 왔다는 뜻이다. 과연 우리가 뭍에 닿을 수 있을지……."

맥클린은 이렇게 기록했다.

"우리는 부빙 위에서 자연의 뜻에 몸을 맡긴 채 표류하면서 일 년의 3분의 1을 보냈다. 언제 다시 고향을 보게 될지 궁금하다."

그리고 제임스는 과학자답게 이렇게 기록했다.

"우리는 오직 얼음 상태만 보고 온갖 이론을 만들어낸다. '상대성 원리'를 생각하지 않을 수 없다. 어쨌든 우리 앞에 있는 건 수평선뿐이고, 웨들 해는 무려 32만km^2나 된다. 얼음만 가지고 판단하는 건 마치 바람에 들어 있는 산소 분자의 세포가 자신의 종착지를 알아맞히는 것과 똑같다."

3
—

 남풍이 불어온 지도 한 달이 더 지났다. 전반적인 방향은 북서쪽이었지만 매일매일의 표류는 변덕스럽고 통 종잡을 수가 없어 어떤 때는 북서쪽, 어떤 때는 서쪽, 어떤 때는 남쪽, 그리고 한동안은 곧장 북쪽으로 이동했다. 하지만 대원들은 어쨌든 파머 반도 끝단과 가까워지고 있었다.
 워슬리는 추위에도 아랑곳없이 매일 작은 빙산 꼭대기에 올라가 근심스런 표정으로 서쪽을 바라보며 육지가 보이기를 하루 종일 기다렸다. 그러던 2월 26일, 그는 "빛의 굴절로 모습이 드러난 32km 밖의 해딩턴 산을 보았다"고 주장했다.
 대원들은 그것을 믿고 싶어했지만 정작 믿는 사람은 아무도 없었다. 그중에서도 특히 맥니쉬는 더더욱 그랬다.

"팔랑나비가 산을 봤다고 한다. 하지만 우리는 그가 거짓말쟁이라는 것을 알고 있다."

워슬리는 자신이 환상을 본 것에 약간의 죄의식을 느꼈다. 제임스 로스 섬에 있는 해딩턴 산은 그들이 있는 곳으로부터 177km나 떨어져 있었던 것이다.

1916년은 윤년이었다. 섀클턴은 대원들의 사기를 진작시키기 위해 2월 29일이 제공한 구실을 놓치지 않았다. 그들은 '홀아비들의 축제'를 조촐하게 치렀다.

"실로 오랜만에 더 먹고 싶은 생각이 없을 만큼 배불리 먹었다."

그린스트리트는 그날 일기에 이렇게 썼다.

그들은 3월에도 표류를 계속했다. 가장 참기 어려운 것은 고약한 날씨였다. 날씨가 나쁘면 텐트에 종일 틀어박혀 있어야 했다. 안으로 눈이 들이닥치는 것을 막기 위해 대원들은 '생리적인 욕구를 해결해야 하는 사람' 외에는 출입을 삼갔다.

3월 7일, 사나운 남서풍이 불면서 눈이 펑펑 쏟아지는 날이었다. 맥클린은 제5호 텐트에서의 상황을 이렇게 묘사했다.

"…우리 텐트에는 8명이 지내고 있다. 콩나물 시루처럼… 클라크는 아주 심하게 코를 훌쩍거린다. 거의 하루 종일 코를 훌쩍이는 통에 그 친구 옆에 있으면 돌아 버릴 지경이다. 오들리와 워슬리는 눈만 뜨면 사소한 일을 가지고 늘 티격태격한다. 그러면 나머지는 속수무책이다. 오들리는 밤이면 지긋지긋하게 코를 곤다. 코를 골기는 클라크와 블랙보로도 매한가지지만 오들리만큼 심하지는 않다… 오늘처럼 내 귓전에서 클라크가 코를 훌쩍거리면, 난 일기장을 꺼내 일기를 쓴다. 그것이 나의 유일한 위안이다……."

3월 9일, 대원들은 물결이 이는 것을 느꼈다. 틀림없는 바닷물의 출렁거림이었다. 이번에는 환상이 아니었다. 보고 느끼고 들을 수 있는 현실이었다.

그걸 처음 느낀 것은 아침 일찍 부빙군에 이상하게 규칙적인 균열이 생기는 것을 보면서부터였다. 부빙 주변의 커다란 얼음 덩어리가 한 번에 15~20cm씩 벌어졌다가 다시 붙기를 되풀이했다. 커다란 부빙들은 거의 느낄 수 없을 만큼 위로 올라갔다가 다시 천천히 가라앉았다.

대원들은 삼삼오오 짝을 지어 이제는 누구라도 분명하게 느낄 수 있는, 부빙군의 표면 전체에 일렁대는 느릿하고 완만한 움직임을 가리키며 흥분했다. 몇몇 비관주의자들은 주변의 대기 조건이 변하면서 생긴 해면의 작은 진동이거나 수위가 상승한 거라고 주장했다. 하지만 워슬리는 크로노미터(항해용 정밀 시계)를 꺼내 들고 부빙 기슭으로 가서 진동의 간격을 측정했다. 조수 진동이라고 하기에는 너무 짧은 간격인 18초마다 한 번씩 일렁이고 있었다. 넓고 먼 바다에서 밀려오는 물결이 틀림없었다.

그렇지만 얼마나 멀리서 오는 걸까? 그것이 문제였다. 제임스는 곰곰이 따져 보았다.

"바다 물결이 빽빽한 부빙군을 뚫고 전달될 수 있는 거리는 얼마나 될까. 그간의 경험으로 볼 때 그렇게 멀리까지는 갈 수 없다. 하지만 지금처럼 얼음을 세밀하게 관찰해야 한다……."

워슬리가 부빙 기슭에서 얼음 진동의 간격을 재는 동안, 대원들은 하루 종일 장황하면서도 진지한 토론을 벌였다. 저녁이 되자 대원들은 넓은 바다가 기껏해야 48km 밖에 있다는 소식을 듣고 모두들 기뻐했다. 오직 섀클턴만이 이 물결이 지금껏 그들이 직면했던 어떤 것보다 위협적인 존재임을 느끼는 것 같았다. 그날 밤 그는 "얼음 벌판에 물길이 열릴 때까지는 아직 큰 기대를 걸 수가 없다"라고 썼다.

부빙군이 닫혀 있는 동안에는 물결이 아무리 일어도 탈출구가 없다는 것을 섀클턴은 알고 있었다. 바닷물의 움직임으로 부빙에 금이 가고 쪼개져 결국 산산조각이 나면 그들은 더 이상 캠프에 머물 수도, 그렇다고 항해를 할 수도 없게 되는 것이다.

잠자리에 들기 전, 섀클턴은 마지막으로 캠프 주변을 살펴보았다. 혹시 보트와 텐트들이 서로 너무 붙어 있는 건 아닌지, 그래서 그 무게로 인해 부빙에 금이 가지는 않는지 확인하기 위해서였다. 얼음이 쪼개졌을 때 그 틈으로 모든 것이 한꺼번에 쓸려가지 않도록 하려면 장비를 최대한 넓게 흐트려뜨려야 했다.

다음 날 아침, 대원들은 물결이 더 높게 일기를 기대하며 텐트 안에 웅크리고 있었다. 그러나 부빙군에는 일말의 움직임도 느껴지지 않았으며, 얼음은 전과 다르게 한결 촘촘해져 있었다. 실망감이 비탄으로 변했다. 바다는 유일한 탈출구였다. 그런데 그토록 오랫동안 기다려 왔던 넓은 바다가 가까운 곳에 있다는 첫 번째 징조가 바로 눈앞에서 잠깐 동안 아른거렸다가 사라져 버린 것이다.

그날 오후 섀클턴은 비상 훈련을 실시하라고 명령했다. 보트를 썰매에서 얼마나 빨리 내릴 수 있는지, 그리고 보트에 얼마나 빨리 비상식량을 실을 수 있는지를 확인하기 위해서였다. 대원들은 하느라고 했지만 이미 사기가 떨어지기 시작했기 때문에 서로 오가는 말투마저 거칠었다. 비상식량을 전부 보트에 싣고 나자 오히려 대원들은 그것이 얼마나 초라한 양인가를 스스로 확인하게 되었다. 과적의 염려는 할 필요가 없었다. 예행 연습을 마친 후, 대원들은 입을 굳게 다문 채 각자의 텐트로 돌아갔다.

"할 일도, 할말도, 볼 것도 없다. 날이 갈수록 우리는 말수가 줄어들었다."

제임스가 적었다.

물결이 일기 전까지만 해도 대다수의 대원들은 희망을 잃지 않으려고 무진 애를 썼었다. 부빙 위에서 겨울을 나야 하는 최악의 상황에서도 그 일이 그럭저럭 견딜 만하다고 스스로 마음을 다지고 있었던 것이다.

그러던 차에 끝없는 얼음 감옥 너머에 무언가 있다는 물리적 증거인 물결의 일렁임이 느껴졌다. 그들은 온갖 이유를 붙여 가며 마음속에서 희망이 무너져 내리지 않도록 안간힘을 썼다. 하지만 자포자기의 감정이 점차 대원들을 사로잡았다.

맥클린은 3월 13일 일기에 이렇게 적었다.

"나는 탈출해야 한다는 강박관념에 시달리고 있다… 우리가 부빙 위에 머문 지도 벌써 4개월이 지났다. 누구에게나 무익한 시간이었다. 우리는 오직 시간을 죽일 뿐 다른 할 일이 없다. 복잡한 생활과 온갖 여흥거리가 있는 집에서조차 4개월을 무위도식한다면 지루해서 견딜 수가 없을 것이다. 그것이 얼마나 힘든지는 누구라도 짐작할 수 있다. 여기 있는 모든 사람들이 식사 때를 기다리지만 식사 메뉴를 기다리는 것은 아니다. 단지 정해진 시간이니까 기다리는 것이다. 우리는 온통 하얗고 단조롭기 그지없는 얼음에 싸인 채 하루하루를 보내고 있다."

제임스는 다음 날 이렇게 기록했다.

"머지않아 뭔가 결정적인 일이 터질 것이다. 그게 무엇이 되건 간에 이렇게 가만히 있는 것보다는 나을 것이다. 우리 배가 난파된 것이 벌써 5개월째다. 배를 떠날 때만 해도 우리는 한 달 내에 뭍에 닿으리라고 믿었었는데! '계획은 사람이 세우되, 성패는 하늘에 달렸다'는 말이 여기선 마치 어떤 저주처럼 느껴진다."

4

 취사용 고래 기름이 완전히 동이 났다. 마지막으로 물개 한 마리를 잡은 지도 벌써 3주가 지났고, 아델라이에서 빼낸 쥐꼬리만 한 기름도 이젠 거의 바닥을 보였다. 배에서 가져온 식량 역시 마찬가지였다. 3월 16일에는 마지막 남은 밀가루마저 다 써버렸다. 패미컨을 넣어 배녁 과자를 만들었는데, 몇몇 대원들은 그 과자빵을 1시간도 넘게 손에 들고는 조금씩 조금씩 갉아먹었다.

 할 수 있을 때 닥치는 대로 식량을 모아 오자는 의견에 반대한 섀클턴 대장에 대한 원망이 어쩔 수 없이 또 새어 나왔다. 심지어 예전에는 대장의 정책에 대한 비판을 자제했던 맥클린조차도 암호를 만들어 다른 대원들에게 들킬 염려 없이 마음껏 일기에 대장에 대한 원망을 퍼부어 댔다. 17일 일기에 그는 암호로 다음과 같이 적었다.

"아무래도 대장이 선견지명이 부족했던 것 같다. 형편이 좋을 때 닥치는 대로 가리지 않고 식량을 준비했어야 하는 건데. 그 일은 위험을 감수할 만한 일이었다."

그리고 18일에는 "며칠 전 오들리가 대장과 맞붙었다. 부빙에서 겨울을 나야 할 경우에 대비해 '오션 캠프'에서 식량을 가져오는 문제 때문이었다. 대장은 '뱃속에 거지가 들어앉은 사람이 가서 가지고 와!'라며 도리어 그에게 호통을 쳤다"라고 기록했다.

날이 갈수록 배급량은 점점 줄어들었다. 대원들은 식량 부족으로 인해 심각한 고통을 느꼈다. 추운 날씨를 견디기 위해 육체는 태워야 할 연료를 강력하게 원했고, 그럴수록 참을 수 없는 허기가 끝없이 몰려왔다. 게다가 날씨마저 점점 더 혹독해져 밤에는 영하 23℃ 이하로 떨어지는 날이 많았다. 그럴 때마다 칼로리를 몸에서 자꾸 원하기 때문에 대원들은 그 어느 때보다도 고통스러웠다. 한 끼 식사가 끝나면 밖에서 와들와들 떠는 대신 슬리핑백에 웅크리고 누워 다음 식사 때까지 체온을 유지해야 한다는 사실을 모든 대원들이 경험을 통해 깨닫게 되었다.

사람을 잡아먹는 식인종에 대한 농담을 꺼내는 몇몇 대담한 대원들도 있었다.

"그린스트리트와 나는 마츤을 놀리며 재미있어 했다. 마츤은 캠프에 있는 대원 중 가장 통통했는데, 우리는 그의 건강 상태를 걱정한 나머지 완전히 발라먹은 펭귄 뼈를 그에게 주며 너그러운 체했다. 제발 살이 빠지면 안 된다고 그에게 간곡하게 말하면서도 막상 고기를 고를 때는 가급적 그와 멀리 떨어졌고, 부드러운 고기를 먼저 차지하려고 실랑이를 했다. 마침내 우리에게 몹시 화가 난 그는 우리와 맞닥뜨릴 때마다 고개를 돌리며 피해 갔다'라고 워슬리는 적었다.

그것은 한번 웃어 보자는 힘겨운 노력이었다. 그러나 정작 워슬리 자신은 이런 눈물겨운 노력과 상관없이 말수가 줄어들었고 침울해져 있었다.

3월 23일 아침은 부빙군 전체에 짙게 안개가 낀 몹시 차가운 날씨였다. 섀클턴은 산책을 하기 위해 일찍 일어나 있었다. 부빙 가장자리까지 걸어간 그는 잠깐 안개가 걷힌 사이 멀리 남서쪽에서 검은 물체가 나타난 것을 보았다. 그는 잠시 그것을 바라보다가 급히 텐트로 돌아와 헐리를 흔들어 깨웠다. 두 사람은 다시 부빙 끝으로 가서 여기저기 뭉쳐 있는 안개 구름 사이를 자세히 살펴보았다.

틀림없이 검은 물체가 있었다. 그것은 육지였다. 섀클턴은 즉시 캠프로 달려와 각 텐트를 돌아다니며 소리쳤다.

"육지가 보인다! 육지가 보인다!"

반응은 의외였다. 직접 보기 위해 텐트 밖으로 뛰어나온 대원들도 있었지만 나머지는 위치가 확인되기 전까지는 슬리핑백에서 나오지 않겠다고 버텼다. 빙산을 육지로 착각하는 일에는 이제 진력이 났던 것이다.

하지만 이번에는 빙산도 신기루도 아니었다. 작은 댄저 군도에 속한 섬 중 하나였다. '영국 남극 항해 안내서'와 완전히 일치하는, 물 위로 가파르게 솟아오른, 깎아지른 듯한 절벽이 그 증거였다. 섬은 정확히 68km 떨어진 거리에 있었다. 그러니까 그 섬 너머로 32km만 가면 그들의 목적지인 폴렛 섬인 것이다.

짙은 안개가 시야를 가릴 때까지 대원들은 잠시 육지를 바라보며 서 있었다. 오후가 되자 날씨가 화창하게 갰고, 댄저 섬 너머로 검은 산기슭과 낮게 깔린 구름에 덮인 산봉우리가 나타났다. 워슬리는 가장 높은 산봉우리가 펄시 산임을 확인했다. 파머 반도의 끝단에 위치한 조인빌 섬에 있는 산이었다.

섬은 캠프에서 서쪽으로 불과 90km 거리에 있었다. 그들이 표류하고 있는 방향에서 정확히 오른쪽이었다. 헐리는 기록했다.

"만일 얼음이 녹아 물길이 열리기만 한다면 불과 하루면 도착하는 곳이다."

하지만 물길이 열린다고 믿는 대원은 한 사람도 없었다. 오히려 그 반대였다. 눈에 보이는 빙산만도 70여 개에 달했고 대부분은 꽉 막혀 있는 상태였으며 지금으로선 오히려 그 빙산들이 부빙군을 북쪽으로 표류하지 못하도록 붙잡고 있는 듯했다. 혹시 배를 띄운다면 필경 몇 분 내에 난파되고 말 것이다. 그렇다고 해서 썰매를 타고 얼음을 가로질러 간다는 것은 생각할 수도 없는 일이었다. 지금 부빙군은 깨진 얼음 조각들로 뒤범벅이 되어 있었기 때문이다. 얼음들은 3개월 전과는 비교도 안 될 정도로 복잡하게 깨져 있었다. 그때도 오션 캠프에서 단지 14km를 움직이는 데 5일이나 걸리지 않았던가.

결국 육지를 발견했다는 것 자체가 대원들에겐 또 다른 절망감이나 다름없었다. 그린스트리트의 태도는 오히려 냉소적이었다.

"이 세상에 눈과 얼음 말고 다른 게 있다고 생각하는 것은 멋진 일이다. 하지만 난 흥분할 만한 이유를 찾을 수 없다. 점점 더 탈출할 가능성이 없어지기 때문이다. 지금 내가 보고 싶은 것은 육지가 아니라 차라리 한 무리의 물개다. 최소한 식량과 연료라도 얻을 수 있을 테니까."

그러나 실망 가운데서도 육지의 출현은 "우리가 마지막으로 검은 바위를 본 지도 벌써 16개월이 지났다"고 제임스가 말했듯이 그 자체만으로도 충분히 환영할 만한 일이었다.

"오, 하나님, 제발 뭍에 다다르게 해주십시오."

섀클턴은 그날 밤 일기에 적었다. 하지만 신이 그들의 상륙을 위해 남겨 둔 육지는 없었다. 대원들은 파머 반도 끝단까지 표류한 적이 있었지만 지금 육지에 다다르는 일은 도저히 불가능해 보였다.

그들이 있는 바다와 지구상에서 가장 폭풍우가 심하다는 드레이크 해협의 케이프 혼 사이에 존재하는 육지는 오직 북으로 192km 떨어진, 마치 남극 대륙의 외로운 감시 초소와도 같은 두 개의 섬, 클래런스와 엘리펀트뿐이었다. 그 너머에는 아무것도 없었다.

3월 24일은 맑고 화창한 날씨여서 조인빌 섬의 봉우리가 선명하게 보였다. 제임스는 도저히 건너갈 수 없는 빽빽한 부빙군을 바라보며 아무 말도 할 수가 없었다.

"저 빌어먹을 얼음만 아니라면 며칠 내에 여기서 빠져 나갈 수 있을 거라는 생각을 하면 정말로 미칠 것만 같다. 우리 모두는 굳게 입을 다문 채 서로 말도 없이 텐트에 틀어박혀 꼼짝도 하지 않고 있다. 마음을 무겁게 짓누르고 있는 문제가 차라리 겉으로 불거지길 기대하는 분위기이다."

이런 우울한 분위기는 대원들이 머물고 있는 부빙에 두 개의 틈새가 생기자 한층 고조되기 시작했다. 보트가 있는 곳에서 겨우 30여 m 떨어진 곳이었다. 하지만 다행히도 얼음이 완전히 갈라지지는 않았다.

다음 날 아침 동이 트자마자 느닷없이 남서쪽에서 강풍이 몰려왔다. 하지만 오후로 접어들어 바람이 걷히면서 순식간에 날씨가 갰다. 조인빌 섬이 다시금 시야 뒤로 멀찌감치 물러나 있었다.

남풍이 몰고 온 살을 에는 듯한 추위는 밤에도 계속되었다. 대원들은 하나같이 추위에 몸을 떨었다. 그들의 몸에는 슬리핑백에 온기를 줄 만큼 충분한 열기가 보존되어 있는 것 같지 않았다.

이젠 일주일도 채 버티지 못할 만큼의 기름이 전부였다. 3월 26일 아침에는 물개 스테이크 배급마저 중단되었다. 이러다간 개라도 잡아먹을 판이었다.

몇몇 대원들이 위험을 무릅쓰고라도 오션 캠프로 돌아가자고 강력히 요구했다. 오션 캠프는 이제 10여 km 밖에 있어 거의 보일 듯 말 듯했다. 270~300kg의 패미컨과 27kg의 밀가루가 아직 그곳에 남아 있었다. 섀클턴 자신도 식량에 대해 심각한 우려를 하고는 있었지만 그렇더라도 언제 부서질지 모르는 위험한 얼음을 뚫고 개들과 대원들을 보낼 수는 없었다.

얼음들끼리 서로 부딪치고 부서지는 전율스러운 소리가 계속해서 들려왔다. 파머 반도의 휘어진 허리 부분에 얼음이 끼어서 그런 것 같았다. 굉음은 부빙군 전체에 울려 퍼졌고 사방에서 얼음이 움직이는 것을 눈으로 볼 수 있었다.

"우리가 있는 부빙군이 깨지지 않았으면 좋겠다. 사방을 둘러보아도 성한 얼음이 없다"라고 그린스트리트는 기록했다.

주변에 있는 수많은 빙산들 역시 얼음의 분열을 부추기고 있었다. 빙산들은 표류를 하는 동안 이상 해류의 영향을 받은 것 같았다. 하나의 빙산이 주기적으로 부빙군과 함께 조용히 멈추었다가 갑자기 방향을 바꾸어 얼음을 깨뜨렸다. 부딪치는 것이면 무엇이든 옆으로 밀어내는 바람에 빙산이 지나가고 나면 깨지고 곤두선 부빙들이 파도처럼 일렁거렸다. 게다가 이 무시무시한 빙산이 어느 쪽으로 지나갈지 전혀 예측할 길이 없었다.

3월 27일, 워슬리는 거대한 빙산 하나가 북동쪽으로 이동하고 있다고 적었다.

> "북쪽에서 빙산 하나가 4시간 동안 8km나 가까이 우리 부빙 쪽으로 다가오고 있었지만 다행히 동쪽으로 비켜 지나갔다."

오션 캠프까지의 여행은 시간이 갈수록 그 실현 가능성이 희박해져 갔다. 섀클턴 또한 지금이 아니면 절대 불가능하다는 것을 알고 있었다. 그는 하는 수 없이 맥클린에게 다음 날 아침 일찍 출발할 준비를 하라고 말했다. 맥클린은 그날 밤 갑작스럽게 끌채를 준비하고 또 썰매를 손질했다.

하지만 새벽녘이 되자 얼음이 심하게 움직이면서 짙은 안개가 주위를 에워쌌다. 섀클턴은 아침 식사 시간에 제5호 텐트로 가서 맥클린에게 여행을 취소하라고 말했다. 온통 축축하고 안개 낀 날씨 덕분에 거의 전 대원이 잠을 제대로 이루지 못했던 끔찍한 밤이 지나자마자 들려온, 온몸의 맥이 풀리는 실망스런 소식이었다.

섀클턴이 자리를 뜨자마자 맥클린은 사소한 일로 클라크에게 시비를 걸었고, 두 사람은 거의 동시에 고함을 질렀다. 그 긴장감이 오들리와 워슬리에게 전해져서 욕설이 오가는 말싸움으로 발전했다. 그 와중에 그린스트리트가 분유를 엎질렀다. 그는 클라크를 덮치더니 원망 섞인 욕설을 퍼부어 댔다. 클라크가 그린스트리트의 주의를 산만하게 했던 것이다. 클라크는 항변하려 했지만 그린스트리트가 고함을 질러 그의 말문을 막았다.

그린스트리트는 숨을 가다듬고 화를 가라앉히더니 입을 다물어 버렸다. 텐트 안에 있던 나머지 대원들도 하나같이 조용해지면서 그린스트리트를 쳐다보았다. 텁수룩하게 자란 머리와 수염, 그리고 기름 그을음이 새까맣게 낀 얼굴로 빈 머그 잔을 손에 든 채 금쪽같은 우유를 고스란히 빨아들인 눈 바닥을 멍하니 바라보고 있는 그를. 우유를 엎지른 슬픔에 그는 금방이라도 울음을 터뜨릴 것만 같았다.

 클라크는 아무 말 없이 다가가 그린스트리트의 잔에 자신의 우유를 따라 주었다. 그러자 워슬리와 맥클린 그리고 리킨슨과 커어, 오들리와 마지막으로 블랙보로도 조금씩 부어 주었다. 그들은 말 없이 남은 우유를 마셨다.

 아침 식사를 마친 직후, 두 마리의 물개가 시야에 들어왔다. 즉각 비상 사냥 팀이 구성되었다. 제1그룹은 물개를 포위했고 나머지는 사냥감의 사정거리 내에 다가가 있었다. 바로 그때 얼음이 너무 위험하다고 느낀 새클턴이 그들을 캠프로 불러들였다.

 돌아오는 길에 오들리는 허기를 못 이겨 쓰러지고 말았다. 평소 그는 아침 식사의 절반인 패미컨 56g과 각설탕 반쪽만 먹고 나머지는 나중을 위해 아껴 두었던 것이다. 잠깐 쉬고 나서야 그는 겨우 몸을 추스려 캠프로 돌아올 수 있었다.

 그날 늦게 안개 낀 날씨가 폭우로 변하면서 기온은 0.5℃로 올라갔다. 대원들 대부분이 슬리핑백 속에 몸을 웅크린 채 비가 그친 다음 날 밤까지 누워 있었다. 맥클린은 다음과 같이 그때의 상황을 묘사했다.

"물이 고여 등 밑으로 줄줄 흐르는 바람에 온몸이 완전히 물에 젖었고, 바닥은 온통 질퍽질퍽했다. 벙어리 장갑과 양말, 그밖의 소지품도 몽땅 물에 젖었다… 지금 이렇게 앉아서 일기를 쓰고 있는 동안에도 텐트 천장에서 빗물이 떨어져 내리고 있다. 깡통이란 깡통은 모두 꺼내 슬리핑백이 젖지 않도록 바닥에 깔았지만 별로 소용이 없었다. 우리가 가지고 있는 깡통 수보다 물이 떨어지는 곳이 네 배나 많기 때문이다. 나는 방수 코트로 내 슬리핑백을 덮어 씌웠다. 그리고 그 위로 물이 고이면 조심스럽게 코트를 들어 한쪽에 쌓인 눈 위에 쏟아부었다. 이렇게 지키고 있자니 정말 지루하기 짝이 없었다… 나는 빨리 날이 개게 해달라고 하나님께 기도했다. 너무도 비참했기 때문이다. 오늘처럼 이렇게 마음이 무겁게 가라앉은 적은 한 번도 없었다."

오후가 되자 비는 눈으로 바뀌었고, 5시가 되어서야 비로소 모든 것이 그쳤다. 그날 밤 9시부터 10시까지 야간 불침번이었던 제임스는 부빙 주위를 돌아다니다가 얼음 위에서 뭔가 움직이는 것을 느꼈다. 가까이 다가간 그는 '아주 뚜렷한 물결'이 부빙을 천천히 들어 올리고 있는 것을 발견했다. 그는 이 사실을 섀클턴에게 보고했고, 대장은 불침번들에게 특별히 경계할 것을 거듭 지시했다.

다음 날 아침 5시 20분, 마침내 부빙이 반으로 쪼개졌다.

5

불침번을 섰던 어린 알프 치덤이 허겁지겁 텐트 사이로 뛰어들어 왔다.

"클라크!"

그가 소리쳤다.

"클라크! 빨리 붙들어 매요. 어서 짐을 챙겨요!"

순식간에 모든 대원들이 허둥지둥 텐트 밖으로 뛰쳐나왔다. 그들이 본 것은 두 개의 균열이었다. 하나는 부빙을 가로질렀고, 또 하나는 첫 번째 균열에서 직각으로 갈라지고 있었다. 게다가 전체 부빙군이 눈에 띄게 일렁이고 있었다.

그들은 제임스 커드 호로 뛰어가 보트를 싣고 있는 썰매의 롤러를 겨우 떼어냈다. 롤러가 얼음에 얼어붙어 있었던 것이다. 그런 다음 보트를 부빙 한가운데로 끌고 갔다. 균열은 벌써 가운데까지

6m 폭으로 넓어져 있었고, 물결의 영향으로 앞뒤로 천천히 넓어지는 것이 보였다. 고기 저장고는 균열 건너편에 있었다. 몇몇 대원들이 폭이 많이 벌어지지 않은 쪽으로 뛰어넘어갔다. 그리고 건너편으로 고기를 던졌다.

　6시 45분, 모든 것을 안전하게 옮긴 뒤 아침 식사를 위해 작업을 멈추었다. 대원들이 모여서 식사를 하려고 하는데 다시 부빙이 갈라졌다. 이번에는 텐트에서 30m쯤 떨어진 제임스 커드 호 바로 밑이 쪼개졌다. 명령을 내릴 필요도 없었다. 대원들은 보트를 향해 몸을 날렸고 재빨리 텐트 구역으로 보트를 끌고 왔다.

　아침 식사가 끝나자마자 안개 사이로 이상한 물체가 그들의 부빙을 향해 다가오고 있는 것이 보였다. 와일드는 텐트로 달려가 라이플 총을 꺼낸 다음 한쪽 무릎을 굽히고 총을 쏘았다. 돌진해 오던 동물이 천천히 얼음 위로 고꾸라졌다. 몇몇 대원이 그곳으로 뛰어갔다. 길이가 3m가 넘는 거대한 바다표범이었다.

　와일드는 단 한 방으로 대원들의 형편을 뒤바꾸어 놓았다. 그들의 발 아래에는 무려 450kg의 고깃덩이가 누워 있었다. 적어도 2주 동안은 기름을 공급할 수 있는 양이었다. 섀클턴은 바다표범의 간으로 점심 잔치를 베풀겠다고 발표했다.

　사기가 진작된 가운데 대원들은 개를 보내 노획품을 캠프로 끌고 왔다. 바다표범의 배를 가른 그들은 미처 소화가 되지 않은 생선이 50여 마리나 들어 있는 것을 발견하고는 조심스럽게 옆으로 꺼내 놓았다. 다음 날 먹기 위해서였다.

　2주 만에 처음으로 뜨거운 점심을 기다리느라 온통 축제 분위기였다. 그동안 망설여 왔던 개고기 요리를 만들어 보기로 했던 것이다. 크린은 자신의 개였던 넬슨을 잘게 토막냈고, 맥클린은 그러스를 토막냈다.

고기가 튀겨지자 크린은 서둘러 그것을 나누어 주었다. 그는 제일 먼저 섀클턴의 텐트로 갔다. 그는 비바람에 그을린 얼굴을 텐트 자락 사이로 쑥 내밀며 "맛 좀 보시라고 넬슨을 조금 가져왔는데요"라고 장난스럽게 말했다.

개고기는 대체로 반응이 좋았다. 맥니쉬는 이렇게 적었다.

> "맛이 아주 훌륭했다. 그동안 물개고기만 먹던 우리에겐 오랜만에 먹는 맛있는 고기였다."

제임스 또한 같은 반응이었다.

> "믿기 어려울 만큼 맛있고 부드러웠다."

워슬리는 그러스를 한 토막 먹으면서 "바다표범보다 훨씬 맛있다"라고 했고, 헐리는 "너무나 부드럽고 맛이 있다. 특히 넬슨은 완전히 소고기 맛이다"라고 했다.

아침 내내 물결이 일었고 더 높아지기까지 했다. 그래서 점심때 섀클턴은 대원들에게 즉각 두 팀으로 나누어 4시간 교대 경비에 들어간다고 발표했다. 섀클턴이 한 조를 맡고 와일드가 다른 한 조를 맡기로 했다. 대원들의 절반은 옷을 입고 소지품을 챙긴 채 언제라도 움직일 태세로 하루 종일 경비를 섰다. 한 조에 두 명씩 부빙 주위를 계속 걸어다니며 균열이나 그밖의 다른 비상 사태가 발생하지는 않는지 살펴야 했다.

낮 동안에는 당장이라도 틈이 벌어질 듯한 징조가 보이기 시작했다. 워슬리는 눈처럼 하얗고 몸집이 거대한 바다제비 한 마리와 두 마리의 검은 바다제비가 날아가는 것을 보았다. 트인 바다가 가까이 있다는 결정적인 증거였다.

두 개의 부빙 틈바구니에서 해파리를 발견한 클라크는 이것이 얼음이 없는 바다에서만 발견되는 생물이라고 단호하게 잘라 말했다. 이와 더불어 검푸른 북서쪽 하늘, 일렁이는 물결, 그리고 1℃나 되는 높은 기온을 바탕으로 워슬리는 급기야 이렇게 기록했다.

"확실히 전망이 밝다. 왠지 잘 풀릴 것 같은 희망이 보인다."

그날 저녁 8시 정각, 맥클린이 오들리와 밖에서 경비를 서고 있을 때 부빙이 갑자기 물결에 밀려 위로 들려졌다가 쪼개졌다. 와일드의 텐트에서 60cm도 떨어지지 않은 곳이었다. 맥클린과 오들리는 황급히 비상 신호를 보냈다.

하지만 모든 대원들은 균열이 없을 거라고 굳게 믿고 잠자리에 들었기 때문에 완전히 무방비 상태였다. 칠흑같이 어두운 텐트 안에서 옷을 입느라 아귀다툼이 벌어졌다. 대원들은 자신의 옷을 찾고 또 영하 6.6℃의 추운 날씨에 얼어붙은 장화를 떼어내느라 야단법석을 떨었다. 대원들은 심지어 텐트 밖으로 나온 후에도 무슨 문제가 생긴 건지, 또 어디가 어떻게 위험한 건지 전혀 파악하지 못하고 있었다. 그들은 어둠 속에서 서로 부딪히거나 보이지 않는 얼음 구덩이에 발을 빠뜨려 가면서 손을 더듬어 길을 찾았다. 잠시 후 정신을 차린 대원들은 보트들을 텐트 가까이로 옮겼고, 균열로 인해 다시 멀어져 버린 고기 저장고를 어둠 속에서 맞은편으로 옮겼다.

섀클턴은 바다 경비를 재개하도록 지시했다. 그리고 비번인 대원들은 '완전 무장'을 한 채로 잠자리에 들었다.

하지만 좀처럼 잠들기가 쉽지 않았다. 밤새도록 물결이 일 때마다 발밑의 부빙은 30cm 이상 들어올려졌으며, 다른 부빙들과 부딪치며 진동할 때마다 대원들은 막연한 불안에 떨어야 했다. 그들은 자신들이 머물고 있는 부빙이 다시 쪼개지리라는 것, 그리고 누군가 또는 무엇인가가 그 틈새로 빠져 사라지거나 부빙 자체가 산산조각이 날지도 모른다는 사실을 어렴풋이 짐작하고 있었다.

하지만 아침이 오고 남풍이 멈추자 오전 내내 물결이 가라앉아 조용했다. 정오에는 6일 만에 처음으로 워슬리가 위치를 잡는 데 성공했다. 그들의 위치는 남위 62도 33분, 서경 53도 37분이었다. 지난 6일 동안 놀랄 만큼 빠르게 북쪽으로 45km를 표류한 것이었다. 그것도 5일 동안의 강한 북풍을 안고서. 이젠 부빙군이 북쪽으로 흐르는 해류의 영향 아래 있는 것이 분명해 보였다.

4월 3일은 맥리오드의 마흔아홉 번째 생일이었다. 대원들은 점심 때 그의 건강을 빌며 건배를 했다. 바다표범의 머리가 부빙 가장자리에 솟아오른 것은 바로 그때였다. 땅딸막한 체격의 맥리오드가 가까이 다가가 손으로 날갯짓을 하며 펭귄 흉내를 냈다. 바다표범은 그의 속임수에 넘어간 듯 맥리오드를 향해 물 위로 나왔고, 맥리오드는 뒤로 돌아 재빨리 몸을 피했다.

한두 걸음 따라오던 바다표범이 갑자기 멈추어 섰다. 부빙 위에 있는 다른 낯선 생물들을 살피기 위해서인 것 같았다. 그러나 그것이 치명적이었다. 그사이 와일드는 텐트로 들어가 라이플 총을 꺼내 왔다. 그리고 정확히 조준한 다음 발사했다. 또다시 수백 kg의 고기가 비축되었다.

이렇게 해서 비상식량의 양이 갑작스레 늘어났고, 이에 따라 배급량도 늘어났다. 물론 전 대원들의 사기도 높아졌다. 냄새 나는 물개고기를 날로 먹게 될지도 모른다는 생각을 했던 며칠 전의 우울한 분위기가 사라지고 이제는 이따금 그들의 관심사가 생존의 문제와 상관없는 곳으로 전환되기도 했다. 맥리오드의 생일날 오후, 워슬리와 리킨슨은 뉴질랜드와 영국 목장의 청결이라는 주제를 놓고 목청을 높여 가며 언쟁을 벌였다. 비록 모든 대원들이 시간이 갈수록 상황이 심각해져 가고 있다는 것을 느끼고는 있었지만 적당히 배가 부른 상태에서는 위험에 맞서 싸우기도 훨씬 더 쉬웠다.

한때 1.6km로 측정된 바 있는 부빙의 직경은 이제 180m로 줄어들었다. 바닷물에 둘러싸인 이 부빙은 다른 부빙들과의 충돌 위협을 끊임없이 받아 왔다. 클래런스 섬은 그들이 있는 곳으로부터 북쪽으로 128km 거리에 있었으며, 그쪽을 향해 가고 있는 것 같긴 했지만 점차 드세지는 서풍 때문에 섀클턴은 몹시 염려가 되었다. 만약 서풍이 부빙을 몰고 간다면 그들은 엘리펀트 섬과 킹 조지 섬 사이에 있는 128km 폭의 로퍼 해협을 통과하게 될 것이었다.

"일단 그 해협으로 떠밀려 들어가면 다시 바다로 나오기는 어려울 것이다"라고 제임스는 기록했다. "곳곳에 기대감이 충천해 있다. 우리는 어떤 일이 벌어지기 직전에 있다. 그건 의심의 여지가 없다. 만약 모든 일이 순조롭게 풀리면 우리는 머지않아 뭍에 닿을 것이다. 우리에게 가장 필요한 것은 얼음에 수로가 생기는 일이고, 가장 위험한 것은 막힌 부빙군에 실려 섬들을 그냥 지나쳐 버리는 일이다. 우리의 목표 지점인 클래런스 섬과 엘리펀트 섬을"이라고 그는 덧붙였다.

4월 5일, 워슬리는 결국 위치를 찾아냈다. 기대와는 달리 그들은 섬이 아닌 빈 바다를 향해 곧장 표류하고 있었다.

6

 이틀 동안 서쪽으로 선회하여 표류한 끝에 부빙은 역풍에도 불구하고 48시간에 33km라는 놀라운 거리를 움직였다. 전 대원이 그 소식에 놀라움을 금치 못했고, 순식간에 생각을 바꾸지 않을 수 없었다. 그들의 목표 지점은 북쪽에 있는 클래런스 섬이나 엘리펀트 섬이었지만 이제는 그것마저 힘들어져 버렸다.

> "이는 서쪽으로 흐르는 강한 해류가 존재한다는 것을 입증하고 있으며, 엘리펀트 섬에 닿는다는 희망을 요원하게 만들고 있다."

 갑자기 그들의 관심이 서쪽의 킹 조지 섬으로 쏠렸다.
 "지금 우리는 북쪽으로 너무 멀리 가기 전에 동풍 혹은 북동풍을 타고 서쪽으로 가기를 희망하고 있다. 이틀 만에 가장 유리한 조건에서 가장 불리한 조건으로 바뀔 수 있다는 것이 놀라울 뿐이다… 요즘은 바람과 해류를 빼면 할 이야기가 없다'라고 제임스는 기록했다.

이대로 가다간 얼음이 없는 넓은 바다로 떠내려가기 전에 동풍을 타고 서쪽으로 멀리 표류하게 될지도 모른다. 그래서 결국은 보트를 타고 드레이크 해협의 거친 파도와 맞서게 될지도 모른다. 하지만 대원들 중에는 이런 절망적인 사실을 믿으려 하지 않는 사람들이 많았다.

"하나님은 우리가 그곳에 접근하는 것을 원치 않으신다. 우리가 모두 죽어버릴지도 모르기 때문이다'라고 그린스트리트는 적었다.

그날 밤 슬리핑백에 누운 대원들은 곳곳에서 얼음들이 기분 나쁜 소리를 내며 부빙군을 압박하고 있는 것을 느꼈다. 다음 날은 잔뜩 흐린 날씨였기 때문에 위치를 파악할 수가 없었다. 4월 6일 밤부터 하늘이 다시 맑아지기 시작해 동틀 무렵에는 날이 화창하게 갰다. 북쪽으로 멀리 거대한 빙산 하나가 눈에 들어왔다. 하지만 해가 높이 뜨면서 대원들은 그 빙산의 꼭대기가 구름에 가려진 것을 보았다. 그렇게 높은 빙산은 없었다. 그것은 섬이었다. 그렇다면 어떤 섬일까?

북서로 표류하고 있다는 추측을 통해 많은 대원들은 그 섬이 엘리펀트 섬이라고 생각했다. 클래런스 섬이라고 주장하는 대원들도 있었다. 그들을 당혹스럽게 하는 것은 섬이 하나밖에 보이지 않는다는 사실이었다. 두 섬이 나란히 있어야 하는데 말이다. 클래런스 섬의 봉우리가 1,700m로 엘리펀트 섬의 봉우리보다 600m나 더 높다는 것을 근거로 클래런스 섬이라는 의견이 우세했다.

아침 식사 시간이 되자 구름이 한층 짙어지는 바람에 육지가 시야에서 사라졌다. 정오에 워슬리는 위치를 확인할 수 있었고, 그들이 본 섬이 클래런스 섬이 아닐지도 모른다는 의심을 말끔히 씻어주었다. 더 중요한 것은 현재의 위치로 볼 때 이미 서쪽으로의 표류는 중단되었다는 것, 그리고 지난 이틀 동안 북쪽으로 13km를 이동했다는 사실이었다. 안도의 한숨이 전 대원들 사이에 터져 나왔다. 그러나 부빙군은 여전히 열릴 기미가 보이지 않았다.

"육지에 닿게 해달라고 하나님께 기도한다. 표류하고 있는 통제불능의 이 부빙군은 우리가 아무리 노력을 해도 어딘지도 모르는 곳으로 우리를 끌고 가고 있다… 하지만 우리는 더 높으신 하나님의 손에 달려 있다. 죽을 수밖에 없는 보잘것없는 우리들은 자연의 거대한 힘 앞에서 아무것도 할 수가 없다. 만약 우리가 육지에 닿지 못한다면, 그럴 확률이 더 높지만, 나는 빙산에라도 닿아야 한다고 생각한다. 사실 많은 대원들이 여러 주 동안 이 일에 관해 생각하고 또 원해 왔다. 물론 더 무게가 실린 다른 의견도 없지는 않다."

맥클린은 그렇게 기록했다.

다른 의견이란 어니스트 섀클턴의 의견을 말하는 것이었다. 그는 불가피한 상황이 아닌 한 빙산으로 이동하는 것을 절대적으로 반대했다. 그는 빙산이 겉으로는 견고해 보여도 순식간에 균형을 잃어버릴 수 있다는 것을 잘 알고 있었다. 어느 한쪽이 다른 한쪽보다 더 빨리 녹으면 느닷없이 균형을 잃고 곤두서기 때문이었다.

펭귄들의 울음소리가 밤새도록 들려왔다. 그것은 거의 소음에 가까운 고래들의 숨소리에 묻혀 간간이 끊어졌다가 다시 들리곤 했다. 동이 트자 마침내 날씨가 화창하게 맑아졌으며 잠잠해진 서풍이 간간이 불어왔다. 대원들은 한 번 더 클래런스 섬을 볼 수 있었고, 섬의 왼쪽으로는 엘리펀트 섬의 봉우리들이 아주 희미하게 드러나 있었다. 워슬리는 10개의 봉우리 수를 일일이 세어 보았다.

하지만 전날 저녁 이후 클래런스 섬의 방향이 현저하게 바뀌어져 있었다. 그것은 정북향이어서 그들이 동쪽으로 이동했음을 가리키고 있었다. 정오에 워슬리는 위치를 맞추었고, 그것이 사실임을 확인해 주었다. 지난 24시간 동안 북쪽으로 움직이는 대신 동쪽으로 26km를 이동한 것이었다.

믿어지지가 않았다. 부빙군이 완전히 뒤로 돌아선 것이다. 자신들이 서쪽으로 표류하고 있다는 사실에 놀란 것이 바로 이틀 전이었다. 그런데 이제는 정반대쪽인 동쪽을 향해 곧장 이동하고 있는 것이다. 그린스트리트는 "바람이 동풍으로 선회하지 않으면 우리는 섬을 지나치고 말 것이다"라고 적었다.

설상가상으로 북서쪽에서 어마어마한 물결이 밀려왔다. 이 물결은 거대한 물이랑처럼 가파르게 움직이면서 대원들이 딛고 있는 발밑의 부빙을 60cm나 들어올렸다. 그로 인해 오늘리는 멀미까지 했다.

그날 저녁 6시 45분, 맥니쉬는 일기를 쓰고 있었다.

"어제부터 큰 물결이 나타났다. 하지만 부빙이 아주 잘게 쪼개졌기 때문에 이제는 그다지 위협적이지 않다. 다만 위아래로 넘실거릴……."

그는 미처 문장을 끝맺지 못했다. 쿵 하는 육중한 소리와 함께 제임스 커드 호 밑의 부빙이 반으로 쪼개졌기 때문이다. 워슬리는 경비를 보고 있다가 소리를 질러 대원들을 불렀다. 전 대원들이 텐트에서 뛰쳐나와 제임스 커드 호를 붙잡았다. 균열이 막 벌어지기 시작하고 있었다. 건너편 부빙에 있던 나머지 두 보트 역시 황급히 건네졌다. 작업이 끝났을 때 부빙은 각각의 변이 90, 110, 80m인 삼각형 얼음으로 변해 있었다.

아침 식사 시간에 다시금 얼음이 쪼개졌다. 불가사의한 일이었다. 작은 부빙들이 시커멓고 차가운 수면 위를 둥둥 떠다녔다. 하지만 전 대원들이 근심스럽게 바라보는 동안 부빙군은 다시 한 번 촘촘해졌다. 물결이 사방에서 높이 일어났고, 그들이 있는 부빙도 심하게 요동치기 시작했다. 아침이 다가오면서 세 번째로 물길과 바다 웅덩이가 부빙군을 가로질러 넓게 퍼져 나갔다.

10시 30분, 섀클턴의 벼락 같은 사투리가 터져 나왔다.

"텐트를 걷고 보트를 내려!"

대원들은 일사천리로 움직였다. 순식간에 텐트가 걷히고 슬리핑 백이 한데 모아졌으며 보트가 일렬로 세워졌다. 그런 다음 보트를 실은 썰매를 부빙 가장자리까지 끌고 갔다.

균열!

다시금 부빙이 둘로 쪼개졌다. 이번에는 정확히 방금 전 섀클턴의 텐트가 있던 곳이었다. 얼음이 순식간에 두 쪽으로 갈라지면서 스탠콤 윌스 호와 상당량의 비상식량이 대원들이 서 있는 얼음에서 떨어져 나갔다. 거의 모든 대원들이 넓어진 틈새를 뛰어넘어 가 윌스 호와 식량을 반대편으로 밀어 옮겼다.

그러곤 기다렸다… 위험을 무릅쓰고 보트를 띄우겠다는 저항할 수 없는 욕구와 그랬다간 다시는 돌아올 수 없을 거라는 불안 사이를 갈팡질팡하며. 작긴 하지만 그들 발밑의 부빙만이 깨지지 않은 유일한 얼음 덩어리였다. 만약 그들이 이 부빙을 떠나 다른 캠프장에 도착하기 전에 부빙군이 다시 막혀 버린다면, 그때는 모든 탈출로가 완전히 사라질 것이었다.

이런 와중에도 그린은 차분히 자신의 임무를 수행하여 기름기 많은 물개 스프와 뜨거운 분유를 준비했다. 각 대원들은 자신의 몫을 받아서 선 채로 먹으며 부빙군에서 눈을 떼지 않았다. 12시 30분이었다. 물웅덩이가 약간 더 넓어졌다. 대원들은 섀클턴을 쳐다보았다.

잠시 동안 부빙군이 열려 있었다. 하지만 열린 상태가 얼마나 오래갈 것인가? 그리고 그들은 자신들이 있는 곳에서 앞으로 얼마나 더 버틸 수 있을 것인가? 페이션스 캠프가 있었던 거대한 부빙은 이제 불규칙한 직사각형의 얼음으로 변해 50여 m 앞에 떠 있었다.

12시 40분, 섀클턴은 차분한 목소리로 명령을 내렸다.

"보트를 띄워."

부빙 위는 분주한 움직임으로 생동감이 넘쳐 났다. 그린은 스토브로 달려가 불을 껐다. 다른 대원들은 텐트 천으로 남은 고기와 기름을 싸서 묶었다. 나머지 대원들은 서둘러 보트로 뛰어갔다.

듀들리 더커 호가 썰매에서 내려 물 위에 띄워졌다. 그리고 전 대원이 나른 필수품과 함께 비상식량이 담긴 상자와 고기 자루 하나, 기름 스토브, 그리고 구식 제5호 텐트를 보트에 실었다. 빈 썰매는 보트의 뒷전에 단단히 묶었다. 다음엔 스탠콤 윌스 호가 서둘러 띄워져 짐을 실었고, 마지막으로 제임스 커드 호가 띄워졌다.

모든 대원들이 각 보트에 타고 준비를 마친 시각은 오후 1시 30분이었다. 그들은 노를 전부 꺼낸 다음 바다를 향하여 혼신의 힘을 다해 젓기 시작했다.

그들이 페이션스 캠프를 빠져 나간 직후, 얼음은 다시 촘촘하게 조여 들고 있었다.

4 ─── 단지 육지에 서다

그것은 단지 30m 폭에 15m 길이의 좁은 땅에 불과했다. 하지만 상관없었다. 그들은 497일 만에 처음으로 육지를 밟은 것이다. 단단하고 가라앉지 않으며 움직이지도 않는 축복의 땅을.

1

처음에는 몹시 힘이 들었다. 미칠 것만 같았다. 대원들은 다들 최선을 다했지만 노를 저어 본 경험이 부족했던 탓에 서툴기 짝이 없었고, 너무도 신경을 쓴 나머지 행동이 오히려 부자연스러웠다. 주위를 에워싼 얼음이 노에 휘감겼고 얼음과의 충돌 또한 피할 수 없었다. 대원들은 각 보트에 일렬로 쭈그리고 앉아 얼음 조각들을 삿대로 밀어내려 했지만 대부분의 얼음들은 보트보다도 훨씬 무거웠다.

제임스 커드 호와 듀들리 더커 호의 높다란 뱃전은 오히려 방해가 되었다. 대원들이 앉은 자리가 노를 젓기에는 너무나 낮았던 것이다. 자리를 조금이라도 높이기 위해 필수품 상자를 깔고 앉았지만 힘들기는 마찬가지였다. 듀들리 더커 호의 배 뒷전에 매달린 썰매가 계속해서 얼음에 걸리자 워슬리는 썰매를 묶은 밧줄을 신경질적으로 끊어 버렸다.

그러나 놀라운 것은, 이 모든 어려움에도 불구하고 그들이 전진하고 있다는 사실이었다. 각 보트가 지나갈 때마다 얼음의 사슬이 저절로 풀리는 것 같았다. 부빙군이 흩어지는 것인지, 아니면 대원들이 얼음 사이를 절묘하게 빠져 나가고 있는 것인지 도무지 알 수가 없었다. 어쨌거나 일단은 모든 것을 운에 맡겨야 했다.

잔뜩 찌푸린 하늘은 새들로 가득 차 있었다. 바다갈매기, 제비갈매기 그리고 남극의 은회색 바다제비와 눈바다제비 따위가 수천 마리에 이르렀다. 새똥이 보트 위로 마치 빗물처럼 후드득 쏟아지는 바람에 대원들은 고개를 잔뜩 수그린 채 노를 저어야 했다. 고래 역시 곳곳에서 눈에 띄었다. 녀석들은 사방에서 불쑥불쑥 올라왔고 가끔은 너무 가까이 다가와 대원들을 놀라게 했다. 특히 범고래는 더욱 그랬다.

섀클턴이 키를 잡은 제임스 커드 호가 앞장을 섰다. 얼음이 막지 않는 한 그는 북서쪽으로 나아갔다. 그 뒤로 워슬리가 이끄는 듀들리 더커 호가 따라갔고, 맨 마지막은 허드슨이 이끄는 스탠콤 윌스 호였다.

"영차… 영차… 영차… 영차……."

소리 높여 외쳐 대는 그들의 목소리가 머리 위 새들의 울음소리와, 그리고 부빙군의 틈새에서 일렁거리는 물결 소리와 한데 뒤섞였다. 구령을 외칠 때마다 대원들은 규칙적으로 동작을 맞춰 가며 노를 저었다.

15분 만에 페이션스 캠프가 얼음 더미에 가려 보이지 않게 되었다. 하지만 이제 페이션스 캠프는 더 이상 중요하지 않았다. 무려

4개월 동안 그들의 감옥이었던 흑검댕이 투성이의 부빙을 그들은 구석구석 모르는 데가 없었다. 마치 죄수가 자신의 감방 벽에 난 금까지 훤히 알고 있듯이. 비록 질색하도록 싫었던 얼음이지만 그들은 그 얼음을 보호해 달라고 얼마나 자주 기도를 했던가.

 이제는 그것도 과거지사가 되어 버렸다. 그들은 지금 보트 위에 있는 것이다. 얼음 보트가 아닌 진짜 보트 위에. 그리고 지금은 그것만이 중요했다. 그들이 생각하는 것은 페이션스 캠프도, 혹은 한 시간 뒤의 일도 아니었다. 오직 현재뿐이었다. 그것은 노를 젓는 일… 빠져 나가는 일… 탈출을 의미했다.

 30분 뒤, 그들은 수없이 쪼개지고 갈라진 한 부빙군 속에 들어와 있었다. 그리고 2시 30분, 그들은 페이션스 캠프로부터 1.6km나 벗어나 있었다. 이제는 아무리 보고 싶어도 다시는 그곳을 볼 수 없게 되었다. 그들은 꼭대기가 편평한 어느 높은 빙산을 향해 노를 저어 갔다. 북서쪽에서 밀려오는 물결이 빙산을 연거푸 쳐대고 있었다. 푸르른 파도가 얼음에 부딪칠 때마다 거의 20m 높이까지 물보라가 일었다.

 그들이 막 빙산의 오른쪽으로 돌아갔을 때, 뭔가 그르렁대는 듯한 소리가 들리는가 싶더니 순식간에 엄청난 굉음으로 변했다. 오른쪽으로 고개를 돌린 그들은 60cm 높이로 얼음을 휘젓고 뒤엎으면서 마치 용암처럼 흘러 들어오는 세찬 물줄기를 발견했다. 작은 강처럼 폭이 넓은 그 물줄기가 그들을 위협하며 맹렬하게 돌진해 오고 있었다. 그것은 얼음 덩어리들을 억류하고 있다가 3노트(1노트는 1시간에 1해리, 즉 1,852m를 달리는 속도)의 속도로 끌고 가는, 해저에서 발생한 거센 조류였다.

한동안 그들은 믿기지 않는 표정으로 눈을 크게 뜨고 그 광경을 쳐다보았다. 이윽고 섀클턴은 제임스 커드 호의 뱃머리를 왼쪽으로 틀면서 나머지 두 보트를 향해 따라오라고 소리쳤다. 노 젓는 대원들은 발을 파묻은 채 있는 힘을 다해 노를 저어 돌진해 오는 얼음으로부터 배를 끌어당겼다.

그러나 얼음은 이미 배보다 빠른 속도로 그들에게 다가오고 있었다. 배 뒷전을 바라보고 앉아 있던 그들에게 얼음이 정면으로 마주 보였다. 얼음은 거의 그들의 눈높이로 돌진해 왔다. 노를 젓지 않는 대원들은 발을 굴러 박자를 세가며 노 젓는 동료들을 재촉했다. 듀들리 더커 호는 노를 젓기 가장 힘겨운 배인데다가 짐도 두 배나 많이 실었지만 그런대로 잘 빠져 나가고 있었다.

15분 후, 노를 잡은 대원들의 체력이 급속히 떨어지기 시작했다. 다행스러운 건 조류 역시 그와 때를 맞춰 기세가 조금씩 꺾이기 시작했다는 것이다. 5분 뒤, 조류는 완전히 힘을 잃었고 처음에 갑자기 나타났던 것처럼 신기하게 갑자기 사라져 버렸다.

지친 대원들이 물러나고 새 대원들이 노를 잡았다. 섀클턴은 제임스 커드 호의 진로를 북동쪽으로 잡았다. 마침 남동쪽으로 선회한 바람이 배의 뒤쪽에서 불어온 덕분에 배가 쉽사리 전진할 수 있었다.

보트를 띄운 곳의 위치는 남위 61도 56부, 서경 53도 56부로서 브랜스필드 해협의 동부 해안과 가까운 곳이었다. 거리가 약 320km

이며 폭이 96km인 브랜스필드 해협은 파머 반도와 사우스 셰틀랜드 섬 사이에 있었다. 이 해협은 광폭한 드레이크 해협과 웨들 해를 연결하고 있는 몹시 불안정한 지역이었다. 1820년에 작은 돛배인 윌리엄스 호를 타고 이곳으로 들어왔던 에드워드 브랜스필드의 이름을 따서 브랜스필드 해협이 된 것이다. 영국인들에 의하면 브랜스필드는 남극 대륙을 최초로 발견한 사람이다.

브랜스필드의 첫 발견으로부터 섀클턴의 대원들이 보트를 타고 얼음 사이를 누볐던 1916년 4월 9일까지 96년이 흘렀지만, 사람의 왕래가 적었던 이곳 바다에 관해서는 밝혀진 것이 거의 없었다. 심지어는 당시 미 해군의 '남극 항해 안내서'조차도 이곳 바다에 관한 정보가 거의 없는 것에 대해 사과문을 실었을 정도였다.

'항해 안내서'는 브랜스필드 해협에 대해 "변덕스럽고 강한 해류가 발견되었고, 해류의 속도는 시속 6노트에 이르는 것으로 알려져 있다"고 소개하고 있다. 항해사들 사이에서 이곳은 바람이 한 방향으로 불면 해류는 그 반대 방향으로 흐르는 '교차 바다(cross sea)'로 알려져 있었다. 이때는 성난 바닷물이 1m, 2m 혹은 3m 높이로 광폭하게 넘실거린다. 마치 방파제에 부딪치며 치솟는 밀물의 파도처럼. 교차 바다는 작은 보트에게는 굉장히 위협적인 존재였다.

게다가 브랜스필드 해협의 날씨는 몹시 심술궂었다. 일 년 중 하늘이 맑은 날이 겨우 10퍼센트밖에 안 된다는 보고도 있었다. 또 눈이 많이 내리며 언제나 강풍이 불어 대는데, 이 강풍은 보통 2월 중순에 시작하여 남극의 겨울이 가까워질수록 더 자주, 그리고 더 심하게 불어 댄다고 했다.

대원들을 태우고 이 금지된 바다를 항해하고 있는 보트들은 물론 아주 튼튼했지만 갑판이 없으면 아무리 튼튼한 배라도 항해에 오래 견딜 수가 없었다. 듀들리 더커 호나 스탠콤 윌스 호는 단단한 참나무로 만든 사각 뱃머리의 무거운 돛배에 불과했다. 맥니쉬는 이 보트들을 '청백돌고래 킬러 보트'라고 불렀다. 그것들이 원래 청백돌고래잡이 배로 설계되었기 때문이다.

 각 보트의 뱃머리에는 작살을 감을 수 있는 튼튼한 말뚝이 박혀 있었다. 보트의 길이는 6.7m, 폭은 1.9m. 앉을 수 있는 좌석의 수는 세 개였고, 갑판은 뱃머리와 배 뒷전에만 좁다랗게 설치되어 있었다. 짧고 굵은 돛대가 달려 있어 항해를 수월하게 해주긴 했지만 원래는 노를 저어 전진하도록 설계된 보트들이었다.

 제임스 커드 호는 길이가 7m, 폭이 2m인 고래잡이 배였다. 이 배는 미국의 느릅나무와 영국의 참나무로 된 골조 위에 발트 해의 소나무 널빤지를 댄다는 워슬리의 설계에 따라 영국에서 건조되었다. 나머지 두 척의 보트보다 더 크면서도 가볍고 날렵한 제임스 커드 호는 세 척의 배 중 거친 바다에서 가장 안전한 배였다.

 스탠콤 윌스 호에는 8명이 탔고 더커 호에는 9명, 그리고 커드 호에는 11명이 타고 있었다. 만약 폭풍이 덜하거나 장비를 적게 실었다면 항해가 최소한 두 배쯤은 수월해졌을 것이다. 보트는 턱없이 비좁아 식사조차 제대로 할 수 없었고, 버팀대 텐트와 둘둘 만 슬리핑백도 쓸데없이 많은 공간을 차지했다. 그밖에도 식량상자와 상당한 양의 개인 소지품 등으로 인해 막상 대원들은 충분한 공간을 확보할 수 없었다. 그러나 무게에 관한 한 보트들은 과적한 상태라 곧 할 수 없었다.

 오후 내내 그들은 북동쪽으로 진로를 잡았고 세 척의 보트는 훌륭하게 전진해 주었다. 희미한 얼음 띠가 보였지만 그들을 가로막을 만큼의 장애가 되진 않았다. 5시가 지나자마자 해가 지기 시작했다. 섀클턴은 적당한 야영 장소를 찾을 때까지 바짝 붙어 따라오라고 각 보트에 지시했다. 5시 30분까지 노를 젓고 나서야 200여 m 너머에 있는 두텁고 편평한 부빙에 닿을 수 있었고, 섀클턴은 그곳이 야영하기에 적당하다고 판단했다. 상륙을 마친 시각은 6시 15분. 그린이 기름 스토브를 세우는 동안 나머지 대원들은 텐트를 쳤다. 제5호 텐트의 대원들은 텐트가 너무 약해 그냥 커드 호에서 자기로 했다.
 저녁 식사는 패미컨 100g과 비스킷 두 쪽이 전부였다. 식사를 마치자마자 불침번을 제외한 모든 대원들이 잠자리에 들었다. 피곤했지만 흥분된 하루였다. 워슬리의 예상대로 그들은 북서로 11km를 항해했다. 비록 거리 그 자체만 보면 별게 아니지만 그들은 보트를 타고 바다로 나섰다는 사실이 마냥 꿈만 같았다. 얼음 위에서 한 달 반을 보내고 난 뒤에야 비로소 맥클린의 표현대로 '스스로 뭔가 보람된 일'을 하고 있는 것이다. 그들은 자리에 눕자마자 이내 곯아떨어졌다.
 "균열이다!"
 보초의 고함이 터진 것은 마지막 대원이 잠자리에 든 직후였다. 대원들은 정신이 몽롱한 상태에서 허둥지둥 텐트 밖으로 빠져 나왔고, 그들 중 몇몇은 옷을 입지도 않은 채였다. 하지만 그건 잘못된 경보였다. 얼음은 갈라지지 않았고, 대원들은 다시 슬리핑백으로 들어가 힘겹게 몸을 웅크렸다.

밤 11시가 되자 섀클턴은 이상하게 불안해지기 시작했다. 그는 옷을 입고 밖으로 나왔다. 늘어난 물결로 인해 부빙이 흔들리면서 파도와 정면으로 부딪치고 있었다. 그때였다. 갑자기 쿵 하는 둔중한 소리가 나더니 부빙이 쪼개져 버렸다. 8명의 대원들이 잠자고 있는 제4호 텐트 바로 밑이었다.

둘로 쪼개진 얼음이 벌어지면서 텐트가 한꺼번에 무너져 내렸다. 첨벙 하며 사방에 물이 튀었다. 대원들은 축 늘어진 텐트 속에서 필사적으로 기어 나왔다.

"누군가가 없어졌다."

한 대원이 소리쳤다.

섀클턴은 총알같이 뛰어가 제4호 텐트를 찢기 시작했다. 어둠 속에서도 그는 아래에서 들려오는 희미한 호흡소리를 들을 수 있었다. 마침내 텐트를 다 걷고 나자 물속에서 뭔가 꿈틀거리는 것이 보였다. 슬리핑백에 들어 있는 한 대원이었다. 섀클턴은 젖먹던 힘까지 짜내어 슬리핑백을 얼음 위로 끌어올렸고, 그러자마자 간발의 차이로 부빙 두 개가 세차게 부딪쳤다.

슬리핑백에 있던 대원은 화부인 어니스트 홀리스였다. 흠뻑 젖긴 했어도 다행히 목숨에는 지장이 없었다. 하지만 그를 걱정할 시간이 없었다. 균열이 다시금 벌어지고 있었기 때문이다. 이번에는 아주 빠른 속도로 얼음이 쪼개지면서 섀클턴의 텐트 멤버들과 커

호에서 자고 있던 대원들이 저만치 갈라졌다.

얼음 사이로 즉시 밧줄이 쳐졌다. 저만치 쪼개져 나간 두 그룹의 대원들이 밧줄을 잡아당기며 힘겹게 건너왔다. 커드 호가 서둘러 더 큰 부빙 쪽으로 건네졌고 그 뒤를 따라 대원들이 차례차례 얼음 사이를 건넜다. 섀클턴은 대원들이 완전히 건너갈 때까지 기다린 다음 마지막으로 밧줄을 손에 쥐었다.

하지만 그가 건너려는 순간 쪼개진 얼음들이 다시 한 번 넓게 벌어졌다. 그는 밧줄을 놓치지 않으려고 안간힘을 썼지만 한 사람이 잡아당기는 힘으로는 어림도 없었다. 다음 순간, 그의 모습은 시커먼 어둠 저편으로 사라져 버렸다.

2

섀클턴이 사라져 버린 어둠 속에서 대원들은 어찌 할 바를 모르고 망연자실하게 서 있었다. 비록 그의 계속되는 판단 착오로 이곳까지 오게 되었지만 어쨌든 섀클턴은 그들의 리더였던 것이다.

아주 긴 시간이 흘렀다고 생각했다. 아무도 입을 열지 않았다.

그때였다. 어둠 속에서 귀에 익은 목소리가 들려왔다.

"보트를 띄워."

섀클턴의 목소리였다.

윌스 호가 물속으로 미끄러졌다. 대여섯 명의 지원자들이 민첩하게 배 위로 올라섰다. 그들은 노를 잡고 섀클턴의 목소리가 들린 쪽으로 저어 갔다. 마침내 어둠 속에서 그의 윤곽이 희미하게 드러났고, 대원들은 그가 매달려 있는 부빙을 향해 노를 저었다. 섀클턴이 윌스 호로 뛰어올라오자 대원들은 캠프 기지로 돌아왔다.

이제 잠을 잘 수가 없었다. 섀클턴은 기름 스토브에 불을 붙이라고 지시했다. 그러곤 젖은 옷을 입고 사시나무 떨듯 떨고 있는 홀리스를 보았다. 각자 입고 있는 옷이 전부였기 때문에 그에게 갈아입힐 마른 옷은 단 한 벌도 없었다. 섀클턴은 홀리스에게 옷이 마를 때까지 계속 움직이라고 지시했다. 그날 밤 대원들은 교대로 그와 함께 걸어다녔다.

홀리스와 같이 걷던 대원들은 그가 딱딱 이를 맞부딪치며 떠는 소리와 '챙그랑' 하고 그의 옷에서 얼음이 떨어지는 소리를 들었다. 홀리스는 옷이 젖은 것에 대해서는 아무런 불평도 하지 않았지만 물속에 담배를 빠뜨린 것에 대해서만은 몇 시간이고 계속해서 투덜거렸다.

오전 5시, 밤이 가고 새벽이 밝아 온다는 첫 징조가 머리 위 하늘에 나타났다. 날짜는 4월 10일이었다.

새벽 날씨는 그리 희망적이지 않았다. 잔뜩 찌푸린 날씨에 강한 동풍이 눈발을 동반하며 차가운 바다 너머에서 불어왔다. 이제는 클래런스 섬도 엘리펀트 섬도 보이지 않았다. 단지 그 섬들이 북쪽으로 48~64km 사이에 있다고 추측할 따름이었다. 동풍으로 인해 그들 주위에 다시 새 얼음 덩어리들이 밀려왔고, 그들은 다시금 함정에 빠진 듯했다.

하지만 물길이 열리는 기미가 보였으므로 대원들은 아침 식사 후에 언제라도 떠날 수 있도록 만반의 준비를 했다. 섀클턴은 몇 가지 얼음 장비와 야채 상자를 버려 보트의 무게를 줄이기로 결정했다. 부빙군이 느슨해지기 시작한 8시 10분경, 섀클턴은 대원들에게 보트를 띄우라고 명령했다.

거친 파도에 의해 바닷물이 갈라지는 바람에 배가 한쪽으로 심하게 기울었다. 노를 젓기가 몹시 힘든 상황이었다. 하지만 얼음이 갈라지기 시작하고 채 1시간도 지나지 않아 그들은 얼음이 없는 넓은 바다에 떠 있는 자신들을 발견했다. 일 년 동안 오직 얼음만을 보아 온 그들에겐 너무나도 반가운 풍경이었다. 돛을 올리라는 섀클턴의 명령이 각 보트에 떨어졌다.

커드 호의 메인마스트와 뒷돛대 외에 뱃머리에도 작은 삼각 돛이 올려졌다. 더커 호엔 사각형의 세로 돛 하나가, 그리고 윌스 호엔 아주 작은 메인마스트와 삼각 돛이 각각 올려졌다. 보트들은 나란히 짝을 이루며 항해를 했다. 커드 호는 바람을 맞아 왼쪽으로 선체가 기울었지만 여전히 나머지 보트들 앞에서 길을 안내했다.

오전으로 접어들면서 배들은 드넓게 펼쳐진 부빙군에 다다랐다. 한 줄로 길고 빽빽하게 늘어선 부빙군은 해류를 따라 움직이는 것 같았다. 이곳의 부빙들은 수년간의 압력에도 깨지지 않고 살아남아 마침내 웨들 해에서 빠져 나온 묵은 얼음들이었고, 이제는 남극해 주변에서 녹는 일만 남아 있었다. 깨져서 날카로워진 여느 얼음들과는 달리 이 부빙들의 가장자리는 바닷물에 닿아 부식된 것처럼 보였다. 세 척의 보트는 부빙들이 늘어선 줄을 따라 계속해서 서쪽으로 전진했다. 11시를 넘긴 직후에 좁은 해협 하나가 나타났고, 대원들은 힘껏 노를 저어 그곳을 빠져 나갔다.

그들은 자신들이 탁 트인 넓은 바다에 있다는 사실을 깨달았다.

오션 캠프에 있을 때부터 꿈꾸던 곳이었지만 현실은 꿈과는 너무도 달랐다. 얼음으로 뒤덮인 넓은 벌판에서 나온 보트들은 기세등등한 바람의 총공격을 받았으며, 높게 부서지는 파도가 끊임없이 밀려왔다. 머리 위로 흩뿌려지는 얼어붙은 물보라를 맞으며 그들은 북동쪽으로 방향을 잡기 위해 안간힘을 썼다.

시간이 갈수록 차가운 돌풍이 점점 더 세차게 그들의 얼굴을 강타했다. 살을 에는 듯한 남극의 바람은 잠이 부족한 그들에겐 더욱 차갑게 느껴졌다. 더커 호에 타고 있던 오들리와 커어가 슬리핑백 더미 위로 쓰러졌다. 멀미가 너무 심했던 것이다.

그러나 대원들은 아무 불평도 하지 않았다. 그들은 저 안개 속 어딘가에, 어쩌면 북동쪽으로 8~10km만 가면 육지가 있을 거라고 믿었다. 실제로도 그들은 조금씩 그곳과 가까워지고 있었다. 점심시간에 섀클턴은 충분한 양의 비스킷과 차가운 휴대 식량, 패미컨 그리고 설탕 6조각을 지급했다.

오후가 되자 바람이 심하게 일면서 보트에 물이 차오르기 시작했다. 보트들이 파도에 견뎌 주길 바라며 1시간도 넘게 북동쪽으로 진로를 유지했던 섀클턴은 2시가 될 무렵에야 비로소 이런 식의 항해가 얼마나 어리석은 일인지 깨닫게 되었다. 그는 대원들에게 즉시 안전한 부빙군을 찾으라는 지시를 내렸다.

결국 보트들의 방향이 바뀌었다. 몇 분 만에 부빙군 기슭에 도착한 대원들은 상륙하기에 적당한 부빙을 찾기 위해 서쪽 방향으로 선회하기 시작했다. 그들이 발견한 가장 큰 얼음은 넓이가 32m^2나 되는 두껍고 짙푸른 부빙이었다. 수면에서 4.5m 높이로 솟아오른 그 부빙은 부빙군으로부터 오랫동안 따로 떨어져 있었던 듯했고, 파도에 의해 깨진 얼음들을 가장자리에 띠처럼 두르고 있었다.

잠을 잘 수 없었던 간밤의 아찔했던 상황을 생생히 기억하는 섀클턴으로서는 똑같은 위험을 두 번 다시 겪고 싶지 않았다. 대원들은 보트에서 밤을 지내기로 했다. 그들은 부빙 옆에 보트를 세우고 뱃머리에 노를 단단히 묶었다. 보트들은 어둠 속에 대기 상태로 떠 있었다.

그러나 몇 분도 지나지 않아 북동쪽에서 바람이 불어닥치며 높은 파도가 일었다. 보트들이 서로 부딪히기 시작했고, 얼음에 박힌 노가 뿌리째 뽑힐 듯 흔들렸다. 바람이 빙산을 쓸어내리면서 빙산 표면에 있던 눈을 휩쓸어 대원들의 얼굴 위로 눈발을 마구 뿌렸다. 30분을 버텼지만 더 이상은 힘들었다. 잠을 자려면 얼음 위에서 야영을 하는 것 외엔 달리 방도가 없었던 것이다.

섀클턴은 마지못해 명령을 내렸다. 보트를 거대한 빙산 옆에 정박해 놓고 대원들의 절반 정도가 얼음으로 기어 내려갔다. 비상식량과 장비가 재빨리 내려졌다. 그때 갑자기 빙산 가장자리의 깨진 돌출부가 수면과 직각으로 솟구치면서 가파르고 위험한 경사로 변해 버렸다. 대원들은 즉시 보트를 똑바로 세운 다음 끌어당겨 기슭에서 멀리 떨어진 안전한 곳으로 옮겨야 했다.

윌스 호가 제일 먼저 똑바로 세워졌다. 더커 호는 쉽지가 않았다. 얼음이 길을 열어 준 사이 반쯤 일으켜 세우긴 했지만, 그 과정에서 화부인 윌리엄 스티븐슨이 그만 얼음같이 차가운 물속에 빠지고 말았다. 대여섯 명의 대원들이 황급히 달려들어 그를 안전하게 끌어올렸다. 마지막으로 커드 호를 세우려는 순간 얼음의 돌출부가 또다시 쪼개졌다. 섀클턴, 와일드 그리고 헐리는 간신히 배의 선창을 붙잡는 바람에 떨어지지 않았다.

보트들을 무사히 옮기고 나니 3시 30분이었다. 대원들은 기진맥진해 있었다. 거의 36시간 동안 잠을 자지 못했던 것이다. 노 젓기에 서툰 그들의 손에는 물집이 잡혔을 뿐만 아니라 동상까지 찾아왔다. 옷은 보트에서 물보라를 맞아 흠뻑 젖어 있었고, 슬리핑백을 펼쳐 보니 그것마저 잔뜩 젖어 있었다.

하지만 중요한 것은 잠을 자는 일이었다. 차가운 패미컨과 우유, 각설탕 두 개로 저녁을 때운 대원들은 옷을 입은 채로 꿈틀거리며 축축한 슬리핑백 속으로 들어갔다. 잠들기 전에 몇몇 대원들은 마지막 남은 힘을 모아 그날의 사건을 일기에 적었다. 워슬리는 이렇게 썼다.

"내 계산으로는 오늘 16km를 이동한 것 같다. 해류는 동풍이 불어 닥치기 전에 우리를 서쪽으로 이동시켜 줄 것이다."

그리고 헐리는 모든 대원들의 마음속에 맨 먼저 떠오른 간절한 바람을 적었다.

"…밤새 무사하도록 하나님께 기도한다."

그러나 해가 뜨자 무시무시한 광경이 그들의 눈앞에 펼쳐져 있었다. 밤사이에 바람이 강풍으로 변해 북동쪽으로 불면서 엄청난 양의 부빙군을 몰아온 것이었다. 깨지지 않은 얼음들이 수평선까지 가득 덮여 있었다.

그들이 있는 빙산은 그 크기로 인해 나머지 부빙군보다 느린 속도로 떠내려가면서 사방에 있는 얼음과 충돌했다. 그사이 큰 파도가 그들의 빙산을 침식해 들어오고 있었다. 가끔씩은 부식된 얼음 덩어리가 여기저기서 떨어져 내리기도 했다. 파도에 밀린 얼음이 잇달아 그들이 머물고 있는 빙산에 부딪혀 쪼개졌고, 그때마다 빙산이 금방이라도 침몰할 것처럼 이리저리 기우뚱거렸다.

페이션스 캠프에서 처음으로 물결을 보았을 때부터 섀클턴이 두려워했던 바로 그 상황이 지금 벌어지고 있었다. 빙산은 그들 발밑에서 조금씩 부서져 갔다. 그러다가 어느 순간 둘로 쪼개지거나 아니면 뒤집어지고 말 것이다. 아직은 보트를 띄울 때가 아니었는지도 몰랐다. 자칫하면 그들은 순식간에 가루가 될 수도 있었다.

소름이 끼치면서도 눈을 뗄 수 없는 장면이었다. 긴장한 채 서 있는 대원들은 자기들도 다음 순간 바다에 던져져 난파되거나, 물에 빠져 익사하거나, 혹은 싸늘한 시체가 될 때까지 차가운 얼음물 속에서 허우적거릴 수도 있음을 깨달았다. 그럼에도 불구하고 그들 앞에 펼쳐진 광경의 장엄함만은 부인할 수 없었다.

그 광경을 바라보면서 대원들은 자신의 느낌을 어떻게든 말로 표현하고 싶었지만 적절한 표현을 찾을 수가 없었다. 맥클린의 머릿속에 테니슨(알프레드 테니슨:영국의 시인)의 'Morte d'Arthur(아서의 죽음)' 시구 한 구절이 스쳐 지나갔다.

…결코 본 적이 없다네, 여기서도 그 어디에서도 볼 수 없으리, 내가 죽을 때까지, 아니 세 번 태어난다 해도 그렇게 위대한 기적은 다시 볼 수 없으리…….

섀클턴은 빙산의 한쪽 끝 둔덕 3m까지 올라갔다. 끝없이 펼쳐진 얼음 너머로 멀리 군데군데 검은 선과 작은 점이 보였다. 물길이거나 바닷물 웅덩이란 걸 알 수 있었다. 지금 유일한 희망은 그 물길들 중 하나가 아래로 흘러내려 빙산 주위를 에워쌈으로써 그들의 탈출로를 열어 주는 것이었다. 하지만 물길은 매번 가까운 데까지 열렸다가 반대쪽으로 선회하거나, 아니면 얼음들 사이에서 마치 증발해 버리듯 일시에 사라져 버리곤 했다. 그들은 몇 시간이고 기다렸다. 8시, 9시, 10시… 동이 트자 보트들은 비상식량과 장비들을 모두 실은 채 떠날 채비를 했다. 그들이 기다리는 동안 빙산은 한 조각 한 조각씩 조직적으로 부서지고 있었다.

정오가 되었다. 빙산은 처음보다 작아졌지만 여전히 단단했다. 달라진 게 있다면 파도가 더 높아졌다는 것이다. 비상식량이 지급되었고, 대원들은 삼삼오오 짝을 지어 이야기를 주고받으며 선 채로 식사를 했다. 1시, 전 대원들의 머릿속에 끔찍한 상상이 떠올랐다. 날이 어두워졌는데도 얼음이 여전히 흩어지지 않는다면? 지금처럼 계속 파도에 두들겨맞는다면 빙산은 어쩌면 내일 아침까지 견디지 못할 것이다. 그들은 밤사이 바닷물 속에 던져질지도 모른다.

대원들은 불안감을 잊기 위해 애써 농담을 하거나 혹은 생각을 아예 하지 않으려 했다. 그린스트리트는 일기장을 꺼내 뭐든 적어

보려고 애를 썼다.

> "…우리가 있는 빙산이 부서지고 심하게 파도에 휩쓸리고 있어 정말 걱정스럽다……."

그의 일기는 문장의 중간쯤에서 끝을 맺었다. 마음속에 있는 말을 차마 표현할 수 없었던 것이다.

2시 직전, 갑자기 흥분된 고함소리가 들렸다. 맞은편에서 물길 하나가 열리고 있었던 것이다. 대원들은 나는 듯이 그곳으로 달려가 보았다. 그리고 자신들의 눈을 의심했다. 신기하게도 얼음들이 비켜 가면서 그 자리에 물길이 생겨나고 있었다. 마치 보이지 않는 힘이라도 작용하는 듯이. 수면에 작은 소용돌이가 일었다. 바다 깊은 곳에서 발생한 원인 모를 해류가 물속에 잠긴 빙산의 밑동을 밀면서 방향을 틀어 버린 것이다. 대원들은 넓어지고 있는 잉크빛 물웅덩이를 손가락으로 가리키며 펄쩍펄쩍 뛰었다.

"보트를 띄워!"

둔덕에 올라가 있던 섀클턴이 내려오며 외쳤다.

"물건을 대충 챙기라구!"

초조해진 대원들이 보트를 붙잡고 서둘러 빙산 기슭까지 끌고 갔다. 그들은 1.5m 아래의 바다를 향해 배를 던졌다. 갑판원들이 배 안으로 뛰어들어가 비상식량을 서둘러 배 안에 쌓았다. 그때였다. 얼음 암초가 갑자기 솟구치면서 더커 호가 옆으로 확 기울었다. 하마터면 뒤집어질 뻔했던 배는 간신히 균형을 되찾았고, 모든 보트들이 몇 분 내로 그곳을 벗어났다.

대원들이 웅덩이 한복판까지 보트를 저어 가자 얼음 부스러기가 잔뜩 끼어 있는 좁은 입구 뒤에 또 다른 웅덩이가 있는 것이 보였다. 얼음 사이를 헤치고 나가자 신기하게도 부빙군이 흩어지기 시작하면서 그들의 주변에 바다로 통하는 물길이 생겨났.

그때까지만 해도 목적지는 클래런스 섬이나 엘리펀트 섬이었다. 두 섬 중에 아무 섬이나 배가 닿을 수 있는 곳으로. 그것이 가장 합리적인 선택이었다.

보트가 페이션스 캠프를 출발할 당시에 클래런스 섬은 북으로 63km 거리에 있었다. 그러나 마지막으로 위치를 확인한 것이 이틀 전이었으므로 그동안 북동쪽에서 불어닥친 강한 바람이 대원들을 서쪽으로 상당히 끌고 갔을 확률이 높았다. 게다가 바다는 이제 남서쪽으로 펼쳐져 있었다. 이 방향으로 곧장 128km만 가면 킹 조지 섬에 닿을 수 있었다. 새클턴은 순간적으로 한 가지 결정을 내렸다. 클래런스 섬이나 엘리펀트 섬에 닿기 위한 노력을 포기하고 바람을 따라 킹 조지 섬으로 가는 것이었다.

사실 훨씬 더 가고 싶은 곳이기도 했다. 클래런스나 엘리펀트 섬은 가능성이 희박했을 뿐만 아니라 새클턴이 알기로는 한 번도 사람의 발길이 닿지 않은 곳이었다. 하지만 킹 조지 섬은 작은 섬들이 30km 길이로 늘어선 군도이며, 그곳에서 몇백 km 떨어진 디셉션 섬으로 가는 전초기지가 될 수도 있었다. 어쩌면 디셉션 섬에는 표류자들이 이용하는 비상식량 저장소가 있을지도 몰랐다.

더 중요한 건 거기에 고래잡이 어부들이 지은 작은 오두막 예배

당이 있다는 사실이었다. 설사 섬에 정박하는 배를 만나지 못한다 해도 예배당을 부수면 그 목재로 전 대원이 편하게 탈 수 있는 훌륭한 배를 만들 수 있을 것이다. 그들은 이런 희망을 품고서 오후 내내 남서쪽으로의 항해를 계속했다.

날이 갑자기 어두워지기 시작했다. 얼마 남지 않은 희미한 빛 속으로 부빙 하나가 보였다. 그들은 그곳으로 배를 저어 갔지만 야영은 절대 하지 않을 생각이었다. 섀클턴은 다시는 그런 일을 겪고 싶지 않았다. 이미 두 번이나 혹독한 가르침을 받지 않았던가. 그들은 이제 얼음에서는 영원히 벗어난 것이다.

얼음에 상륙한 사람은 그린뿐이었다. 그는 기름 스토브와 식량을 가지고 부빙으로 내려섰다. 그리고 물개고기로 국을 끓이고 우유를 따뜻하게 데웠다. 대원들은 보트에 앉아 식사를 마친 뒤에 배를 묶었던 밧줄을 다시 풀었다.

대원들은 아주 천천히 남서쪽을 향해 노를 젓기 시작했다. 두 사람씩 교대로 노를 젓는 동안 나머지 대원들은 뱃머리에 구부리고 앉아 부빙군 가장자리를 감시하며 보트가 안전선을 벗어나지 않는지 지켜보았다. 커다란 부빙이 배에 부딪치거나 배 위로 녹아서 떨어질 우려가 있었기 때문에 그들은 단 한시도 얼음에서 눈을 떼지 않았다.

눈이 내리기 시작했다. 탐스러운 눈발이 순식간에 배를 가득 덮었다. 눈은 항해를 두 배나 더 힘들게 했고, 어둠 속에서 바람을 맞으며 표류하는 얼음을 감시하는 대원들의 눈을 몹시 피곤하게 만들었다.

노를 젓는 교대 시간이 짧아 각 대원에게 자주 차례가 돌아왔다. 그러지 않고서는 도저히 몸의 온기를 유지할 수가 없었다. 노를 젓지 않고 보초도 서지 않는 대원들은 겨우 숨만 쉬고 있을 뿐이었다. 잠을 잔다는 것은 생각할 수도 없었다. 다리를 뻗고 누울 만한 공간이 없었기 때문이다.

배의 밑바닥은 식량으로 가득 차 있어서 발 디딜 틈조차 없었다. 뱃머리 쪽 공간의 대부분은 슬리핑백과 텐트가 차지했다. 게다가 노를 젓는 사람들을 위한 두 개의 좌석은 늘 비워 두어야만 했다. 노를 젓지 않는 대원들이 앉을 만한 곳은 배의 중간쯤에 있는 비좁은 공간뿐이었고 그들은 온기를 유지하고자 서로서로 몸을 붙인 채 그 자리에 옹기종기 모여 있었다.

증기 파이프가 터지는 듯한 소리와 뭔가 물 위로 솟구치는 소리가 밤새도록 들려왔다. 근처에서 고래들이 숨을 쉬고 있는 모양이었다. 칠흑같이 어둡고 지루한 밤에 고래는 대원들의 가장 큰 골칫거리였다. 녀석들이 숨을 쉬기 위해 수면으로 올라올 때마다 근처의 얼음 덩어리들이 마구 흔들렸기 때문이다. 고래들이 보트의 하얀 밑창과 부빙 바다를 구분할 수 있는지도 알 수 없는 노릇이었다.

오전 3시, 갑자기 허드슨이 미친 듯이 고함을 질러 대는 바람에 전 대원이 소스라치게 놀랐다.

"빛이다! 빛이다!"

그는 북서쪽을 가리키고 있었다. 전 대원이 고개를 들어 그가 가리키는 쪽을 쳐다보았다. 그러나 환희는 잔인하리만큼 짧게 끝나 버렸다. 터무니없는 일임이 금방 밝혀졌던 것이다. 대원들은 다시 자리를 잡고 앉아 허드슨의 어리석음을 탓하며 쓸데없는 희망을 불러일으킨 것에 대해 욕을 퍼부었다. 하지만 허드슨은 분명히 빛을 보았다고 고집했고, 아무도 자신을 믿어 주지 않는다며 한동안 투덜거렸다.

5시가 되면서 하늘이 밝아지기 시작했다. 수평선을 따라 비치는 눈부신 광채 속에 4월 12일의 새벽이 밝아 왔다.

2시 30분경, 워슬리는 육분의(하늘 위의 두 점간의 각도를 재는 기계. 지금 있는 곳의 위도와 경도를 재는 데 쓰임)를 꺼냈다. 그리고 더커 호의 메인마스트에 몸을 기댄 채 조심스럽게 위치를 읽었다. 페이션스 캠프를 떠난 이후 처음으로 잡아 보는 위치였다. 결과를 기다리며 모든 보트가 대기 상태에 있었다. 전 대원의 얼굴이 더커 호 바닥에 앉아 계산을 하고 있는 워슬리에게 쏠렸다.

위치를 나타내는 두 선이 그려지는 동안 대원들은 그의 표정을 살피며 잠시도 눈길을 떼지 않았다. 평소보다 시간이 많이 걸리는가 싶더니 그의 얼굴에 점차 당황스런 표정이 떠오르기 시작했다. 계산을 다시 확인한 그의 얼굴은 이제 근심이 가득한 무거운 표정으로 바뀌었다. 그는 계산해서 나온 숫자를 다시 한 번 훑어보았다. 그리고 천천히 고개를 들었다. 섀클턴이 커드 호를 더커 호 옆으로 바짝 갖다 댔고, 워슬리는 그에게 위치를 보여 주었다. 남위 62도 15부, 서경 53도 7부였다.

그들은 킹 조지 섬으로부터 정동쪽으로 200km, 그리고 클래런스 섬에서는 남동쪽으로 98km 떨어진 지점에 있었다. 사흘 전 페이션스 캠프를 떠났을 때보다 오히려 35km나 더 멀어진 것이었다.

3

 그들은 강한 동풍에 밀려 계속 서쪽으로 항해했다. 그러니까 지금까지는 완전히 반대 방향으로 가고 있었던 것이다. 그들은 처음에 출발했던 장소에서 동쪽으로 32km 떨어진 지점에 있었고, 자기들이 생각했던 것에 비하면 거의 80km나 더 동쪽으로 떠내려와 있는 상태였다.
 이 소식은 너무도 충격적이어서 몇몇 대원들은 아예 믿으려 하질 않았다. 도저히 그럴 수는 없는 일이었다. 그렇다면 워슬리가 뭔가 착각을 일으켰던 것일까. 안타깝게도 그건 아니었다.
 워슬리는 오후에 세 번째 위치를 잡았다. 그리고 이미 2주 전에 시야에서 사라졌던 조인빌 섬이 겨우 128km 떨어진 곳에 있음을 알게 되었다. 정체불명의 어떤 해류가 동쪽에서 밀려와 그들을 억류한 것이다. 무지막지한 세력의 해류가 그들을 후퇴시켜 강풍의 위력 속에 몰아넣은 것이다. 킹 조지 섬에 닿기 위해서는 그 해류를 직접 통과해야 한다는 결론이었다.

섀클턴은 세 번째로 그들의 목적지가 바뀌었음을 발표했다. 이번에는 조인빌 섬을 지나 파머 반도 끝단에서 209km 떨어진 호프 만이었다. 보트들은 남쪽으로 진로를 잡았고, 대원들은 지치고 실망한 표정으로 입을 굳게 다문 채 자리에 앉았다. 금방 육지에 닿을 거라는 그들의 희망이 물거품처럼 사라졌다.

오후 늦게부터 북서풍이 점차 강하게 불어왔고, 보트들은 흩어져 있는 얼음 덩어리들과 맞닥뜨렸다. 이 얼음들이 어둠 속에서 문제를 일으킬 수도 있다고 판단한 섀클턴은 즉시 배를 세우라고 명령했다. 워슬리는 계속 노를 저어야 한다고 주장했지만 섀클턴은 이를 받아들이지 않았다. 그들은 보트를 정박시키고 밤을 보낼 만한 부빙을 찾아보았다. 하지만 그럴 만한 큰 부빙은 어디에도 없었다. 최선의 방법은 일단 아주 작은 부빙에라도 보트를 묶는 일이었지만 보트들과 부빙이 물결에 부딪혀 심하게 흔들리는 바람에 그것조차도 쉽지가 않았다. 밧줄을 묶는 데만도 꼬박 1시간이 걸렸다.

텐트 천으로 보트를 덮어씌운 다음에야 간신히 가스 스토브에 불을 붙일 수 있었고, 그제서야 비로소 약간의 우유를 데울 수 있었다. 그들은 펄럭거리는 텐트 천 아래 옹기종기 쭈그리고 앉아 입술을 델 만큼 뜨거운 우유를 마셨다. 하지만 그들이 따뜻함을 즐기고 있는 사이에 새로운 골칫거리가 나타났다. 커다란 얼음 덩어리가 보트의 밧줄을 묶어 놓은 쪽으로 떠내려오고 있었던 것이다.

텐트 천을 걷어낸 대원들은 모든 노와 장대를 최대한 동원하여 얼음 덩어리가 배에 부딪치지 않도록 밀어냈다. 이 몸싸움은 밤새도록 계속될 것 같았다. 하지만 9시경, 느닷없이 바람의 방향이 남서쪽으로 급선회하면서 보트를 묶어 놓은 부빙이 바람과 정면으로 맞부닥치게 되었다.

부빙은 이제 더 이상 그들의 피난처가 아니었다. 보트들이 날카롭게 깨진 얼음 가장자리를 향해 미끄러졌다. 섀클턴은 빨리 빠져나가자고 소리쳤고, 노 젓는 대원들은 서둘러 자리를 잡았다. 너무도 갑작스레 일어난 일인데다가 바람까지 심하게 불어왔기 때문에 부빙에 연결되어 있던 더커 호의 밧줄을 풀 시간이 없었다. 하는 수 없이 밧줄을 그냥 끊어 버린 대원들은 미친 듯이 노를 저었고 서서히 보트는 부빙에서 벗어났다.

잠도 자지 않은 채 꼬박 이틀을 달렸다. 대원들이 체온을 유지하기 위해 할 수 있는 일이란 서로 부둥켜안는 것이 고작이었다. 날씨는 살을 엘 만큼 추웠다. 허시의 온도계가 짐 속에 들어 있었기 때문에 실제 온도를 잴 수는 없었지만 거의 영하 30℃는 되는 것 같았다. 그들은 물이 어는 소리를 들었다. 눈이 방금 얼어붙은 얼음 위로 떨어지면서 바삭바삭 소리를 냈고, 얼음은 물결이 일어날 때마다 쉿쉿 소리를 냈다.

대원들이 입고 있는 옷이 딱딱하게 얼어붙었다. 움직이지 않고 가만히 앉아 있었기 때문이었다. 그들의 옷은 물보라와 눈에 젖어 있었고, 지난 6개월간 몸에서 나온 기름때에 절어 있었으며, 곳곳이 닳아서 해어져 있었다. 교대 시간이 되어 자리를 바꿀 때마다 조금만 움직여도 뻣뻣한 옷에 살갗이 쓸렸다.

대원들은 떨지 않고 몸을 가누려 했지만 그럴 수가 없었다. 피로, 굶주림, 힘든 작업 그리고 불안이 그들을 허약하게 만들었고 가만히 있으려고 하면 할수록 몸은 더 와들와들 떨려 왔다. 경련을 일으키는 환자처럼 몸이 떨리는 바람에 대원들은 도무지 잠을 잘 수가 없었다. 힘들더라도 노를 젓는 편이 훨씬 더 나았다. 섀클턴은 그 밤을 넘기지 못하는 대원들이 생길 것 같아 몹시 걱정스러웠다.
  백 번도 넘게 대원들은 워슬리에게 시간을 물었다. 그럴 때마다 그는 셔츠를 들추고 온기를 유지하기 위해 목에 걸고 있는 크로노미터를 꺼냈다. 그리고 그것을 얼굴에 바짝 갖다 댄 다음 하얀 뭉게구름 사이로 새어 나오는 어렴풋한 달빛에 비추어 바늘을 읽었다. 한동안은 마치 대원들끼리 내기를 하는 것 같았다. 시간을 묻지 않고 누가 제일 오래 견디는지. 마침내 누군가 유혹을 견디지 못해 시간을 물으면 모든 대원들은 고개를 치켜들고 워슬리의 대답을 기다리곤 했다.
  이윽고 동이 텄다. 햇빛을 받은 모두의 얼굴엔 끔찍했던 지난 며칠 간의 피로가 고스란히 드러났다. 볼은 움푹 파이고 창백했으며, 나흘 동안 한 번밖에 잠을 자지 못한 채 짠 물보라에 시달려 온 눈에는 핏발이 잔뜩 곤두서 있었다. 헝클어진 수염엔 눈이 하얗게 얼어붙어 있었다. 섀클턴은 그들의 얼굴에서 그가 가장 염려했던 질문에 대한 대답을 찾으려 애썼다. 과연 얼마나 더 견딜 수 있을 것인가.
  한마디로 표현하긴 어려웠다. 곧 쓰러질 것 같은 대원들도 있었고 끝까지 견디겠다는 단호한 결의를 보여 주는 대원들도 있었다.

분명한 것은, 적어도 이날 밤만은 그들 모두가 살아남았다는 사실이었다.

해가 뜨자 동남쪽에서 불어온 바람이 거세지기 시작했다. 섀클턴은 워슬리를 불러 더커 호를 커드 호 옆으로 끌고 오도록 지시했다. 황급히 회의를 마친 후, 그들은 네 번째로 목적지를 변경했다. 동남풍을 고려하여 다시금 북서쪽으로 160km 떨어진 엘리펀트 섬으로 달려간다는 것이었다. 그들은 도착할 때까지 바람을 지켜 달라고 신에게 기도했다.

바람은 내내 거세져 갔다. 그러다가 오전 늦게부터는 아예 돌풍으로 변해 보트들을 빠른 속도로 북서쪽으로 몰고 갔다.

정오가 되기 직전, 그들은 넓은 바다로 이어지는 부빙군의 긴 대열에서 벗어났다. 변화는 숨가쁘게 일어났다. 부빙군에 부딪혀 되돌아가는 물결이 망망대해를 향해 보트를 밀어 댔다. 그들의 진로는 물결의 방향과 정확히 일치했고, 그래서 그들은 폭이 400m나 되는 물 언덕을 잠깐 사이에 헤치고 나아갔다. 파도의 꼭대기에서 바람이 윙윙 날카로운 소리를 내며 하얗게 물보라를 일으켰다. 그들은 천천히, 그러나 가파르게 아래쪽의 계곡으로 떨어져 내렸다가 다시 다음 파도에 휘말렸다. 그러기를 몇 번, 곧이어 부빙군은 시야에서 사라졌다. 그리고 보트들도 거대한 물 언덕에 휘감겨 하나씩 사라졌다.

보트가 갑자기 무한공간으로 진입한 것 같았다. 그들은 황량하고 터무니없이 넓은, 그러나 자신들을 위한 거대한 대양을 마주하고 있었다. 섀클턴은 콜리지(Samuel Taylor Coleridge:영국의 낭만파 시인,

비평가)의 시 한 구절을 떠올렸다.

> 홀로, 홀로, 오직, 오직 홀로,
> 망망하고 망망한 바다에 홀로

그들은 가련한 광경을 연출하고 있었다. 한때는 당당했던 탐험대의 유물들을 싣고, 생존을 위한 마지막 노력을 기울이며 고통받고 있는 스물여덟 명의 대원들을 지탱하고 있는 세 척의 초라한 배. 하지만 이번에는 후퇴란 없을 것이며, 그들도 그것을 알고 있었다.

대원들은 마구 흔들리는 뱃전에 매달린 채 앞으로 나아갔다. 비록 훌륭하게 전진하고는 있었지만 그들의 전진은 처절한 몸부림이었다. 더커 호와 윌스 호는 계속해서 물을 뒤집어썼다. 대원들은 배 뒷전을 마주하고 앉아 바람을 정면으로 맞고 있었다. 그래도 옆에서 부서지는 물보라를 죄다 뒤집어써야 하는 뱃머리 쪽보다는 나은 위치였다.

오후가 되자 바람은 더욱 거세졌고, 섀클턴은 돛을 말아올리라고 지시했다. 그들은 땅거미가 질 때까지 이렇게 항해를 계속했다. 해가 지자 워슬리는 커드 호 곁으로 다가가 계속 항해해야 한다고 주장했지만 섀클턴은 이를 반대했다. 낮에도 보트들을 한데 모으기가 어려운데 밤에는 아예 불가능하다는 것이 그 이유였다.

안전하게 도착하는 최선의 방법은 함께 가는 것이라고 섀클턴은 굳게 믿었다. 그는 자꾸만 처지는 윌스 호를 주의해서 챙길 필요가 있음을 느끼고 있었다. 거친 바다에서의 안전도가 가장 떨어지는

데다가 그 배를 이끌고 있는 허드슨이 스트레스 때문에 정신적으로나 육체적으로 약해지고 있었던 것이다. 섀클턴은 윌스 호가 다른 배들을 놓치면 길을 잃어버릴 게 분명하다고 확신했다.

그는 날이 밝을 때까지 세 척의 보트를 세워 두기로 결정했다. 그리고 더커 호에게 닻을 준비하라고 지시했다. 커드 호가 더커 호의 배 뒷전에 단단히 묶였고 그 뒤로 윌스 호가 묶여졌다. 워슬리와 그린스트리트와 맥리오드는 곱은 손으로 세 개의 노를 한데 묶고 위로 텐트 천을 둘렀다. 그리고 그것을 긴 밧줄에 묶어 바다에 던졌다. 그들은 뱃머리를 바람이 부는 쪽으로 돌리며 그 닻이 물속에서 브레이크 역할을 해주기를 바랐다. 닻이 제자리를 잡자 세 척의 보트에 탄 대원들은 모든 작업을 멈추고 아침이 되기를 기다렸다.

그날 밤보다 더 악몽 같은 밤은 없었다. 어둠이 깊어지면서 바람이 거세졌으며 기온은 더욱 떨어졌다. 머리 위로 부서진 파도가 부딪치는 순간 얼어붙었다. 닻이 바람에 맞서 배들을 붙잡아 주기에는 아무래도 역부족인 것 같았다. 배들이 파도와 파도가 만나는 파곡에 갇히는 바람에 뱃전이 계속해서 파도에 부딪혔다. 보트나 대원들 모두가 흠뻑 물에 젖었고 젖는 동시에 얼어붙었다. 대부분의 대원들은 텐트 천 밑으로 몸을 피하려 했지만 텐트 천도 바람에 못 이겨 계속 찢겨져 나갔다.

커드 호에 탄 대원들은 빈 공간을 만들기 위해 뱃머리에 쌓아 둔 슬리핑백 더미에 바싹 달라붙은 다음 교대로 잠을 청했다. 그러나 더커 호에 탄 대원들은 공간이 없어 허리를 곧추세운 채로 앉아 있을 수밖에 없었다. 그들은 식량상자 사이에 발을 쑤셔박은 채 서로 몸을 붙이고 웅크려 앉았다.

갑판 위로 올라온 바닷물이 배 밑창으로 흘러내렸다. 대부분의 대원들이 펠트(짐승의 털로 짠 직물) 부츠를 신고 있었기 때문에 발이 차가운 얼음물에 흠뻑 젖어 있었다. 배 안에 괸 물을 퍼내려고 애썼지만 무지막지하게 쏟아져 들어오는 물은 가끔 발목까지 차기도 했다. 발이 얼지 않도록 하려면 부츠 속에서 쉴새없이 발가락을 움직여야 했다. 그들은 차라리 발가락의 통증이 계속되었으면 하고 바랐다. 아프지 않으면 발가락을 꼼지락거려야 한다는 사실조차 잊어버리기 때문이었다.

시간이 지날수록 죽음과도 같은 그들의 고통 또한 깊어져 갔다. 더커 호의 대원들은 그들이 가지고 있는 유일한 무기인 욕설로 고통에 맞섰다. 그들은 저주할 수 있는 모든 것을 저주했다. 바다, 배, 물보라, 추위, 바람 그리고 가끔씩은 서로를. 그들의 욕설에는 간절한 말투가 담겨 있었다. 마치 이 축축하고 추운 고난에서 해방되길 간절히 기도하는 것처럼. 그들은 유일하게 방수복을 가지고 있으면서 아무에게도 빌려주지 않는 오들리를 비난했다. 오들리는 교묘히 마츤을 몰아내고 배 안에서 가장 편안한 위치를 차지하더니만 이내 꿈쩍도 하지 않았다. 아무리 심한 욕설을 퍼부어도 아랑곳하지 않고 무시해 버렸다.

결국 마츤은 오들리와의 자리 다툼을 포기한 채 배 뒷전 쪽으로 기어가 키를 잡은 워슬리 곁에 나란히 앉았다. 한동안은 돛대를 묶은 밧줄을 뒤흔드는 바람소리만 들렸다. 분을 삭이기 위해 불현듯 마츤이 노래를 부르기 시작했다. 그는 한 곡을 부른 다음 잠시 기다렸다가 또 다른 노래를 불렀고, 나중에는 기어들어가는 쉰 목소리로 반복해서 노래를 불렀다. 그 노래의 후렴은 이렇게 시작되었다.

> 탠케딜로, 탠케딜로,
> 귀청을 찢는 한 쌍의 백파이프
> 푸른 버드나무 가지로 만들었다네.

밤새도록 대원들은 소변을 보고 싶은 생리적 욕구에 시달렸다. 추운 날씨가 그 원인이었는데, 두 의사는 대원들의 몸이 젖어 있는 상태라 피부가 수분을 흡수하여 더 자주 소변이 마려운 거라고 생각했다. 대원들은 밤 사이에 서너 번씩 텐트 천의 안락함을 박차고 일어나 배 뒤쪽으로 가야만 했다. 제대로 익지 않은 패미컨을 먹은 탓에 설사에 시달리는 사람도 있었다. 그럴 땐 황급히 뱃전으로 달려가 가리개를 붙들고 얼어붙은 보트 뱃전의 가장자리에 걸터앉아야만 했다. 그러고 나면 영락없이 얼음 같은 바닷물이 그들의 아랫도리를 적셨다.

가장 큰 어려움을 겪고 있는 배는 말할 것도 없이 윌스 호였다. 물이 배 안으로 넘쳐 들어와 어떤 때는 무릎까지 차올랐다. 갑판원인 윌리 하우는 물속에서 범고래가 튀어나와 자신들의 배를 전복시킬 거라는 두려움을 떨쳐버리지 못했다. 화부인 스티븐슨은 이따금 얼굴을 가리고 흐느꼈다. 나중을 위해 펠트 부츠를 아껴 두고 가죽 부츠를 신자고 고집했던 블랙보로는 몇 시간 뒤부터는 발에 아무런 감각도 느끼지 못했다. 72시간 동안 쉬지 않고 키에 붙어 있던 허드슨도 왼쪽 엉덩이의 통증이 심해져서 그 부위가 심하게 부어올랐다. 결국 그는 옆으로 비스듬히 쪼그리고 앉아야 했고, 배가 흔들릴 때마다 몹시 괴로워했다. 게다가 손에 심한 동상까지 걸려 고생을 하고 있었다.

윌스 호와 커드 호 사이의 줄이 팽팽해졌다가 느슨해지길 반복했다. 그럴 때마다 밧줄은 물속에 잠겼다가 다시 차가운 수면 위로 올라왔다. 시간이 지나면서 밧줄에는 얼음이 두껍게 쌓여 갔다. 윌스 호에 타고 있는 여덟 명의 목숨이 그 줄에 달려 있었다. 만약 줄이 끊어진다면 대원들은 얼음을 깨고 돛을 올리기도 전에 바닷물 속에 빠져 침몰하고 말 것이었다.

세 척의 배에 두껍게 얼음이 끼었다. 특히 윌스 호는 마치 통나무처럼 무거워져 있었다. 파도가 수시로 배 안으로 밀려들어와 뱃머리에 있는 슬리핑백 더미를 덮쳤고, 그러고 나면 그 위에는 고스란히 얼음 더께가 앉았다. 뱃머리가 물에 잠길 때마다 얼음이 얼어 쌓이면서 배의 무게를 가중시켰다. 그래서 30분 혹은 그보다 더 자주 뱃머리에 붙은 얼음을 깨야만 했다.

대원들은 하나같이 갈증에 시달렸다. 너무도 갑자기 예기치 않게 부빙군을 떠나오는 바람에 녹여서 마실 만한 얼음을 배에 싣지 못했던 것이다. 전날 아침부터 아무것도 마시지 못했던 대원들은 간절히 물을 마시고 싶어했다. 입은 바싹 말랐고, 반쯤 동상에 걸린 입술은 부풀어올라 터지기 시작했다. 개중에는 식사조차 넘길 수 없는 대원들도 있었다. 빈 속으로 인한 극심한 멀미가 밤새 그들을 괴롭혀 댔다.

4

 새벽 3시경 바람이 가라앉기 시작하더니 5시가 되자 산들바람으로 바뀌었다. 바다도 점차 평온해졌고 하늘은 맑았다. 마침내 수평선 너머로 해가 떠오르면서 이글대는 황금빛 햇살에 짙은 안개가 걷혀 갔다.
 그것은 단순한 일출이 아니었다. 대원들의 영혼 속에 다시금 생명이 차오르게 하는 희망의 햇살이었다. 그들은 어둡고도 잔인한 밤의 고통을 누그러뜨리며 점차 밝아 오는 빛을 바라보았다. 악몽 같은 밤이 마침내 지나간 것이다.
 해가 높이 떠오르자 왼쪽 뱃머리 너머로 클라랜스 섬의 봉우리들이 보였다. 그리고 다음 순간, 약속의 땅인 엘리펀트 섬이 눈앞에 나타났다. 50km도 채 되지 않는 거리였다. 그 기쁨의 순간에 섀클턴은 워슬리를 불러 항해사로서의 그의 노고를 치하했다. 몸이 꽁꽁 얼어붙은 워슬리는 쑥스럽기도 하고 자랑스럽기도 했다.

뭍에 닿는 시간은 아마도 저녁이 될 것이다. 단 한순간도 놓치지 않는다는 가정하에. 한시라도 빨리 움직이고 싶어 안달이 난 섀클턴은 배를 출발시키라고 명령했다. 하지만 일은 그렇게 간단치가 않았다. 날이 밝자 고통스러웠던 밤의 흔적이 고스란히 드러났다. 동상에 걸린 대원들의 얼굴은 하얀 반점으로 보기 흉하게 얼룩져 있었고, 바닷물에 종기가 터지면서 희뿌연 고름이 흘러 나왔다. 맥클로이는 윌스 호에서 섀클턴을 불러 블랙보로의 발이 혈액순환이 되지 않아 완전히 마비되었다고 보고했다.

섀클턴 자신도 몹시 초췌해져 있었다. 늘 우렁차고 분명했던 그의 목소리마저 피로에 지쳐 갈라져 나왔다. 더커 호와 윌스 호는 하나같이 안팎이 심하게 얼어붙어 있었다. 항해를 할 수 있도록 얼음을 떼어내려면 적어도 1시간은 걸릴 것 같았다.

닻을 끌어올릴 시간이 되자 치덤과 홀리스는 까딱할 수도 없을 만큼 곱은 손으로 꽁꽁 얼어붙은 밧줄의 매듭을 풀기 위해 안간힘을 썼다. 그러는 사이 배가 큼직한 파도에 떠밀려 솟구쳤다가 떨어져 내렸다. 미처 피하지 못한 홀리스의 치아 두 개가 닻에 맞아 부러졌고, 그의 눈에서 흘러내린 눈물이 수염에 떨어져 얼어붙었다. 결국 두 사람은 닻을 푸는 것을 포기하고 닻을 묶었던 밧줄을 끊어 버렸다. 밧줄 토막과 얼음 조각들이 배 위로 산산이 흩어졌다.

뱃전에 묶었던 노가 얼어붙었기 때문에 노를 떼어내려면 얼음을 깨는 수밖에 없었다. 하지만 대원들이 얼음을 깨려는 순간에 두 개의 노가 미끄러지면서 노걸이에서 빠져 물속으로 떨어졌다. 다행히 하나는 건졌지만 나머지 하나는 영영 잃어버리고 말았다.

7시, 마침내 모든 보트의 닻이 올려졌다. 건조식품과 비스킷이 주어졌지만 대원들은 너무도 목이 말라 그것들을 먹을 수가 없었다. 섀클턴은 물개고기를 날로 씹어 먹자고 제안했다. 고기에서 핏물을 빨아먹을 수 있기 때문이다. 꽁꽁 언 고깃덩이가 즉시 배급되었고, 고기를 씹어 입안에 핏물이 고이면 대원들은 그것을 삼켰다. 그들의 모습이 흡사 걸신들린 사람처럼 보였기 때문에, 비상식량을 아껴야 했던 섀클턴은 갈증이 아주 심할 때만 고기를 지급하라고 명령했다.

그들은 돛을 올리고 노를 젓기 시작했다. 현재 불고 있는 부드러운 서남풍을 타고 엘리펀트 섬의 서해안으로 가기 위해서였다.

더커 호에서는 맥클린과 그린스트리트가 부츠를 벗어 발의 동상을 확인했다. 그린스트리트의 증세는 맥클린보다 훨씬 더 심했다. 놀랍게도 오들리는 그린스트리트의 발을 마사지해 주었다. 그는 꽤 오랫동안 마사지를 해준 뒤에 셔츠의 앞자락을 풀어 그린스트리트의 언 발을 자신의 맨살에 갖다 댔다. 잠시 후, 눌렸던 혈관으로 피가 흘러 들어가면서 그린스트리트는 통증을 느끼기 시작했다.

엘리펀트 섬의 윤곽이 점점 뚜렷히 드러났다. 정오까지 그들은 전체 거리의 거의 절반을 전진했고, 1시 반이 되자 남은 거리는 약 25km로 줄어들었다. 거의 80시간 동안 잠을 자지 않고 추위와 싸우며 노를 저어 온 대원들은 완전히 탈진해 있었다. 하지만 해가 떨어지기 전에 육지에 닿아야 한다는 집념이 그들에게 힘을 불어넣었다. 극심한 피로와 견디기 힘든 갈증을 꾹꾹 참아 가면서 그들은 마지막 힘을 다해 노를 저었다.

오후 2시가 되자 눈에 덮인 엘리펀트 섬의 봉우리가 눈앞에 깎아지른 듯 솟아올랐다. 이제 15km도 채 남지 않은 것 같았다. 하지만 1시간이 지났는데도 섬은 더 가까워지지도 않고 더 멀어지지도 않은 채 여전히 그 자리에 있었다. 노를 계속 젓는데도 여전히 같은 자리를 맴돌고 있었던 것이다. 아무래도 바다를 향해 흐르는 해류에 붙잡힌 것 같았다. 바람도 북풍으로 바뀌어 맞바람을 안고 가는 셈이었다.

대원들을 뭍에 상륙시키는 일이 걱정스러워진 섀클턴은 보트들을 모아 한 줄로 나란히 묶었다. 더커 호가 맨 앞이었다. 그래야 속도가 더 난다고 생각했던 것이다. 4시쯤 바람은 서쪽으로 선회했고, 그들은 맞바람을 안고 가기 위해 서둘러 노를 잡고 돛을 올렸다. 그러나 윌스 호는 꼼짝도 하지 않았다. 하는 수 없이 커드 호가 윌스 호를 끌고 갔지만 해류를 거슬러 전진할 수는 없었다.

오후 5시, 바람이 잦아들었다. 그들은 다시 노를 잡고 있는 힘을 다해 저었다. 밤이 되기 전에 육지에 닿는다는 희망으로. 하지만 30분이 지나자 갑자기 북서풍이 불어오더니 15분 후에는 시속 80km의 속도로 매섭게 몰아닥쳤다. 워슬리는 무슨 결심을 했는지 갑자기 더커 호를 커드 호 곁으로 갖다 댔다. 바람소리에 고함을 질러 대며 그는 섀클턴에게 보트들이 각자 따로 엘리펀트 섬의 동남쪽 해안에 상륙하는 것이 좋겠다고 말했다.

섀클턴은 일단 분리하는 것에는 동의했다. 워슬리의 더커 호에게 독자적으로 전진해도 좋다는 허락을 내린 것이다. 그러나 윌스 호는 여전히 커드 호의 배 뒷전에 묶여 있었다. 섀클턴은 워슬리에게 절대 멀리 떨어지지 말고 가까운 곳에서 재량껏 모든 일을 처리하라고 지시했다.

더커 호를 묶었던 밧줄을 풀었을 때는 이미 날이 어두워져 있었다. 섬은 가까이 있었지만 얼마나 가까운 거리인지는 알 수 없었다. 대략 15km 안팎으로 여겨지긴 했지만. 하늘은 섬의 빙하에 반사된 달빛으로 인해 어슴푸레했다.

보트가 바다를 건너가는 동안 그들이 할 수 있는 일이란 키를 잘 잡는 것뿐이었다. 때로 바람이 강해지면 배가 전복되는 것을 막기 위해 돛을 지탱하고 있는 밧줄을 느슨하게 풀어 주어야 했다. 커드 호에 탄 대원들은 물보라를 피하기 위해 가급적 낮게 몸을 웅크렸지만 더커 호와 특히 윌스 호에서는 그것조차 불가능했다.

뭐니뭐니해도 가장 힘든 사람은 키를 잡고 있는 대원들이었다. 8시쯤, 24시간 쉬지 않고 커드 호의 키를 잡고 있던 와일드에게 무리가 오기 시작했다. 섀클턴은 맥니쉬에게 대신 키를 잡으라고 했지만 그 역시도 기진맥진해 있었다. 키를 잡은 지 30분 후, 살을 에는 바람이 옷을 찢고 물보라가 얼굴로 쏟아져 내리는데도 맥니쉬는 고개를 끄덕이며 잠에 빠진 채 깨어나질 않았다. 그 순간 커드 호의 배 뒷전이 심하게 흔들리면서 거대한 파도에 휩싸였다. 놀란 맥니쉬가 벌떡 깨어났고 섀클턴은 와일드에게 다시 키를 잡으라고 지시했다.

그들의 목표는 섬의 동남쪽 해안에 닿는 것이었다. 일단 그 근처에만 가면 육지의 보호를 받게 될 것이다. 그리고 보트를 끌어올릴 해변을 찾을 수 있을 것이다. 9시 30분, 하늘의 반사광이 아주 가깝게 느껴졌다. 그들은 섬이 바로 코앞에 있음을 깨달았다. 하지만 바로 그때 그들은 원인도 모르는 채 뒤로 밀려나기 시작했다. 빠른 속도로 물살을 가르며 전진하고 있었음에도 불구하고 섬은 그들의 손아귀에서 차츰 멀어지고 있었다. 속도를 더 내보는 수밖에 별 도리가 없었다.

자정 무렵, 왼쪽으로 고개를 돌린 섀클턴은 더커 호가 사라졌음을 깨달았다. 그는 벌떡 일어나 폭풍이 몰아치는 바다를 정신없이 두리번거렸지만 더커 호는 흔적도 보이지 않았다. 그는 나침반 상자에 촛불을 켜라고 명령했다. 그런 다음 상자를 돛대 위로 올려 커드 호의 돛에 불을 비추도록 했다. 하지만 이에 응답해 오는 불빛은 보이지 않았다.

섀클턴은 성냥 한 상자를 가져오라고 소리쳤다. 그는 허시에게 2~3분에 한 개씩 성냥에 불을 붙여 돛대를 비추라고 지시했다. 허시는 계속해서 성냥을 그어 댔고 섀클턴은 어둠 속을 살폈다. 여전히 더커 호에서는 아무 응답이 없었다.

하지만 더커 호는 응답을 보내려고 시도하고 있었다. 약 800m쯤 떨어져 있던 더커 호의 대원들이 어둠 속에서 커드 호가 보내는 신호를 보았던 것이다. 워슬리의 지시에 따라 그들은 텐트 천 밑에서 하나뿐인 촛불을 켰다. 섀클턴의 신호에 대한 응답으로 촛불을 붙잡고 불빛이 돛 사이로 새어 나가기를 기대했지만 안타깝게도 그 신호는 상대방에게 전달되지 않았다.

커드 호에게 신호를 보내는 일에 온 신경을 집중하고 있는 사이, 더커 호가 갑자기 거센 조류에 휘말려 한쪽으로 심하게 기울었다. 워슬리는 보트의 중심을 잡을 수가 없었다. 대원들은 서둘러 돛을 줄이고 중심 돛을 떼냈지만 심하게 흔들리는 보트는 마치 금방이라도 부서질 것만 같았다. 그들은 노를 저어 배의 균형을 잡아 보려고 안간힘을 썼다. 그때였다. 어디선가 거센 파도가 몰려와 배에 세차게 부딪쳤다. 쩍 하며 배의 밑창에 금이 갔고 그 틈새로 바닷물이 소리 없이 새어 들어왔다.

워슬리가 오들리에게 노를 잡으라고 명령했다. 하지만 오들리는 자기는 이렇게 위험한 순간에 노를 젓기엔 적합하지 않다고 주장하면서 제외시켜 달라고 애원했다. 노를 잡으면 몸이 물에 흠뻑 젖는다는 것도 거절한 이유 중 하나였다.

두 사람은 어둠 속에서 서로를 향해 고함을 질러 댔다. 사방에서 오들리를 비난하는 소리가 터져 나왔다. 하지만 아무 소용이 없었다. 결국 워슬리는 인상을 쓰며 그에게 배 앞쪽으로 가라는 신호를 보냈지만 오들리는 바닥에 웅크리고 앉아 꿈쩍도 하지 않았다. 제 몸무게로 인해 배가 균형을 잡지 못하는데도.

그린스트리트와 맥클린, 커어 그리고 마츤이 노를 잡았다. 하지만 그들의 체력은 이내 한계에 도달하고 말았다. 워슬리는 위험을 감수하고 다시 돛을 올려 보기로 결심했다. 바람의 방향에 더커 호를 맡긴 채 파도를 타고 갈 생각이었다. 그는 28년이라는 항해 경험을 총동원하여 배의 위치를 잡았지만 배는 거의 통제 불능이었다. 게다가 점점 늘어나는 물로 인해 배가 무거워지면서 속도가 점점 더 떨어졌다.

바닥에 웅크리고 있던 오들리가 갑자기 일어섰다. 보트가 가라앉고 있다는 것을 깨달은 모양이었다. 그는 냄비 하나를 집어들고 물을 퍼내기 시작했다. 치덤이 합세했다. 두 사람은 미친 듯이 물을 퍼내 바다로 쏟아부었다. 잠시 후, 더커 호는 다시 물 위로 떠올랐다.

현재 시각은 3시였다. 워슬리는 체력이 떨어지기 시작했다. 너무 오랫동안 바람을 정면으로 맞은 탓에 시력에 이상이 생겨 거리를 파악하는 것조차 불가능한 상황이었다. 최선을 다했지만 더 이상은 깨어 있을 수가 없었다. 배에서 꼬박 닷새 반을 지낸 것이다. 게다가 그 시간 동안 거의 모두가 오직 워슬리 한 사람만을 의지해 왔다. 과거에는 신경질적이고 거친데다 무책임하다는 소리까지 들었던 그였다. 하지만 이젠 모든 것이 달라져 있었다. 요 며칠 동안 그는 항해사로서, 또 작은 보트를 조종하는 기술자로서 탁월한 능력을 보여 주었다. 대원들 중에는 그와 견줄 만한 사람이 아무도 없었고, 그는 그로 인해 탐험대 내부에서 새로운 지위를 굳히게 되었다.

키 앞에 앉은 그의 고개가 마침내 떨궈지기 시작했다. 이를 발견한 맥클린이 대신 키를 잡겠다고 나섰다. 워슬리는 그러마고는 했지만 막상 자리에서 일어나 앞으로 가려니 도저히 몸이 펴지질 않았다. 거의 6일 동안 똑같은 자세로 앉아 있었기 때문이었다. 맥리오드와 마츤이 앞으로 달려나와 그를 붙잡고 식량상자가 있는 곳까지 질질 끌고 갔다. 그런 다음 그를 바닥에 눕히고 근육이 풀어질 때까지 넙적다리와 배를 주물러 주었다. 워슬리는 동료들에게 몸을 맡긴 채 곧바로 죽은 듯이 잠에 빠져 들었다.

그린스트리트 역시 기진맥진한 상태에서 잠깐의 휴식을 취한 다음 다시 일어나 맥클린에게서 키를 넘겨받았다. 두 사람 모두 현재의 위치가 어디인지 전혀 파악할 수가 없었다. 하지만 그들은 한결같이 똑같은 공포의 대상을 가지고 있었다. 바다였다.

엘리펀트 섬과 클래런스 섬 사이에는 22.5km 폭의 협곡이 있었다. 그리고 그 너머에 드레이크 해협이 있었다. 보트들이 마지막으로 위치를 확인한 것은 땅거미가 질 때였고, 엘리펀트 섬을 16km 남겨 놓았을 때였다. 그런데 그때부터 바람은 남서쪽에서 불어왔다. 운명적인 그 협곡을 향해. 만약 그들이 바람을 타고 움직였다면 섬 쪽으로 접근할 기회는 없었을 것이다. 그린스트리트와 맥클린은 더커 호가 이미 바다 쪽으로 밀려난 것 같다는 느낌을 받았다.

더커 호의 나침반은 얼마 전에 박살이 났다. 그래서 방향을 잡는 유일한 수단은 워슬리의 은으로 된 소형 나침반이었다. 머리 위로 텐트를 친 다음 맥클린은 그린스트리트가 나침반을 읽는 동안 성냥불을 켰다. 하지만 텐트 아래에서조차 성냥불은 켜는 즉시 바람에 꺼져 버렸다. 맥클린은 성냥을 오래 쓰기 위해 나이프를 꺼내 성냥 머리를 반으로 쪼갰다. 텐트 아래 머리를 조아린 채 눈금을 읽을 때마다 그들은 더커 호가 바다로 밀려가지 않고 남서쪽으로 진로를 유지해 주길 간절히 바랐다.

그들은 극도의 피로로 쓰러지기 일보 직전이었다. 바람이 다시 거세게 일어났고, 동쪽 하늘에 으스름한 빛이 떠오르며 아주 천천히 밝아지기 시작했다. 주위가 환해지려면 얼마나 더 있어야 하는 걸까. 서로 말은 하지 않았지만 너무도 길고 긴 시간이었다. 운명을 밝혀 줄 해가 뜨기를 기다리는 동안, 그들은 그토록 자기들을 괴롭히던 극심한 갈증조차 완전히 잊어버린 듯했다. 대원들은 망망대해를 보게 되거나 아니면 섬에서 아주 멀리 밀려났을 때의 충격에 대비해 각자 은밀하게 마음의 준비를 했다.

바다 표면이 서서히 눈에 들어오기 시작했다. 그리고 거기, 바로 눈앞의 뿌연 안개 속에, 엘리펀트 섬의 거대한 회갈색 벼랑이 해면에서 깎아지른 듯 우뚝 서 있었다. 1km도 채 안 되는, 겨우 몇백 m 떨어진 거리였다. 그 순간에 무슨 엄청난 기쁨 따위는 없었다. 단지 놀라움이 있을 뿐이었고 그것은 곧 이루 말할 수 없는 안도감으로 변했다.

바로 그때 느닷없이 벼랑에서 불어닥친 돌풍이 바다를 향해 몰려와 해면에 부딪쳤다. 적어도 시속 150km는 족히 될 것 같았다. 잠시 후, 배 높이만 한 물기둥이 더커 호를 향해 짓쳐들어왔다.

그린스트리트는 돛을 내리라고 소리쳤다. 서둘러 노를 잡은 대원들은 절벽에서 몰아닥친 돌풍에 맞서 필사적으로 노를 저었다. 더커 호의 뱃머리가 어느 정도 방향은 잡았지만 이 순간엔 원래의 능력을 뛰어넘는 초인적인 힘이 필요했다. 눈앞에서는 거의 2m 높이는 됨직한 파도가 그들을 향해 밀려오고 있었다.

누군가 워슬리를 깨우라고 소리쳤다. 맥리오드가 워슬리를 마구 흔들었다. 하지만 워슬리는 젖은 식량상자 더미에 시체처럼 웅크린 채 움직이지 않았다. 아무리 흔들어도 워슬리가 일어나지 않자 절박해진 맥리오드는 그에게 발길질을 퍼부었다. 부시시 그가 눈을 떴다. 그리고 순간적으로 상황을 깨달았다.

"맙소사!"

그가 벌떡 일어나며 소리쳤다.

"빨리 빠져 나가자! 돛을 올려!"

그린스트리트가 키를 잡았다. 대원들은 돛을 올리려고 안간힘을 썼다. 배가 바람을 타는 순간 첫 번째 파도가 배에 부딪치면서 배 뒷전이 심하게 기우뚱거렸다. 그린스트리트가 그 자리에 털썩 주저앉았고 잠시 후 두 번째 파도가 배를 휘감았다. 이미 절반쯤 물이 찬 더커 호는 갑작스런 무게에 도무지 방향을 잡지 못했다.

아무 생각도 떠오르지 않았다. 물을 퍼내야 한다는 생각뿐이었다. 그들은 머그 잔, 모자, 심지어는 손으로 물을 퍼내 배 양옆으로 쏟아부었다. 배가 차츰 가벼워졌다. 키를 잡은 워슬리는 배 뒷전에서 배를 쫓아오고 있는 파도를 이용해 북쪽으로 진로를 틀었다. 그리고 섬을 에워싼 웅장한 빙하의 바로 아래쪽 해안으로 배를 몰아갔다. 얼음 조각들이 파도 사이를 둥둥 떠다녔다.

대원들은 보트가 그 곁을 지나갈 때 배의 양옆으로 상체를 기울여 얼음을 손으로 퍼올렸다. 그러곤 게걸스럽게 그 얼음을 우두둑 우두둑 깨물어먹었다. 꿀맛과도 같은 물이 메마른 목을 타고 흘러내려갔다.

5

 밤새도록 섀클턴은 배 위에서 더커 호를 찾았다. 시간이 지나면서 그의 불안은 점점 더 커져 갔다. 그는 워슬리의 항해 솜씨를 믿었지만 이런 밤에는 기술 이상의 무언가가 필요한 것이다.
 그러나 커드 호에도 할 일이 산적해 있었다. 키를 잡고 있던 와일드는 남서풍이 점차 거세지자 섬과 멀어지지 않으려고 바람이 불어오는 쪽으로 진로를 잡았다. 바람에 물보라가 일어나면서 바닥에 웅크리고 있는 대원들 위로 거세게 휘몰아쳤다. 허시는 메인마스트의 밧줄을 잡고 있으려 했지만 강한 바람 때문에 자꾸만 밧줄을 놓치고 말았다. 결국 빈센트가 그 일을 대신 맡았다.
 커드 호의 배 뒷전에 묶여 끌려가는 윌스 호의 선상에서는 그야말로 최악의 상황이 펼쳐지고 있었다. 허드슨의 옆구리 통증이 점점 심해져 참을 수 없는 지경에 이르른 탓에 더 이상 키를 잡을 수가 없었다. 톰 크린이 그를 대신했고 이따금 빌리 베이크웰이 교대했다. 깡마른 리킨슨은 쓰러지기 일보 직전의 모습으로 한쪽에 멀찌감치 앉아 있었다. 하우와 스티븐슨은 물을 퍼내지 않을 때면 서로 끌어안은 채 몸의 온기를 유지했다.

윌스 호의 뱃머리가 갑자기 바닷속으로 고꾸라지면서 물이 대원들의 무릎까지 차올랐다. 아이러니컬하게도 대원들은 더 편안하다고 느꼈다. 물이 공기보다 따뜻했던 것이다. 블랙보로는 이미 오래 전에 발이 썩기 시작하여 지금은 최악의 상태였다. 조만간 발이 완전히 썩어서 쓰지 못하게 되리라는 것을 알고 있었지만 그래도 그는 한마디 불평도 하지 않았다. 밤이 되자 섀클턴은 용기를 주고 싶은 마음에 그를 불렀다.

"블랙보로!"

섀클턴이 어둠 속에서 소리쳤다.

"네, 대장님."

블랙보로가 대답했다.

"내일은 엘리펀트 섬에 도착한다."

섀클턴이 큰 소리로 외쳤다.

"거긴 사람의 발이 한 번도 닿지 않은 곳이라구. 네가 최초로 상륙하게 될 거야."

블랙보로는 아무 대답도 하지 않았다.

섀클턴은 와일드와 나란히 커드 호의 뒷전에 앉아 윌스 호를 묶은 밧줄을 잡고 있었다. 섀클턴은 윌스 호의 리더인 허드슨에게 만약 윌스 호가 떠내려가기 시작하면 바람을 타고 아마도 클래런스 섬에 닿을 거라고 설명하며, 거기서 구조선이 도착할 때까지 기다리라고 지시해 두었다. 하지만 그 지시는 형식적인 말에 불과했다. 밧줄이 끊어지면 다시는 윌스 호를 볼 수 없으리라는 것을 섀클턴은 누구보다도 잘 알고 있었던 것이다. 지금 그는 윌스 호가 파도를 만날 때마다 위로 가랑잎처럼 솟구쳐 오르는 것을 느낄 수 있었다. 윌스 호는 밧줄이 느슨해질 때면 어둠 속으로 사라졌다가 잠시 후 하얗게 부서지는 파도 속에서 다시 나타나곤 했다.

마침내 새벽의 여명이 밝아 왔을 때, 변덕스런 운명에 시달린 윌스 호는 여전히 커드 호의 뒷전에 매달려 있었다. 그리고 육지도 거기 있었다. 뱃머리 너머로 어렴풋한 모습을 드러낸 채. 섀클턴은 즉시 바람을 가로질러 서쪽으로 노를 저으라고 명령했다. 그들은 섬의 동북 끝단을 지나쳐 마침내 섬그늘 속으로 들어갔고, 나란히 서 있는 빙산과 깎아지른 듯한 벼랑을 따라 서쪽으로 계속 전진했다. 해면을 향해 수직으로 깎아지른 바위와 양옆으로 파도가 부딪쳐대는 화산층 사이를 갈매기들이 날아다니며 울부짖었다. 하지만 상륙할 장소는 눈에 띄지 않았다. 작은 골짜기나 해변조차 없었다.

대신 얼음이 있었다. 물속으로 굴러떨어진 얼음 조각들이 수면 위를 떠다녔다. 대원들은 작은 덩어리를 건져 입속에 집어넣었다.

거의 1시간 동안이나 그들은 발 디딜 만한 해안선을 찾았다. 그러던 중 누군가 바위 더미에 반쯤 가려진 자갈투성이의 좁은 해변을 발견했다. 섀클턴이 자리에서 일어나 그곳을 관찰했지만 아무래도 상륙하기엔 불안해 보였다. 그는 잠시 망설인 끝에 일단 해변으로 배를 대라고 지시했다.

바로 그 순간, 더커 호는 상륙할 장소를 찾아 해안을 따라 서쪽으로 돌아가고 있었다. 워슬리는 해가 뜬 이후로 대략 20km쯤 왔으리라 짐작했지만 단 한 곳도 배를 댈 만한 곳이 눈에 띄지 않았다. 게다가 나머지 두 보트의 흔적도 찾아볼 수가 없었다. 벌써 9시 30분이 돼가고 있었다. 더커 호에 탄 대원들은 지난밤에 오직 자신들만이 살아남았다고 확신했다.

"가엾은 녀석들."

그린스트리트가 맥클린에게 소곤거렸다.

"다 죽은 거야."

그러면서 좁다란 모래톱을 돌아서는 순간, 바로 눈앞에서 커드 호와 윌스 호가 파도에 깐닥깐닥 흔들리고 있는 것이 아닌가. 적당한 상륙 장소를 찾지 못한 것이 오히려 그들이 다시 만나는 계기가 된 것이었다. 섬 주변을 빙빙 돌며 20여 km를 지나오는 동안 한 군데라도 안식처가 있었다면 그들은 서로 상대방이 난파됐으리라 여겼을 것이고, 아마도 영원히 만나지 못했을 것이다.

더커 호에 탄 대원들은 동료들에게 환호성을 질렀으나 파도에 묻혀 들리지 않았다. 잠시 후 커드 호가 더커 호의 돛을 보았고, 곧이어 섀클턴이 멀리서 다가오고 있는 더커 호를 알아보았다. 잠시 후 윌스 호가 해안 가까이 다가왔다. 얕은 암초 하나가 물길 위에 불쑥 솟아 있었고, 세찬 파도가 그 암초를 휘감았다. 섀클턴은 그들이 다가오기를 기다렸다가 노를 저으라고 명령했다. 윌스 호는 무사히 암초를 넘었다. 그리고 잇따른 파도에 밀려 해안으로 밀려갔다.

어젯밤의 약속을 상기하며 섀클턴은 블랙보로에게 해안으로 뛰어내리라고 재촉했지만 그는 움직이지 못했다. 마치 섀클턴이 하는 말을 알아듣지 못하는 것 같았다. 초조해진 섀클턴은 그를 부축하여 일으켜 세웠다. 블랙보로는 손과 무릎을 축 늘어뜨린 채 그를 둘러싼 하얀 파도 위에 주저앉았다.

"일어서라."

섀클턴이 명령했다.

블랙보로가 그를 올려다보았다.

"일어설 수가 없습니다, 대장님."

그가 대답했다.

섀클턴은 문득 그의 발이 생각났다. 상륙했다는 흥분으로 인해 잠시 잊고 있었던 것이다. 민망하기 짝이 없었다. 하우와 베이크웰이 물속으로 뛰어내려 블랙보로를 해변으로 끌고 올라갔다.

비상식량이 내려졌다. 대원들이 윌스 호를 더커 호가 있는 곳으로 끌고 갔다. 하역을 마친 커드 호 역시 무사히 암초를 통과했.

보트들을 모두 안전하게 끌어당기는 것을 보고 있던 리킨슨이 갑자기 하얗게 질리며 쓰러졌다. 심장병이었다. 발에 동상이 걸린 그린스트리트가 간신히 그를 부축하여 해변으로 끌어올린 다음 블랙보로 곁에 눕혔다. 그러자 이번엔 허드슨이 파도에 밀려 해변에 쓰러졌다. 스티븐슨은 무표정하게 물이 닿지 않는 해안으로 올라왔다.

그들은 모두 육지에 도착했다.

그것은 단지 30m 폭에 15m 길이의 좁은 땅에 불과했다. 남극 바다의 맹위에 노출된 황량한 해안에서 겨우 발을 디딜 만한 보잘것없는 땅. 하지만 상관없었다. 그들은 어쨌든 육지에 올라와 있었다. 497일 만에 처음으로 그들은 육지를 밟은 것이다. 단단하고 가라앉지 않으며 움직이지도 않는 축복의 땅을.

5 ─── 출름, 가로지르다

"행운을 빕니다, 대장님." 섬에 남은 대원들이 큰 소리로 외쳤다. 섀클턴은 고개를 돌려 짧게 손을 흔들었다. 해변의 대원들은 만세를 세 번 불렀다. 부서지는 파도를 가로질러 커드 호에서도 작은 함성소리가 세 번 들려왔다.

1

　대원들은 반질반질한 돌멩이 사이로 발을 질질 끌며 이리저리 비틀거리다가 허리를 굽혀 한 손 가득 돌멩이를 집어들었다. 땅의 장엄한 견고함을 느끼기 위해 땅바닥에 일자로 눕는 대원들도 있었다. 몇몇 대원들은 몸을 덜덜 떨면서 영문도 모를 소리를 중얼거리며 그냥 가만히 앉아 있었다.
　바로 그때 해가 나왔다. 햇빛에 비친 그들의 얼굴은 피로와 동상으로 인해, 그리고 끊임없이 바닷물에 젖어 있던 탓에 시체처럼 창백했다. 두 눈이 움푹 파여 마치 얼굴에 커다란 구멍이 뚫린 것 같았다.
　그린은 가급적 빨리 우유를 준비해 각 대원의 잔에 따라 주었다. 펄펄 끓는 우유를 들이켜자 그 열기가 온몸으로 퍼져 나가면서 마치 얼었던 피가 다시 흐르기 시작하는 것처럼 신경이 들먹들먹 되살아났다.

그들이 서 있는 곳에서 15m쯤 떨어진 곳에 벼랑들이 있었다. 그것들은 하늘로 약 250m 높이까지 솟아 있었고, 그 위로 약간 편평해졌다가 다시 700~800m 높이로 하늘까지 이어져 있었다. 하지만 벼랑의 벽면에 드문드문 파인 자갈층은 생명체들로 가득했다. 남극의 어법으로 말하자면 '비만의 땅'이라고 제임스는 기록했다.

멀리 해변 아래 물가에서 열 마리의 물개가 햇볕을 쬐고 있었다. 바위에 올라 앉은 펭귄 무리도 보였다. 이따금씩 물 위로 아장아장 걸어 나와 바다에서 온 낯선 이방인들을 탐색하는 펭귄들도 있었다. 그리고 새들도 있었다. 바다갈매기, 가마우지 그리고 바다비둘기 등등.

섀클턴은 대원들의 가운데에 섰다. 모자를 벗은 그의 이마 위로 오랫동안 깎지 못한 긴 머리카락이 흘러내렸다. 그의 어깨는 근심으로 인해 약간 굽어 있었고, 그의 목소리는 쉴새없이 고함을 지른 탓에 잔뜩 쉬어서 간신히 소곤거릴 수 있을 정도였다. 그럼에도 그는 마침내 육지에 닿아 다시 대원들에게 둘러싸여 있다는 성취감과 만족감으로 가슴이 마냥 뿌듯했다.

대원들은 우유를 마시는 동안 거의 말이 없었다. 각자 생각에 취해 있는 것 같았다. 대부분의 대원들은 극도로 불안정한 상태였다. 계속해서 피로가 쌓인 데다가 너무도 오랫동안 흔들리는 배 안에서 파도와 맞서 싸우느라 몸의 균형이 일시적으로 깨진 탓이었다. 우유를 다 마신 대원들은 물개를 잡으러 갔다. 그들은 네 마리의 물개를 잡아와 기름을 발라냈다. 그린이 물개 스테이크를 냄비 가득 튀기는 동안 나머지 대원들은 텐트를 치고 물기가 빠진 식량을 쌓아 놓았다.

식사가 준비되자 그들은 미친 듯이 먹기 시작했다. 식사가 끝나기 무섭게 그린은 다시 불을 지폈다. 두 번째 식사가 준비되었고 그들은 하던 일을 모두 중단한 채 다시 먹기 시작했다. 마음껏 배불리 먹고 나자 오후 3시가 되었다.

이제는 잠잘 시간이었다. 그들은 젖은 슬리핑백을 퍼서 짤 수 있을 때까지 물을 짜냈다. 그래 봐야 처음과 별로 다를 건 없었지만. 제임스는 이렇게 적었다.

"잠자리에 들어 잠을 잤다. 마치 한 번도 잠을 자본 적이 없는 사람들처럼 완전히 곯아떨어진 것이다. 슬리핑백이 물에 젖었거나 말거나, 혹은 펭귄이 울어 대거나 말거나."

그건 대원들 모두가 마찬가지였다.

"잠에서 깨어나 파도소리와 함께 펭귄의 재잘거리는 소리를 듣는 것이 얼마나 달콤한지. 잠에 곯아떨어지고 또다시 깨어나 이것이 현실임을 확인하는 것이 얼마나 달콤한지. 우리는 정말로 육지에 닿은 것이다!"

헐리가 적었다.

그 황홀한 밤에 대부분의 대원들은 1시간의 보초를 서기 위해

한 번씩 일어났다. 이런 밤에는 보초를 서는 일조차 즐거웠다. 밤은 고요했고 하늘은 맑았다. 파도에 씻겨 반짝이는 자갈이 깔린 해변을 달빛이 비추었다. 더할 수 없이 그윽한 풍경이었다. 보초를 서는 동안 위슬리는 이렇게 적었다.

> "배불리 먹고, 기름불을 켜놓고, 식사를 하고, 옷을 말리고, 식사를 하고, 그리고 잠자리에 들기 전에 또 먹는다."

섀클턴은 다음 날 아침 9시 30분까지 자도 좋다고 허락했다. 하지만 아침이 되자 좋지 않은 소문이 나돌기 시작했다. 식사를 마친 뒤에 섀클턴은 그 소문이 사실임을 확인해 주었다. 그들은 떠나야 했던 것이다.

사기를 꺾는 일이 아닐 수 없었다. 굶주린 바다의 횡포에서 벗어난 것이 겨우 24시간 전인데 또다시 그곳으로 돌아가야 하다니… 하지만 그럴 수밖에 없었다. 지금은 자기들을 육지로 데려다준 행운에만 정신을 팔고 있을 상황이 아니었기 때문이다. 해변 끝에 있는 벼랑은 높은 조수와 폭풍으로 인해 망가진 흔적들이 역력했는데 그건 이따금 벼랑 전체가 완전히 물에 잠긴다는 걸 의미했다. 그곳은 날씨가 좋고 조수가 완만할 때만 안전한 장소였던 것이다.

섀클턴은 와일드에게 다섯 명의 대원을 윌스 호에 태우고 서쪽으로 가서 더 안전한 캠프장이 있는지 찾아보라고 지시했다. 11시, 와일드의 돛이 올려졌다. 나머지 대원들은 한가한 낮 시간을 보냈다. 텐트를 걷어 물 쪽으로 더 깊숙이 옮겼고, 비상식량도 갑작스런 폭우에 대비해 더 높이 쌓아 올렸다.

 그들 모두는 여전히 발을 절름거렸다. 보트에서 쭈그린 자세로 엿새를 보낸 탓이었다. 그들은 그토록 오랫동안 자기들을 지배했던 끔찍한 긴장감을 처음으로 실감했다. 그것은 묘하게도 오랫동안 잊고 있었던 감정이 되살아나면서부터 더욱 생생해졌다. 인듀어런스 호를 떠난 이후 한 번도 누리지 못했던 그 감정은 다름 아닌 마음의 안정이었다. 적어도 예전에 비해서는 두려워할 일이 없다는 느낌. 물론 아직도 위험은 도사리고 있었지만 그토록 오랫동안 그들을 따라다녔던 재앙의 위협과는 비교할 수가 없었다. 그들은 지금까지 단 한순간도 늦출 수 없었던 기나긴 긴장에서 다소나마 벗어난 것이었다.

 예를 들어, 새를 단지 새로 바라보는 것은 큰 즐거움이었다. 이제는 새를 보면서 부빙군이 곧 열릴 것이라거나 폭우가 내릴 것이라는 따위의 추측을 할 필요가 없는 것이다. 섬의 풍경 또한 매우 훌륭했다. 해안선을 따라 늘어선 벼랑들은 마치 바다를 둘러싼 거대한 병풍 같았다. 빙하의 양 옆구리는 끊임없이 파도에 씻겨 반질반질했고, 크고 작은 얼음 덩어리들이 빙하에서 떨어져 나와 끊임없이 물속으로 떨어져 내렸다.

 이 부근의 날씨가 험악해진 것은 어쩌면 섬이 너무 험상궂게 생긴 까닭인지도 몰랐다. 이곳에서는 난폭한 회오리 돌풍이 주기적으로 높은 곳에서 급강하하여 해안에서 파도를 일으키며 폭발했다. 허시는 그 바람이 남극점 주변의 해안지역에서 갑작스레 돌발하는 '윌리와우(산에서 해안으로 불어 내리는 폭풍우)'라고 생각했다. 전날 아침에 더커 호가 만났던 바람도 그것의 일종인 듯했다.

대원들은 하루 종일 와일드 일행이 돌아오길 기다렸지만 밤이 되어도 그들에게선 아무 소식이 없었다. 저녁 식사를 마친 대원들은 기름 스토브의 불을 켜고 바다 쪽으로 연소실 문을 활짝 열어 자신들의 위치를 알리는 신호를 보내며 잠자리에 들었다. 대원들이 막 잠이 들었을 때 보초를 서던 대원이 바다 쪽에서 들려오는 고함소리를 들었다. 파도를 헤치며 보트를 몰고 오는 와일드였다.

와일드와 함께 간 다섯 대원들은 이곳이 정말로 불모의 땅임을 알려 왔다. 9시간에 걸친 탐색 끝에 그들은 캠프하기에 적당한 장소를 한 군데 찾아냈는데, 그곳은 길이가 140m에 폭이 30m쯤 되는 비교적 안전한 해변으로 서쪽 해안을 따라 약 11km 거리에 있었다. 근처에는 펭귄이 서식하는 제법 큰 숲이 있다고 와일드는 전했다. 함께 간 대원들은 한 무리의 물개와 몇 마리의 바다코끼리도 보았다고 했다. 근처에 빙하가 있어 식수 확보에도 문제가 없다는 것이었다. 섀클턴은 흡족해하며 새벽에 캠프를 떠난다고 발표했다.

대원들은 새벽 5시에 일어나 스토브 불빛 아래에서 아침 식사를 했다. 동이 트자 주위가 환하게 밝아졌고, 모든 물품들이 다시 보트로 옮겨졌다. 휴대용 식량 10상자와 약간의 파라핀은 배의 무게를 줄이기 위해 높은 바위 틈새에 남겨 두었다. 만약 나중에 그것들이 필요해지면 다시 와서 가져갈 생각이었다. 조수가 아주 천천히 밀려들어왔기 때문에 11시가 되어서야 겨우 암초를 빠져 나갈 만큼 충분하게 물이 찼다. 블랙보로와 허드슨이 각각 커드 호와 더커 호로 옮겨 탄 덕분에 윌스 호의 무게가 많이 가벼워졌다.

처음 3km까지는 비교적 순항이었다. 그런데 갑자기 바람이 거세지기 시작했다. 바람이 귓전에서 윙윙거렸고, 얼마 전까지만 해도 잔잔했던 파도가 거품을 일으키며 치솟았다. 벼랑에서 불어닥친 돌풍을 만난 것이다. 바람은 겨우 3~4분 동안 불어 대다가 갑자기 흔적도 없이 사라졌다. 날씨의 급변을 예고하는 현상이었다.

25분도 못 되어 바람이 서에서 서남으로 움직였다. 산들바람이 강풍으로, 그랬다가 또다시 폭풍으로 바뀌었다. 육지의 그늘 아래 있던 보트들은 옆에 서 있는 600m 높이의 벼랑 밑에서 돌풍을 피해야만 했다. 하지만 벼랑은 발치에서 바람을 빨아들여 꼭대기로 올려 보내며 보트의 위아래에서 거칠게 울부짖었다.

육지에 가까스로 붙어선 보트들은 바다로 떠밀려 가지 않고 버틸 수 있었다. 배의 왼쪽에는 절벽이 너무도 가파르게 우뚝 솟아 있어 마치 그들을 뒤덮고 있는 것 같았다. 거대한 미친 파도가 벼랑을 향해 뛰어들자 하늘 가득 물보라가 일었다. 배의 오른쪽에서는 바다가 바람이 일으킨 큰 소용돌이에 휩싸여 있었다.

절벽과 소용돌이 사이에 좁은 통로가 있었다. 보트들은 이 통로를 따라 앞으로 빠져 나갔다. 하지만 기껏해야 기어가는 정도의 속도일 뿐이었다. 정오가 지나자마자 조수가 바뀌어 그들을 향해 해류가 밀려오기 시작했다. 그들은 육지에 바짝 붙은 채 돛을 올리지도 못하고 간신히 노만 저어 갔다. 커드 호는 여전히 네 개의 노를 다 젓고 있었지만 더커 호와 윌스 호의 노는 세 개로 줄어 있었다.

바람이 바뀌면서 기온도 급속히 떨어져 지금은 거의 영하 15℃에 가까웠다. 눈과 만난 물보라가 얼면서 보트 내부, 그리고 대원들의 머리와 어깨에 두껍게 달라붙었다.

  1시가 약간 넘어 새 캠프까지 절반 정도 갔을 때, 해변에서 바다 쪽으로 400m 떨어진 곳에 우뚝 솟은 커다란 바위가 보였다. 와일드가 키를 잡은 커드 호와 크린의 지휘하에 있는 윌스 호는 해변과 바위 사이를 곧장 통과하기로 결정했다. 하지만 더커 호의 워슬리는 뭐라 설명할 수 없는 충동에 휩싸여 바위 바깥쪽으로 돌아가기로 했다. 윌스 호와 커드 호는 해변을 따라 열심히 전진했지만 더커 호는 이내 시야에서 사라지고 말았다.

  바위를 빙 돌아가느라 해안에서 멀리 떨어지는 모험을 감행했던 더커 호는 결국 무시무시한 돌풍에 휘말리고 말았다. 해면에는 거품이 일었고 거대한 파도가 바람을 타고 솟구쳐 올랐다. 워슬리는 자신이 현명하지 못했음을 즉시 깨닫고 더커 호를 해안 쪽으로 돌렸다.

  "배를 뒤로 돌려!"

  그가 노 젓는 대원들에게 소리쳤다. 하지만 현재 그들이 할 수 있는 일이라곤 바람에 맞서 자기 자신을 지탱하는 것뿐이었다. 그나마도 얼마나 견딜지 알 수 없었다.

  워슬리는 갑자기 벌떡 일어나 그린스트리트에게 키를 잡으라고 소리쳤다. 그러고는 그의 노를 빼앗았다. 워슬리는 아직 기운이 남아 있던 만큼 굉장한 힘을 발휘했다. 맥클린과 커어도 죽어라고 힘을 낸 덕분에 그들은 조금씩 바위 쪽으로 접근할 수 있었고, 마침내 바위에 도달했다. 그들이 바람을 피할 수 있는 바위 쪽으로 들어서는 순간, 거대한 파도가 바위를 향해 밀려왔다.

"뒤로 가! 뒤로 가!"

워슬리가 크게 외쳤다.

그들은 간신히 보트를 뒤로 뺐다. 더커 호는 파도에 의해 무려 세 차례나 위로 들렸다가 바위 쪽으로 내동댕이쳐졌다. 그러나 어느 순간엔가 바람이 갑자기 멈춰 그들은 다시 노를 저을 수 있었다. 그린스트리트는 워슬리에게 다시 노를 건네받았고, 그들은 육지를 향한 전진을 계속했다.

그 와중에 맥클린의 오른쪽 장갑이 빠져서 없어졌다. 그는 자기의 손이 동상에 걸려 하얗게 변해 가는 것을 보았다. 하지만 육지에 닿을 때까지는 노를 멈출 수가 없었다.

이제 3시가 넘었다. 커드 호와 윌스 호는 이미 안전하게 뭍에 닿아 있었다. 대원들은 해변에 누워 있는 두 마리의 물개를 잡은 다음 불을 피우기 위해 기름을 발라냈다. 섀클턴은 폭풍이 일고 있는 바다를 바라보며 더커 호가 나타나길 기다렸다. 마침내 잿빛 안개 사이로 작은 점이 나타났다. 더커 호였다. 배는 해변을 향해 바람을 안고 힘겹게 다가오고 있었다. 그러나 거의 해안에 닿았다고 생각된 순간, 더커 호는 벼랑에서 불어닥친 돌풍에 휩싸이고 말았다.

워슬리는 다시 그린스트리트와 자리를 바꿨다. 이번에는 나이 든 맥리오드도 부러진 노를 잡고 나머지 대원들과 힘을 합쳤다. 그것은 확실히 효과가 있었다. 비록 간신히 해안에 닿을 정도의 효과이긴 했지만. 워슬리가 재빨리 키를 잡고 바위 사이로 배를 이끌었다.

뱃머리가 뭍에 닿는 순간 그린스트리트는 배에서 내렸다. 그리고는 감각이 사라진 발로 해변을 향해 절름거리며 다가갔다. 그는 방금 죽은 신선한 물개에서 나오는 김을 발견하곤 물개가 놓여 있는 곳으로 기어가 자신의 언 손을 물개의 따뜻한 피가 담긴 그릇에 담갔다.

2

 전 대원이 안전하게 육지에 다시 모였다. 그러나 30시간 전에 누렸던 그런 굉장한 기쁨은 없었다. 누군가의 말대로 그들은 '엘리펀트 섬에게 속았다'는 사실을 깨달았다. 그들 앞에 드러난 섬의 진짜 얼굴은 실로 험악한 것이었다.
 게다가 새 캠프장을 조사한 결과 과연 그토록 힘겹게 이동할 만큼의 가치가 있었는지 심각한 의문이 제기되었다. 폭이 27m인 바위투성이의 곶(岬)으로서, 섬 안쪽에 있는 150여 m 정도의 거대한 빙하가 마치 혀를 내민 것처럼 바다를 향해 불쑥 튀어나온 곳이었다. 해안선을 빼놓고는 바람을 피할 만한 작은 바위나 자갈 하나도 없었다.

 "이보다 더 황량한 곳은 상상할 수가 없다."

맥클린은 이렇게 적었다.

"돌풍이 사납게 일어나 점점 거세지는 바람에 우리는 걸을 수도 없었다. 그리고 몸을 숨길 만한 곳이 단 한 군데도 없었다."

대원들이 제4호 텐트를 세우는 동안 바람이 텐트 안으로 밀려들어와 텐트가 120cm나 찢어졌다. 잠시 후엔 재래식인 제5호 텐트가 바람을 맞아 갈기갈기 찢어졌다. 하지만 대원들은 텐트를 수리할 생각도 하지 않았다. 지금은 날도 어두워졌고 또 텐트가 어찌되었건 누구에게도 별 상관이 없었던 것이다. 그들은 텐트를 대충 접어 바위로 눌러 놓고는 다시 흠뻑 젖어 버린 슬리핑백 속에 누워 곧바로 곯아떨어졌다.

산에서 내려오는 바람은 밤새도록 그치지 않았다. 가장 무거운 더커 호조차도 바람에 이리저리 흔들렸다. 보초를 서던 맥클로이는 너덜너덜해진 낡은 담요가 바람에 날려 바다 쪽으로 날아가는 것을 속수무책으로 바라만 보았다. 땅바닥에서 자고 있는 대원들 위로 천천히 눈이 쌓여 갔다. 4시에는 모든 대원들이 땅바닥에서 잠을 자야만 했다. 텐트가 자꾸 바람에 날아가는 바람에 어쩔 수 없이 죄다 걷어야 했던 것이다.

눈보라가 하루 종일 그칠 줄 몰랐고, 그다음 날도 계속되었다. 오전 11시까지 슬리핑백 속에서 꼼지락거리던 대원들은 펭귄을 잡아오라는 섀클턴의 명령에 모두 바다로 나갔다. 오들리는 이렇게 적었다.

"설상가상으로 눈보라까지 불었다. 도저히 바람을 정면으로 맞을 수가 없었다. 숨을 쉬면 눈보라가 입안으로 들어와 숨이 막혔다."

전부 200여 마리의 펭귄이 있었는데 대원들은 그중 77마리를 잡아 왔다.

"동상에 걸린 손으로 펭귄의 가죽을 벗기는 일은 정말 고통스러웠다. 맨손으로 잠깐만 있어도 그런 눈보라 속에서는 금세 동상에 걸리고 만다. 어떻게든 손을 보호하려 했지만 방법이 없었다… 죽은 펭귄의 따스한 온기 외에는."

오들리는 덧붙였다.

오직 한 가지 이유 때문에 잊을 수 없는 4월 20일이었다. 섀클턴이 마침내 모든 대원들이 오랫동안 기대했던 일을 공식화한 것이다. 그는 다섯 명의 대원과 함께 커드 호를 타고 사우스조지아 섬으로 가서 구조를 요청할 계획이라고 발표했다. 커드 호가 여행 준비를 마치고 식량이 준비되는 대로 즉시 떠날 터였다.

그 소식에 놀라는 대원은 아무도 없었다. 따지고 보면 그건 공식적인 발표가 필요치 않은 일이었다. 페이션스 캠프를 떠나기 오래 전부터 이미 공개적으로 논의된 사항이었기 때문이다. 어느 섬에 도착하든지 전 대원을 구조하려면 그런 식의 보트 여행이 불가피하다는 것을 누구나 알고 있었다.

목적지는 대략 3군데였다. 가장 가까운 곳은 '불의 땅'이란 뜻의 케이프 혼으로서 서북으로 800km 떨어진 지점이었다. 그다음은 정북으로 885km 떨어진 포클랜드 섬에 있는 스탠리 항이었고, 마지막이 바로 동북쪽으로 1,287km 떨어진 사우스조지아 섬이었다. 비록 사우스조지아 섬까지의 거리는 케이프 혼에 비해 거의 두 배에 달하지만 기후 조건으로 볼 때는 그곳이 가장 현명한 선택이었다.

드레이크 해협에는 하루에 100여 km를 이동한다는 해류가 동에서 서로 흐르고 있으며, 거의 쉴새없이 돌풍이 같은 방향으로 불어댄다. 케이프 혼이나 포클랜드 섬에 도착하려면 이 거대한 두 개의 세력을 거슬러 바람을 안고 올라가야 하는 것이다. 이런 조건에서 6~7m에 불과한 보트를 띄울 수는 없었다. 그러나 사우스조지아 섬으로는 바람을 타고 갈 수가 있었다. 적어도 이론적으론 그랬다.

토론에 토론이 거듭되었다. 비록 커드 호가 사우스조지아 섬에 닿을 확률이 거의 희박함에도 불구하고 많은 대원들이 함께 가겠다고 나섰다. 뒤에 남아서 소식도 모르는 채 기다리다가 자칫 이 끔찍한 섬에서 겨울을 나게 될지도 모른다는 게 더 싫었던 것이다.

섀클턴은 누구를 데리고 가야 할 것인지, 또 누구를 남겨 놓고 가서는 안 되는지를 놓고 와일드와 오랜 상의를 한 끝에 최종 결정을 내렸다. 워슬리는 없어서는 안 될 인물이었다. 그들은 지구상에서 가장 폭풍이 심한 바다를 가로질러 1,600km 이상을 가야만 했다. 최종 목적지는 폭이 40km에 불과한 섬이었다. 해도 위에 점 하나를 찍기 위해 그토록 위험한 조건 아래, 그토록 먼 거리를, 갑판도 없는 배를 타고 간다는 것은 일류 항해사인 워슬리에게도 몹시 부담스런 일이 아닐 수 없었다. 워슬리에 이어 섀클턴은 크린, 맥니쉬, 빈센트 그리고 맥카티를 차출했다.

크린은 거칠었지만 시키는 대로 일을 하는 고분고분한 항해사였다. 사실 섀클턴은 거칠고 고지식한 성격의 크린이 오랫동안 무작정 기다리는 일을 잘 견딜 수 있을지 자신할 수가 없었던 것이다.

쉰일곱 살인 맥니쉬는 현실적으론 그 여행에 적합하지 않았다. 하지만 섀클턴과 와일드는 그가 아직도 문제를 일으킬 소지가 다분한 사람이라고 느꼈고, 그를 대원들 틈에 남겨 놓는 것은 바람직하지 않다고 생각했다. 게다가 만에 하나 커드 호가 얼음 따위에 손상이라도 입는다면 목수인 맥니쉬가 반드시 필요했다.

잭 빈센트는 맥니쉬와 비슷한 부류였다. 사람들과 어울려 잘 지낼 수 있을지 그의 사회성이 의심스러웠던 것이다. 이와 반대로 맥카티는 단 한 번도 사람들과 갈등을 일으킨 적이 없었다. 그래서 누구나 그를 좋아했다. 섀클턴은 그가 숙련된 갑판원인데다 황소 같은 체력을 가지고 있다는 단순한 이유 때문에 그를 선택했다.

섀클턴이 공식 결정을 내리자마자 맥니쉬와 마츤은 커드 호에 갑판을 덧대기 위해 더커 호에 덧댄 널빤지를 떼어내는 작업에 착수했다. 눈보라가 심해 작업하기가 너무나 어려운 상황이었다.

나머지 대원들은 조금이라도 더 안락한 장소를 만들기 위해 다들 분주했다. 포장상자와 바위, 그리고 약간의 텐트 천으로 주방용 오두막이 만들어졌다. 블랙보로와 아직도 심장병으로 고생하는 리킨슨의 건강 상태 때문에 섀클턴은 제5호 텐트의 대원들에게 더커 호를 뒤집어 은신처로 사용해도 좋다는 허락을 내렸다. 대원들은 눈과 진흙을 다지고 담요와 코트, 그밖의 텐트 천 따위를 늘어뜨려 전천후 은신처를 만들었다. 하지만 펭귄의 구아노(해안에 서식하는 바다새의 똥이 오랜 세월에 걸쳐 층을 이루고 쌓인 것으로 질소와 인산을 함유하고 있으며 비료로 이용된다) 등 잡동사니가 뒤섞인 냄새 나는 보트의 눈 진창은 도저히 말릴 재간이 없었고, 악취가 너무 심해 제대로 잠을 잘 수도 없었다.

눈보라는 사흘 밤낮을 계속해서 불어 댔다. 시속 200여 km의 속도로 부는 강풍이 먼지 같은 눈을 온 사방에, 심지어는 슬리핑백 속에까지 불어넣어 보트 여행에서부터 젖은 슬리핑백은 잠시도 마를 날이 없었다.

바람의 기세는 밖으로 나가는 일마저 위험하게 만들었다. 이따금 공중에서 작은 얼음 덩어리들이 날아오기도 했다. 용량이 40ℓ나 되는 큼지막한 들통이 주방에서 날아가 바다에 빠질 뻔한 적도 있었다. 갑판원들은 잠시 바위에 올려놓았던 머그잔을 어이없이 잃어 버렸다. 순식간에 어디론가 날아가 버린 것이다. 한번은 맥리오드가 방수 파카를 말리기 위해 '그의 머리통만 한' 돌멩이 두 개로 눌러 놓았는데, 잠시 후 돌아와서 보니 돌멩이도 파카도 모두 바람에 날아가고 없었다.

이런 악조건에도 불구하고 커드 호를 손질하는 일은 계속되었다. 맥니쉬와 마츤 그리고 맥리오드는 분해한 썰매의 날을 보트의 양 뱃전에 가로질러 붙여서 갑판을 깔기 위한 골격을 만들었다. 그런 다음엔 식량상자에서 떼어 온 베니어판 조각을 그 위에 덧대고 못질했다. 이어서 더커 호의 큰 돛대를 떼어다 커드 호의 용골에 단단히 묶었다. 악천후를 만나도 배가 둘로 쪼개지지 않도록 하기 위해서였다.

간간이 워슬리는 펭귄의 서식처 옆에 있는 45m 높이의 바위에 올라가 얼음의 상태를 관찰했다. 깨진 부빙들이 띠를 이루며 해안을 따라 늘어서 있었지만 통과하기 어려울 정도로 폭이 넓은 것 같진 않았다. 워슬리의 가장 큰 걱정은 잔뜩 흐린 날씨였다. 날씨가 계속해서 흐리면 위치를 잴 다른 방법이 없기 때문이었다. 별수 없이 크로노미터가 정확하길 기대하는 수밖에 없었다.

그밖에 여행을 위해 중요한 준비 작업이 하나 더 있었다. 헐리는 섀클턴에게 자신의 일기장에 쓴 글을 장황하게 읽어 주었고, 섀클턴은 그 문서의 하단에 서명을 했다.

관계자 제위, 즉 나의 유언 집행인에게 명하는 바임.
아래와 같은 내용에 이어 본인의 서명이 첨부되었음.

사우스조지아 섬까지의 보트 여행에서 살아남지 못할 경우, 본인은 이 탐험 기간 동안 찍은 모든 필름의 사진 현상 및 그것의 경제적 이용을 위한 모든 책임과 관리를 프랭크 헐리에게 맡길 것과, 응분의 경제적 이용 후에는 모든 필름의 소유를 프랭크 헐리에게 양도한다는 것을 본 유언장을 통해 명시함. 나의 유언 집행인에게 지불될 돈은 탐험 출발시에 작성한 계약서에 의거함. 경제적 이용권은 처음 공개한 날로부터 18개월 후에 만료됨.
본인은 대형 쌍안경을 프랭크 헐리에게 양도함.

1916년 4월 21일
어니스트 섀클턴
증인 존 빈센트

　다음 날은 눈보라가 절정에 달했다. 날리는 얼음과 바위 조각에 얻어맞아 몇몇 대원들의 얼굴이 찢어졌다. 단순한 요리를 제외한 모든 일이 중단되었다. 그리고 대원들은 하루 종일 슬리핑백에 누워 있었다. 섀클턴은 은밀하게 맥클린을 만나 뒤에 남는 대원들이 이런 조건에서 얼마나 견딜 수 있을지를 물었다. 맥클린은 1개월 정도 더 버틸 수 있을 것 같다고 대답했다.
　눈발은 여전했지만 다행히도 밤사이에 바람이 가라앉았다. 하지만 대신 기온이 급격히 떨어졌다. 맥니쉬는 커드 호를 손질하느라 아침부터 다시금 분주했다. 이제 남은 것은 텐트 천으로 갑판을 씌우는 일뿐이었다. 알프 치덤과 디모티 맥카티가 텐트 천을 한데 꿰맸지만 날씨가 너무 추워 천이 빳빳해지는 바람에 한 땀을 뜰 때마다 바늘을 일일이 펜치로 뽑아야만 했다.
　또 하나 해결해야 할 것은 남아 있을 대원들의 복지였다. 한동안 그들은 돌 오두막 짓는 일을 생각해 보았다. 하지만 끌어모을 수 있는 돌은 하나같이 파도에 씻겨 너무 동글동글했다. 게다가 시멘트를 대신할 재료도 전혀 없었기 때문에 이 계획은 결국 취소되었다. 대신에 대원들은 곶의 상단에 있는 빙하 표면에 곡괭이와 삽으로 동굴을 파기 시작했지만 얼음이 돌멩이처럼 단단한 탓에 도무지 속도가 붙질 않았다.

떠나기 전날 섀클턴은 거의 밤새도록 와일드와 수많은 이야기를 나누었다. 정해진 시간 내에 구조대를 데리고 오지 못할 경우 어떻게 할 것인가에서부터 담배를 배분하는 문제에 이르기까지. 더 이상 할 이야기가 없자 섀클턴은 자신의 항해일지에 편지 한 장을 썼다. 그리고 그것을 와일드에게 맡겼다.

프랭크 와일드에게

사우스조지아 섬까지의 보트 여행에서 내가 살아남지 못할 경우 당신은 대원들의 구조를 위해 최선을 다해야 할 것이다. 보트가 이 섬을 떠나는 즉시 당신은 총지휘를 맡게 될 것이며, 모든 대원들은 당신의 명령에 따를 것이다. 영국으로 돌아가면 위원회와 연락하는 일을 당신이 맡게 될 것이다. 당신과 오들리 그리고 헐리가 책을 썼으면 한다. 당신은 나의 동업자들을 만나게 될 것이다. 대영제국과 유럽 대륙에서 당신이, 그리고 미국에서 헐리가 할 강연 계획이 또 다른 편지에 적혀 있다. 난 당신을 전적으로 신임하며 당신의 삶과 인생에 하나님의 축복이 함께하길 빈다. 나를 아는 사람들에게 나의 애정을 전해 줄 것과 내가 최선을 다했다는 말을 해주길 바란다.

1916년 4월 23일, 엘리펀트 섬에서
어니스트 섀클턴

3

 밤새도록 날씨의 변화를 주시하며 교대로 보초를 섰다. 거의 아침이 다 되어서야 날씨의 변화가 생겼다. 바람이 제법 가라앉은 것이다. 섀클턴은 즉시 이를 보고받았고, 여명이 밝아 오자 전 대원을 소집했다. 대원들은 오전 6시에 전원 기상했다.
 맥니쉬는 커드 호의 텐트 천 갑판에 마지막 손질을 하러 갔다. 나머지 대원들은 보트에 실을 식량과 장비를 모았다.
 커드 호 팀은 꼼꼼하게 비축한 비상식량 3상자와 건조식품 2상자, 비스킷 그리고 뜨거운 음료를 위한 분유, 소고기 수프용 조미료 등이 포함된 6주분의 식량을 가지고 갈 계획이었다. 취사는 가스 스토브로 해결하되 만일의 경우에 대비해 한 대의 스토브를 여분으로 더 가져가기로 했다. 6개의 사슴 털 슬리핑백 외에 양말과 장갑으로 이용하기 위해 아주 작은 천조각들도 다 긁어모았다.

장비로는 쌍안경 한 개와 굴절 나침반 한 개, 썰매 팀을 위해 준비해 두었던 약상자, 노 4개, 물 퍼내는 그릇, 헐리가 만든 펌프, 엽총과 약간의 탄약, 바다 닻과 낚싯줄, 그 외에 약간의 양초와 성냥 한 통 등이 준비되었다.

워슬리는 항해 보조 기구를 있는 대로 긁어모았다. 그가 가지고 있던 육분의와 허드슨의 육분의, 그리고 항해표와 해도를 준비한 후 물이 새지 않도록 만든 상자에 담았다. 워슬리는 아직도 크로노미터를 목에 걸고 있었다. 영국에서 출항할 당시 인듀어런스 호에 있던 24개의 크로노미터 중 유일하게 남아 있는 것이었다.

이별의 아침 식사가 준비되었다. 섀클턴은 한 사람당 두 개의 비스킷과 100g의 잼을 더 나눠 주었다. 대부분은 농담을 주고받으며 서 있었다. 다른 갑판원들은 맥카티에게 항해 도중 발이 젖지 않도록 조심하라는 충고를 했다. 워슬리에게는 문명사회에 도착하면 과식하지 말라고 충고했고, 크린에겐 나머지 대원들이 구조될 때를 생각해 반드시 여자들을 남겨 놓아야 한다는 명령이 떨어졌다. 하지만 대원들 사이에 흐르는 긴장감은 어쩔 수 없었다. 남는 팀이나 떠나는 팀 모두에게 마지막 이별이 될 수도 있었던 것이다.

아침 식사를 마치고 얼마 지나지 않아 해가 나왔다. 워슬리는 육분의를 쥐고 재빨리 조준을 했다. 그가 계산을 마치자 크로노미터가 상당히 정확하다는 것이 입증되었다. 마치 행운의 징조 같았다.

갓은 악조건에도 불구하고 맥니쉬는 훌륭하게 일을 마무리했다. 길이가 120cm에 폭이 60cm인 갑판 입구를 제외한 보트 전체에 텐트 천 갑판이 생긴 것이다. 고삐처럼 생긴 가로 손잡이가 키를 잡을 수 있도록 키 뒤로 연결되어 있었다. 어쨌든 겉으로 보기엔 항해에 충분히 견딜 수 있을 것 같았다.

배를 띄우기 위해 전 대원이 소집되었다. 보트는 배 뒷전을 바다로 향한 채 가로놓여 있었으며 뱃머리에 묶인 긴 밧줄이 늘어져 있었다. 대원들은 배를 해변으로 밀어 보려 했지만 해안선에 널려 있는 무거운 화산성 자갈에 걸려 밀리지 않았다. 마츤, 그린스트리트, 오들리 그리고 커어가 무릎까지 차는 얼음 파도 속으로 힘차게 달려들었고 나머지 인원이 바위 사이로 힘껏 밀었으나 보트는 여전히 꿈쩍도 하지 않았다.

이번에는 와일드가 노를 지레 삼아 뱃머리를 움직였고 나머지 대원들이 뒤에서 밀었다. 하지만 노만 부러지고 배는 여전히 요지부동이었다. 섀클턴을 제외한 커드 호의 대원들이 보트로 기어 올라갔다. 배 안에서 노로 바위를 밀어 볼 생각이었다. 그들이 노를 밀자 해변에 부서졌다가 빠져 나가는 커다란 파도에 밀려 배가 마침내 물로 들어갔다.

배가 물에 뜬 순간, 갑판에 앉은 다섯 대원들의 무게로 인해 배 왼쪽이 심하게 기우뚱거리면서 빈센트와 맥니쉬가 물속으로 떨어졌다. 두 사람은 갖은 욕설을 퍼부으며 해변으로 서둘러 걸어 나왔다.

커드 호는 무사히 암초를 빠져 나갔다. 그리고 0.5톤 무게의 밸러스트(선체의 안정을 유지하기 위해 싣는 석탄·돌·쇠 따위의 물건)를 실은 윌스 호가 오기를 기다렸다. 밸러스트가 커드 호로 옮겨졌다. 윌스 호는 한 번에 0.5톤씩 두 번에 걸쳐 짐을 실어다가 커드 호에 옮겨 주었다. 그밖에 225kg 무게의 바위가 추가로 옮겨졌다.

섀클턴은 이제 떠날 채비를 마쳤다. 그는 마지막으로 와일드에게 인사를 건넸고 두 사람은 굳게 악수를 했다. 윌스 호에 식료품을 실은 뒤에 섀클턴과 빈센트가 그 위로 올라갔고, 배는 차츰 해변에서 멀어져 갔다.

"행운을 빕니다, 대장님."

해변에 남은 대원들이 큰 소리로 외쳤다. 섀클턴은 고개를 돌려 짧게 손을 흔들었다.

윌스 호가 커드 호 옆에 도착하자 섀클턴과 빈센트가 커드 호의 갑판으로 뛰어올랐다. 윌스 호에 실려 있던 식료품들이 빠른 속도로 커드 호로 옮겨졌다. 두 보트의 대원들 사이에 악수와 함께 약간은 착잡한 농담이 오갔고, 최후의 임무를 마친 윌스 호는 천천히 해변으로 되돌아왔다.

시간은 정확히 12시 30분이었다. 맥카티가 해변의 대원들에게 밧줄을 풀라는 신호를 보내는 것과 동시에 세 개의 작은 돛이 커드 호에 올려졌다. 와일드가 밧줄을 풀자 맥카티가 밧줄을 세차게 끌어당겼다. 해변의 대원들은 만세를 세 번 불렀다. 부서지는 파도를 가로질러 커드 호에서도 작은 함성소리가 세 번 들려왔다.

커드 호가 바람을 탔다. 키를 잡은 워슬리는 북쪽으로 뱃머리를 돌렸다. 오들리는 "그들은 그렇게 작은 배를 가지고 놀랍도록 빠른 속도로 달렸다. 우리는 그들이 시야에서 사라질 때까지 그들을 바라보았다"라고 적었다.

4

 내륙으로 고개를 돌린 22명의 대원들에게 흥분은 과거의 일이었다. 인내를 시험하는 고난이 다시 시작되었다. 그들은 너무나도 무력했고 스스로도 그런 사실을 잘 알고 있었다. 커드 호는 그들이 가지고 있는 모든 것을 가지고 떠난 것이다.
 잠시 후, 그들은 윌스 호를 해변 높은 곳으로 끌어올려 뒤집은 다음 그 밑으로 기어들어갔다.
 "우리는 비좁고 축축한 거기에 앉아서 추위에 떨며 앞으로 남은 한 달을 어떻게 보낼까 생각했다… 그것도 아주 짧아야 한 달이었다"라고 맥클린은 적었다. 그는 섀클턴이 한 달 후에 돌아오리라는 생각이 '가장 낙관적인' 기대라는 것을 인정했다. 그것도 커드 호가 무사히 도착하리라 믿는 절반 정도의 대원들 사이에서만. 이렇게 믿는 대원들은 대체로, 최소한 겉으로는 확신에 차 있었다. 하지만 나머지 대원들의 기분은 어땠을까? 최후의 선고를 받았음을 인정하는 그런 기분이었을 것이다.

저녁 식사를 일찍 마친 뒤 대원들은 곧바로 잠자리에 들었다. 그리고 눈과 안개가 반반씩 섞인 음산하고 궂은 아침에 잠에서 깨어났다. 나쁜 날씨는 그들로 하여금 은신처의 필요성을 더욱 절실히 느끼게 했다. 모든 대원들은 빙하의 표면에 동굴 파는 일을 다시 시작했다.

그러나 커드 호가 떠난 지 나흘째인 28일 아침에 작업을 중단해야만 했다. 동굴의 규모는 이제 꽤 여러 명이 들어갈 수 있을 정도로 넓어져 있었다. 하지만 동굴 안으로 들어가기만 하면 얼음이 녹아 벽과 바닥으로 얼음물이 줄줄 흘러내리는 바람에 더 이상 파는 것이 불가능했다. 대원들의 몸에서 나오는 열기 때문이었다.

이제 단 한 가지 방법만이 남았다. 보트였다. 그린스트리트와 마츤은 보트를 뒤집으면 오두막의 지붕 형태가 된다고 제안했고, 와일드도 여기에 동의했다. 그들은 토대를 쌓기 위해 바위를 모으기 시작했다. 너무도 힘든 작업이었다.

"우리 모두는 어처구니가 없을 정도로 허약해져 있었다. 다른 때 같았으면 쉽게 들어올릴 수 있는 돌맹이도 들 엄두가 나지 않았다. 예전 같으면 혼자서도 거뜬히 들 수 있는 것들을 두세 명이 매달려 날라야 했다… 마치 오랫동안 중병을 앓고 난 사람들 같았다"라고 오들리는 적었다.

설상가상으로, 쓸 만한 돌들은 하나같이 바다 쪽에 모여 있었다. 공사를 하려면 그것들을 140여 m나 떨어진 오두막까지 날라야 했다. 악전고투 끝에 마침내 1.2m 높이의 토대가 완성되었다. 맨 꼭대기에 두 척의 보트가 나란히 올려졌다. 한쪽은 높이고 다른 쪽은 낮춰 가면서 벽을 단단히 고정하는 데만도 1시간이 더 걸렸다. 남아 있던 나무토막들은 뒤집은 배의 용골과 용골 사이를 연결하여 덧대는 데 사용했고, 텐트 천으로 전체를 뒤집어씌웠다. 밧줄은 배의 양옆에 고정시켜 버팀줄로 쓸 수 있게 했다. 마지막으로 토대 주변을 돛의 천으로 둘러싼 다음 단단히 동여맸다. 돌멩이 사이로 바람이 들어오는 것을 막기 위해서였다. 바다 쪽의 토대에는 출입구로 쓰기 위한 틈새를 만들었다. 그리고 두 장의 담요로 그 틈새를 막아 실내온도를 유지하도록 했다.

마침내 와일드는 오두막이 완성되었다고 발표했다. 대원들은 흠뻑 젖은 슬리핑백을 모아 들고 안으로 기어들어갔다. 몇몇 대원들은 재빨리 보트의 좌석이 뒤집혀 있는 위층으로 올라갔다. 다른 대원들은 아래쪽의 바닥에 자리를 잡았다. 어느 곳이나 할 것 없이 포근하고 부숭부숭하고 따뜻했다. 저녁은 4시 45분에 주어졌다. 대원들은 식사를 마치자마자 곧장 슬리핑백 속에 웅크리고 누웠다.

"…그러고 나서 얼마나 끔찍한 아침이었는지."

맥클린이 적었다.

"모든 것이 눈에 덮였다. 구두가 꽁꽁 얼어붙어 신을 수조차 없었다. 젖지 않은 따뜻한 장갑이 한 켤레도 남아 있지 않았다. 오늘 아침은 내 일생에서 가장 불행한 아침인 것 같다. 모든 일이 쓸데없어 보였으며, 운명이 우리를 좌절시키려고 단단히 작정한 것 같았다. 대원들은 일어나 앉아 욕설을 퍼부어 댔다. 소리는 크지 않았지만 우리가 거주하려고 애쓰는 이 섬에 대한 증오심이 맹렬하게 드러나는 목소리였다."

그들은 오두막 안에서 식사를 준비하려 했다. 하지만 연기를 견디지 못한 그린은 겨우 이틀 만에 헐리와 교대하지 않을 수 없었다. 결국 두 보트 사이의 지붕에 굴뚝을 만들어 연기를 내보내기로 했다. 그러나 굴뚝으로 불어닥친 강한 바람이 느닷없이 매캐하고 시커먼 연기를 오두막 안으로 밀어넣는 통에 실내 공기가 견딜 수 없을 정도로 탁해졌다. 대원들은 거의 숨이 막힐 지경이었고, 눈이 매워 끊임없이 눈물을 흘려 댔다.

낮 동안에는 지붕으로 충분한 빛이 새어 들어와 앞을 보는 데 지장이 없었다. 하지만 저녁이면 땅거미가 지기도 전에 벌써 어둠이 찾아와 오두막 안은 아무것도 분간할 수 없을 정도로 깜깜했다. 마츠과 헐리는 한 가지 실험을 했다. 작은 그릇에다 기름을 가득 채운 뒤 그릇 가장자리에 외과용 붕대 자락을 양초의 심지처럼 늘어뜨려 보았다. 그러자 몇 발자국 내에서는 책을 읽을 수 있을 만한 희미한 불빛이 생겼다. 이런 식으로 그들은 하나씩 하나씩 문제들을 해결해 나갔다.

커드 호가 떠난 지 8일째이며 그들이 이곳에 도착한 지 2주가 되는 5월 2일, 마침내 해가 나왔다. 대원들은 황급히 슬리핑백을 밖으로 들고 나와 펼쳐 말렸다. 3일과 4일에도 연일 맑은 날이 계속되었다. 하지만 사흘 동안이나 햇볕을 쪼였는데도 그들의 슬리핑백은 약간 물기가 없어졌을 뿐 완전히 마르지는 않았다.

"…생각했던 것보다 우리 몸도 많이 보송보송해졌다."

제임스가 적었다.

커드 호가 사우스조지아 섬에 닿으려면 얼마나 걸릴지, 또 그 뒤에 얼마나 있어야 구조선이 도착할 것인지에 대해 장황한 토론이 벌어졌다. 가장 낙관적인 의견은 일주일 후인 5월 12일쯤에 배가 나타난다는 것이었다. 6월 1일이 넘어야 구조된다는 신중한 의견도 있었다. 하지만 그건 새로운 걱정거리들을 부르는 일이었다. 뭔가 기대를 하기엔 아직도 까마득하게 이른 5월 8일부터 대원들은 섬을 둘러싼 얼음 상태로 인해 구조선이 다가오는 데 어려움을 겪지는 않을까 노심초사하기 시작했다.

5월 12일에 맥클린은 이런 일기를 썼다.

"동쪽에서 부는 바람. 다시 만(灣)에 있는 부빙군으로 돌아가고 싶다. 이렇게 매일 구조선이 오기만을 기다리는 것은 정말 싫다."

비록 한쪽 신경은 늘 바다에 가 있었지만 그들에겐 할 일이 제법 많았다. 아직 남아 있는 펭귄이나 물개도 잡아야 했고, 식수를 얻기 위한 얼음도 날라 와야 했다. 그들은 비둘기같이 생긴 작은 새인 '패디'를 잡으려고 오랜 시간을 허비했다. 녀석들은 늘상 고기 더미 주위에서 떠나지 않고 맴돌았다. 대원들은 구조선에게 신호를 보내기 위한 깃발을 만들어 가장 높은 지점에 세워 두었다. 깃대에 매단 로열 요트 클럽의 삼각기는 엘리펀트 섬의 돌풍에도 찢어지지 않고 잘 견디었다.

맥클린과 맥클로이는 환자들을 돌보느라 몹시 바빴다. 커어의 충치가 심해져 맥클린은 하는 수 없이 그의 치아를 뽑아야 했다. 워디의 손은 이미 곪아 있었다. 그리고 홀리스는 다래끼 때문에 고생을 했다. 리킨슨이 처음 상륙했을 때 앓았던 심장병은 조금씩 회복되고 있었지만 손목에 난 소금물 부스럼은 여전했다. 보트에서 동상에 걸린 그린스트리트의 발도 차도가 없었다. 그는 슬리핑백에 누워 꼼짝하지 못했다.

허드슨은 심각해 보였다. 그의 손은 나을 기미가 보이지 않았고, 보트에서부터 쑤시기 시작한 왼쪽 엉덩이에는 커다란 종기가 생겨서 내내 그를 괴롭혔다. 정신적으로도 보트 여행의 두려움이 아직 남아 있는 것 같았다. 그는 몇 시간이고 슬리핑백에 누운 채 아무 말도 하지 않았고, 주변에서 일어나는 일에 조금도 관심이 없어 보였다.

가장 심각한 것은 블랙보로였다. 오른발은 나아가고 있는 것 같아서 웬만하면 자르지 않아도 된다는 희망이 보였다. 그렇지만 왼쪽 발은 이미 심하게 썩어 있었다. 그를 치료했던 맥클로이는 동상이 더 이상 확대되지 않도록 신경을 썼다. 심해지면 썩은 살이 짓무르면서 그 염증이 몸의 다른 부위로 퍼질 수도 있었다. 살아 있는 조직과 죽은 조직을 구분하는 세포벽이 제때 만들어지면 염증은 급격히 줄어들게 된다.

하루하루 흘러가자 그들은 어쩔 수 없이 일상 생활에 적응해 갔다. 저녁이 되면 그들은 바다에 혹시 배가 지나가지는 않는지, 수평선 위로 얼핏 스치는 연기를 못 보고 지나치는 건 아닌지 확인하기 위해 한동안 바다 쪽을 둘러보았다. 그리고 구조선이 보이지 않는다는 확신이 들었을 때야 비로소 오두막으로 들어가 저녁 식사를 했다.

마츤이 지니고 있던 싸구려 요리책은 대원들 사이에 늘 인기였다. 밤마다 그는 이사람 저사람에게 돌아가며 책을 빌려주었다. 그리고 대원들은 열심히 요리책을 들여다보며 집에 돌아가면 무슨 요리를 할지 상상의 나래를 폈다. 어느 날 밤 오늘리는 이렇게 썼다.

"갓난아이들처럼 누군가 우리에게 커다란 나무 수저로 밥을 떠먹여 주었으면 좋겠다. 숟가락 뒷등으로 우리 배를 살살 두드려 가면서. 그래야 조금이라도 더 들어갈 게 아닌가. 한마디로 우리는 아주 많이 먹고 싶다, 엄청나게 많이 먹고 싶다. 국·설탕·건포도·사과 푸딩·크림·케이크·우유·계란·잼·꿀·빵 그리고 버터를 배가 터지도록 먹고 싶다. 하지만 누군가 우리에게 고기를 준다면 총으로 당장 쏴 죽일 테다. 우리는 이제 고기라면 넌덜머리가 난다. 고기의 '고' 자도 듣고 싶지 않다."

어느 날 밤, 헐리는 슬리핑백 속에 누워 와일드와 맥클로이가 음식에 관해 논쟁하는 소리를 들었다.

"도넛 좋아해?"

와일드가 물었다.

"좋아하고 말고."

맥클로이가 대답했다.

"만들기는 또 얼마나 쉬워. 난 차가운 도넛에 잼을 바른 게 좋더라."

와일드가 말했다.

"나쁘지 않지."

맥클로이가 대답했다.

"그럼 엄청나게 큰 오믈렛은 어때?"

"끝내주지."

이밖에도 헐리가 들은 두 사람의 대화에는 '고기·감자·사과 소스·맥주 그리고 치즈를 훌륭하게 배합한 메뉴'가 등장했다. 마츤은 자신의 요리책을 들먹이며 푸딩을 만들 때 꼭 빵가루를 입혀야 하는지에 관해 그린과 뜨거운 설전을 벌였다. 모든 수단을 동원해 그들은 사기를 유지했다. 대개는 공상을 하면서.

낮이 나날이 짧아지면서 곧 겨울이 다가오고 있음을 예고했다. 해는 9시경에 떠서 오후 3시에 졌다. 날씨는 점점 추워지고 있었다. 5월 22일, 맥클린은 이렇게 썼다.

"이곳 풍경에 큰 변화가 생겼다. 모든 것이 눈에 덮였고 섬의 양쪽에 얼음 띠가 많이 생겨났다. 얼음은 최근 며칠 사이에 상당히 두

꺼워졌고, 눈을 들면 촘촘한 부빙군이 사방에 펼쳐져 있어 구조가 요원한 일임을 보여 준다. 아무리 얼음에 견디는 특수한 선박이라고 해도 이 부빙군 틈에서 안전할 수는 없을 것이다. 철중기선이라면 얼음을 깨고라도 상륙하겠지만 말이다. 게다가 해마저 너무 짧다……."

적어도 논리상으론 겨울이 되기 전에 구조대가 오기는 힘들 거라는 사실을 대원들은 깨닫고 있었다. 5월 25일, 커드 호가 떠난 지 한 달 하고도 하루가 지난 날, 헐리는 "날리는 눈발, 그리고 바람. 우리의 겨울 환경은 더할 수 없이 혹독하고 황량할 것으로 예측됨. 모두는 일손을 놓고 겨울을 기다림"이라고 적었다.

5

그들은 결코 체념하지 않았다. 논리적으로는 배가 닿을 확률이 전혀 없었으므로 체념하는 것이 최선인지도 몰랐다. 하지만 그러기에는 너무 많은 것들이 걸려 있었다.

> "매일 아침 나는 언덕 꼭대기로 올라간다. 모든 악조건에도 불구하고 우리를 구조하러 오는 배를 기다리지 않을 수가 없다."

맥클린은 6월 6일자 일기에 썼다.
그토록 긍정적이었던 헐리조차도 이렇게 기록했다.

> "모두가 하루도 빠짐없이 돛이나 연기를 찾아 수평선을 샅샅이 뒤진다."

시간이 지나도 배가 나타나지 않자 그들은 얼음, 돌풍, 안개, 적절한 배의 수소문, 공식적인 연착 등등 여러 가지 이유를 갖다 붙이며 구조선이 곧 올 거라고 기대했다. 가장 확률이 높은 이유인 커드 호의 실종에 대해서는 아무도 얘기하지 않았다.

이에 관해 오들리는 비교적 솔직하게 적었다.

> "어니스트 대장 걱정을 하지 않을 수가 없다. 그가 지금 어디를 어떻게 가고 있는지, 또 우리를 구조할 수는 있는 건지, 누구나 다 궁금해한다. 하지만 그 말은 금기사항이다. 각기 나름대로 많은 상상을 하고 있을 것이다. 그렇지만 정말 무슨 생각을 하고 있는지 감히 물어볼 엄두를 내는 사람은 아무도 없다."

각자 어떤 생각을 하고 있건, 어쨌든 기다리는 일밖에는 아무 방법이 없었다. 매일 한 사람씩 교대로 화부 역할을 맡았다. 화부가 되면 하루 종일 펭귄의 가죽으로 불을 때되 연기를 최대한 줄여야 한다. 또 '일일 파출부'도 있었다. 녹여서 식수로 쓸 얼음을 날라 오는 일과 식사를 위한 언 고기를 필요한 양만큼 날라 오는 일이었다. 둘 다 지루한 일이었으므로 이를 피하기 위한 거래가 생겨났다. 예를 들어 화부의 일을 하루 대신해 주면 펭귄 스테이크 절반을 주는 식이었다.

식량 배급에서도 물물교환이 이루어졌다. 그리고 음식 계도 생겨났다. 가장 전형적인 것은 '설탕 계'였는데, 계원들이 하루 세 개의 각설탕 중 한 개를 내놓고 일주일에 한 번씩 계를 타 한꺼번에 먹는 것이었다. 와일드는 이런 일에 이의를 제기하지 않았다. 그는 모든 문제에 대해 폭넓은 융통성을 보여 주었다. 그럼으로써 마찰도 피하고 대원들의 마음을 사로잡을 무언가를 제공하기도 했던 것이다.

살아남기 위해 버둥거리는 상황에서도 내부에 심각한 반목이 없다는 것은 놀라운 일이었다. 어쩌면 사소한 마찰이 끊임없이 일어나기 때문인지도 몰랐다. 대원들 사이에는 하루 종일 시빗거리가 끊이지 않았고, 그것은 폭발하기 일보 직전의 억눌린 감정을 한꺼번에 터뜨리는 분출구가 되어 주었다. 탐험대는 계급이 없는 소사회로 축소되었고 대부분은 그 속에서 거리낌없이 자신의 속마음을 털어놓았다. 밤에 밖으로 나가는 사람에게 머리를 밟혔다 해도 특별히 불만은 없었다. 자기도 언젠가는 다른 사람의 머리를 밟을 테니까.

밤에 용변을 보러 밖으로 나가는 것은 어쩌면 가장 귀찮은 일인지도 몰랐다. 잠자고 있는 대원들의 틈바구니를 하나뿐인 기름 램프의 불빛에 의지하여 헤치고 나가야 했다. 여기서 누군가를 밟지 않고 지나다니기란 사실상 불가능했다. 그들은 오두막 출구까지 엉금엉금 기어간 다음 눈보라가 몰아치는 밖으로 나갔다. 밤에는 한 발을 떼어 놓기가 무섭게 바람에 밀려 넘어지곤 했다. 어둠 속에서 바위나 얼음 조각들이 휙휙 날아다녔다. 대원들은 몸이 견딜 수 있는 한계까지 방광을 조절하는 훈련을 하게 되었다.

얼마 후, 와일드는 용변의 불편함을 덜기 위해 8l짜리 가솔린 통으로 야간용 소변통을 만들었다. 위에서 5cm까지 통을 채우는 사람이 밖으로 들고 나가 비우기로 했다. 소변이 마려운데 밖의 날씨가 사납다면 누군가 소변을 볼 때까지 기다렸다가 통에 떨어지는 소리를 듣고 양이 어디까지 찼는지를 가늠해야 했다. 만일 꼭대기까지 거의 찬 것 같은 불길한 소리가 들리면 아침까지 꾹꾹 참곤 했던 것이다.

그러나 참는 일이 늘 가능한 건 아니어서 가끔씩은 귀찮음을 무릅쓰고 일어나야 했다. 소리 없이 깡통을 채우고 나서 몰래 슬리핑백 속으로 돌아가 버리는 얌체 같은 대원들도 간혹 있었다. 뒷사람은 깡통이 가득 찬 것을 보고 몹시 화를 냈지만 그래도 소변을 보려면 통을 비우지 않을 수 없었다.

날씨나 부빙군의 상태는 사기에 결정적인 영향을 미쳤다. 해가 나면 섬은 투박하나마 아름다운 곳으로 변했다. 햇살이 아른아른 빙산에 반사되면 오색 영롱한 빛깔이 변화무쌍하게 반짝거렸다. 이런 날에는 모든 대원들이 행복해했다. 하지만 대부분의 경우 섬은 아름다움과는 거리가 멀었다. 비록 돌풍은 줄어들었지만 온통 습기가 차 있는 땅과 축축한 날씨는 그린스트리트로 하여금 다음과 같은 기록을 남기지 않을 수 없게 만들었다.

"우리 모두는 슬리핑백 속에 누워 담배와 기름 연기에 썩어 가며 하루를 보낸다. 빌어먹을! 썩는 하루가 또 지나간다."

음식은 당장의 걱정거리가 아니었다. 시급히 해결해야 할 문제는 따로 있었다. 블랙보로의 발이 점점 더 심각해져 갔던 것이다. 다행히 살아 있는 조직과 죽은 조직이 완전히 분리되긴 했지만 그렇다고 수술을 뒤로 미룬다면 위험할 수도 있었다. 제때에 구조되어 절단 수술을 할 수 있는 병원에 블랙보로를 입원시키는 일은 지금으로선 요원했다. 당장 내일이라도 날씨가 따뜻해지면 수술을 해야만 했다.

6월 15일, 안개가 낀 포근한 날이었다. 맥클로이는 와일드와 맥클린과 의논한 끝에 일을 진행하기로 결정했다. 블랙보로는 이미 오래전에 체념하고 있었던 듯 선선히 수술을 받아들였다. 그들이 지닌 얼마 안 되는 수술 기구가 준비되었다. 아침 식사가 끝나자마자 국냄비에 얼음이 가득 채워졌다. 물을 끓여 기구들을 소독하기 위해서였다. 포장상자 몇 개를 스토브 옆에 나란히 놓고 그 위에 담요를 덮어 임시 수술대를 만들었다.

대원들은 수술이 끝날 때까지 밖에서 삼삼오오 짝을 지어 모여 있었다. 거동이 불편한 그린스트리트와 허드슨 두 사람만이 오두막 안에 남았다. 허드슨은 한쪽 구석에 누워 있었지만 그린스트리트의 자리는 수술대가 정면으로 내려다보이는 곳이었다. 와일드와 하우 두 사람이 수술 보조를 위해 곁에 머물렀고, 헐리는 스토브에 불을 지피기 위해 안에 남았다. 대원들이 밖으로 나가자마자 그는 불 위에 펭귄 가죽을 쌓기 시작했다.

실내 온도가 올라가자 블랙보로가 수술대 위로 옮겨졌다. 램프란 램프를 있는 대로 전부 켜자 수술대를 중심으로 둥근 원이 생기며 희미했던 오두막 안이 제법 밝아졌다. 실내 공기도 어느 정도 따뜻해졌다. 맥클로이와 맥클린은 그들이 가지고 있던 것들 중 가장 깨끗한 내의를 길고 가늘게 잘랐다.

마취를 맡은 맥클린은 오두막 안의 습도가 충분히 올라갈 때까지 기다렸다. 마취제가 증발하는 것을 막기 위해서였다. 헐리가 스토브에 펭귄 가죽을 넣을 때마다 실내 온도가 조금씩 올라갔다. 20분이 지나자 온도는 26℃까지 올라갔고, 맥클린은 거즈 조각에 클로로포름을 한 방울 떨어뜨렸다. 그는 블랙보로의 어깨를 가볍게 토닥거리며 안심시킨 다음 그의 얼굴에 거즈를 갖다 댔다. 그러고는 블랙보로에게 눈을 감고 숨을 깊이 들이마시라고 지시했다. 블랙보로는 순순히 그가 시키는 대로 했다. 5분도 안 되어 블랙보로는 의식을 잃었고, 맥클린은 수술을 시작하자며 맥클로이에게 고개를 끄덕였다.

포장상자 밖으로 블랙보로의 발이 나와 있었다. 수술대 밑에는 커다란 양철통을 갖다 놓았다. 붕대를 풀자 만지면 부서질 듯 시커멓게 변한 블랙보로의 미라 같은 발이 드러났다. 와일드는 국냄비에서 소독한 메스를 꺼내 맥클로이에게 건네주었다.

허드슨은 더 이상 쳐다보지 못하고 얼굴을 돌렸다. 그러나 그린스트리트는 밑에서 일어나는 일에 완전히 빨려들어가 잠시도 수술대에서 눈을 떼지 못했다.

맥클로이는 블랙보로의 발끝을 가른 다음 살갗을 벗겨 냈다. 맥클린이 와일드를 흘끔 쳐다보았으나 와일드는 눈 하나 꿈쩍하지 않았다.

'독종이군.'

맥클린이 속으로 중얼거렸다.

맥클로이가 핀셋을 요구하자 와일드는 끓는 물에서 핀셋을 꺼냈다. 그린스트리트에겐 핀셋이 마치 커다란 양철 가위처럼 보였다. 맥클로이는 살이 건성으로 붙어 있는 발가락의 밑동까지 조심스럽게 피부를 벗겨 냈다. 그러고는 단번에 발가락을 절단했다. 발가락은 딸그락 하는 금속성 소리를 내며 아래에 놓인 빈 양철통으로 떨어졌다.

그다음 맥클로이는 시커멓게 죽은 살을 꼼꼼하게 떼어 냈다. 그리고 상처 부위가 깨끗해지자 정성스럽게 상처를 꿰맸다. 마침내 수술이 끝났다. 블랙보로의 발이 엄지발가락 밑부분의 볼록한 부분에서 말끔하게 잘라졌다. 총 55분이 걸린 수술이었다.

곧이어 블랙보로가 신음하기 시작했다. 잠시 후 그가 눈을 떴다. 그는 한동안 정신을 차리지 못하다가 겨우 눈을 뜨고 두 의사를 올려다보며 미소지었다.

"담배 피우고 싶어요."

그가 말했다.

맥클로이는 브리태니커 백과사전을 한 장 찢어 환자를 위해 담배를 말았다. 오두막 안이 무겁게 가라앉았다. 와일드는 물이 가득 찬 들통을 가져와 두 사람에게 씻으라고 권했다. 맥클로이와 맥클린은 몹시 반가워하며 작은 비누 조각을 찾아내 내의를 벗고 허리까지 씻었다. 그러고도 약간의 물이 남았다. 그들은 다음 날 배급받을 각설탕 세 개를 미리 얻어 설탕물을 끓였다.

그동안 나머지 대원들은 머무를 곳을 찾아 빙산 표면에 팠던 동굴로 들어갔다. 그곳에서 서로의 머리를 깎아 주며 시간을 보냈다.

6

겨울 부빙군은 수평선까지 길게 펴져 있었다. 설사 구조선이 수 km 밖까지 왔다고 해도 부빙군을 뚫고 접근해 올 가능성은 전혀 없었다. 그래도 대원들은 구조선이 올 수도 있을 거라는 기대를 버리진 않았다. 실낱 같은 희망은 그들로 하여금 하루도 빠짐없이 절벽에 올라가 망을 보도록 만들었다. 하지만 이런 기대로 인해 시간의 흐름이 훨씬 더디게 느껴지기도 했다.

하루하루 지루한 날들이 흘러갔다. 그러다가 겨울의 정점인 6월 22일 동짓날이 다가왔다. 그들은 아침 식사를 평소보다 넉넉하게 준비했다. 그리고 저녁에는 비스킷 23개, 비상용 휴대식량 4인분, 분유 2상자, 그리고 견과(堅果) 12개가 들어간 맛있는 푸딩을 만들어 동지를 축하했다.

그러나 동지마저 지나가자 이젠 더 이상 기대할 것이 없었다. 한

없이 기다리는 일, 그리고 궁금해하는 일 외에는. 7월 6일에 맥클린은 이렇게 썼다.

> "우리는 아직 여기서 우리의 하루하루를 인내로 견뎌 나가고 있다. 지겹기 짝이 없는데도 불구하고 시간은 제법 빨리 흘러간다. 내 마음은 완전히 텅 비어 가고 있다. 나는 멍한 상태로 아무 생각 없이 누워 있다."

그리고 며칠 후 오들리는 이렇게 적었다.

> "와일드는 언제나 구조선이 다음 주에 올 거라고 말한다. 물론 그는 점점 풀이 죽어 가는 대원들의 사기를 높이려고 그런 말을 하는 것이다. 너무 과장된 것만 아니라면 그런 낙관주의도 별로 나쁘지 않다… 그는… 8월 중순까지는 어니스트 대장 일을 걱정하지 않을 거라고 말한다."

8월 중순은 그리하여 하나의 기준이 되었다. 즉, 걱정이 '공식적'으로 시작되는 기점이 된 것이다. 와일드는 대원들이 가급적 오랫동안 희망을 갖도록 하기 위해 의도적으로 목표를 길게 늘려 잡았던 것이다.

하지만 그건 쉬운 일이 아니었다. 대원들의 조건은 차츰 더 열악해지고 있었다. 금쪽 같은 건과도 동이 났고 분유도 매한가지였다. 그러나 이런 것들이 아무리 아쉬워도 담배가 떨어졌을 때의 비극과는 비교할 수 없었다. 그것은 어느 날 갑자기 일어난 일은 아니었다. 배급받은 담배를 남들보다 아껴서 피운 알뜰한 대원들도 있었기 때문이다. 한 달 내에 구조된다고 확신했던 다른 대원들은 할당된 담배를 아끼지 않고 다 피워 버렸다.

전형적인 스코틀랜드 구두쇠인 워디는 아끼고 아낀 덕분에 가장 늦게까지 담배를 피운 대원이었는데, 비축해 둔 담배가 거의 바닥을 드러내던 주에는 모든 대원들이 앞다투어 그에게 담배를 팔라고 성화를 부렸다. 갑판원들은 수석(壽石)에 관심이 많은 워디의 환심을 살 목적으로 괴석을 찾아 섬 전체를 샅샅이 뒤지기도 했다. 어쩌다가 기이하게 생긴 돌멩이를 찾아내면 그가 보지 못하도록 돌을 손에 감춘 채 '파이프 하나' '파이프 절반' '4분의 1' 혹은 '두 모금' 등의 조건을 제시하며 흥정을 했다. 멋진 수석을 찾고 싶어했던 워디는 그럴 때마다 늘 호기심을 물리치지 못했다.

그의 담배마저 떨어지자 분위기가 더욱 침체되었고 이는 급기야 비탄의 수준으로까지 발전했다. 흡연 욕구가 너무나도 강했던 몇몇 대원들은 담배의 대용품을 개발하는 실험을 시작했다. 맨 먼저 시작한 건 맥리오드였다. 그는 부츠에서 보온용으로 넣은 풀을 긁어낸 다음 파이프에 채우고 불을 붙였다.

"담배 냄새라기보다는 무슨 목초 태우는 냄새 같았다"라고 제임스는 표현했다.

그럼에도 불구하고 그것은 인기를 얻어 상당수의 대원들이 그를 흉내냈다. 베이크웰은 그 풀에 적절한 맛을 더해 주는 방법을 고안해 냈다. 그는 대원들의 파이프를 죄다 모은 다음 냄비에 파이프와 그 풀을 함께 넣고 삶았다. 이론적으로만 보면 그 삶은 풀을 말려서 피웠을 때 담배 비슷한 맛이 나야 하겠지만 결과는 정성에 비해 전혀 보잘것없었다고 제임스는 기록했다.

"지의류(이끼 같은 녹조식물)도 실험해 보았다"라며 제임스는 덧붙였다.

"머지않아 누군가 해초류를 가지고 시작할까 봐 겁이 난다."

코를 고는 문제를 포함해서 약간의 골칫거리가 몇 가지 있었다. 헐리는 이렇게 썼다.

"와일드는 만성적인 코골이 습관을 고치는 기발한 방법을 생각해 냈다. 트럼펫 같은 소음으로 우리의 평화로운 잠을 방해하는 오들리는 그 실험의 첫 번째 대상이었다. 와일드는 가느다란 올가미를 오들리의 팔에 건 다음 올가미의 끈을 옆에 있는 자신의 슬리핑백에 묶어 놓았다. 코골이가 심해진다고 느껴지면 즉시 그 끈을 힘껏 잡아당기는 것이다. 하지만 그런 신호에도 아랑곳없이 오들리의 코골이는 고쳐지지 않았다. 올가미를 그의 목에 걸자는 의견이 나왔다. 나는 많은 대원들이 있는 힘을 다해 그 끈을 잡아당길 거라고 확신한다."

7월 한 달은 날씨가 비교적 차분했다. 벼랑에서 돌풍이 불어 내린 것도 겨우 서너 번에 불과했다. 하지만 섬 입구의 해협에 있는 빙하는 늘 잠재적인 위협으로 다가왔다. 아무런 예고도 없이 빙하의 표면이 깨지면서 육중한 얼음 덩어리가 분리되곤 했던 것이다. 이 광경을 오들리는 다음과 같이 묘사했다.

"집채만 한 큰 덩어리가 쪼개져 나오면서 마치 천둥소리 같은 엄청난 굉음이 들려왔다. 그것이 바다에 떨어지는 순간 10m는 족히 넘는 거대한 파도가 일어나 오두막을 향해 곧장 밀려왔다. 하마터면 가루도 안 남고 깨끗이 쓸려 내려갈 뻔했다……."

"마츤은 머지않아 바닷물이 범람할 거라고 굳게 믿고 있다. 오두막이 침수되는 일은 한 번도 없었지만, 그가 '준비하라'고 고함을 질러댈 때마다 가엾은 불구자인 허드슨과 블랙보로는 번번이 질겁을 했다."

그들의 운명은 파도에 쓸려나가는 모래톱처럼 비참하지는 않았다. 하지만 섬은 그들을 가라앉히기 위해 갖은 애를 다 쓰고 있었다. 7월 초, 그들은 오두막 바닥에 깔아 놓은 바위 틈새로 물이 올라온다는 사실을 발견했다. 물이 어디서 올라오는지는 정확히 알 수 없었다. 아마도 오두막 아래쪽의 지하수가 원인인 듯했다.

처음에는 한쪽 벽에 배수구를 만들어 물을 빼보려 했지만 그건 효과가 없었다. 어느 정도 시간이 지난 뒤부터는 더 이상 물이 빠지지 않았던 것이다. 그들은 물이 올라오지 않게 하려면 오두막에서 가장 낮은 지점에 웅덩이를 파야 한다는 사실을 깨달았다.

60cm 깊이의 웅덩이에는 금세 물이 고였고, 그들은 물을 밖으로 퍼냈다. 그다음부터 그들은 날씨가 따뜻하거나 습하면 늘 신경을 곤두세워야만 했다. 워낙 귀찮은 일인데다가 물에 펭귄의 배설물 등이 걸죽하게 섞여 있어 여간 구역질 나는 게 아니었다. 배수 웅덩이가 취사 스토브의 반대편에 있었던 게 그나마 다행이었다.

7월 말, 허드슨의 엉덩이에 난 종기가 축구공만큼 커졌다. 맥클로이는 감염의 위험 때문에 종기를 째는 것을 반대했지만 허드슨의 고통이 너무 심해 그냥 내버려둘 수가 없었다. 맥클로이는 마침내 마취제 없이 수술을 단행했고, 고약한 냄새가 나는 고름을 거의 1l나 받아냈다.

"연기에 찌들고 꾀죄죄하며 금방이라도 무너져 내릴 듯한 비좁은 오두막에서 우리는 콩나물 시루처럼 서로 뒤엉켜 살고 있다. 한 솥의 물을 마시고… 종기가 난 사람 옆에 바짝 누워서… 정말 끔찍한 생활이다. 여기서 인간의 존엄성을 깨닫기란 쉽지 않다. 그런데도 아직 우리는 무척 행복하다……."

그리고 맥클린은 덧붙였다.

"나는 오션 캠프에서 가져온 사슴 가죽을 블랙보로에게 주었다. 그의 슬리핑백이 내 것보다 더 많이 썩었기 때문이다. 가엾은 녀석. 블랙보로는 밖에 나갈 일도 거의 없다."

7월이 끝나가면서 오랫동안 억제되어 온 불안감이 점점 확대되기 시작했다. 정도의 차이는 있었지만 모두가 마찬가지였다. 그들은 언제 어떻게 구조될지를 놓고 끝없는 토론을 벌이면서도 한 가지 사실만큼은 언급하지 않았다. 커드 호가 실종되었을지도 모른다는 사실만큼은.

하지만 커드 호에게 어떤 불행이 닥쳤을지도 모른다는 의혹을 더 이상 외면할 수는 없었다. 섀클턴이 떠난 지 벌써 99일이 지났다. 결코 오지 않을 무언가를 기다리고 있다는 생각이 대원들 사이에서 서서히 고개를 들기 시작했다. 맥클린은 7월 31일 일기에서 이렇게 시인했다.

"이제는 스탠콤 윌스 호를 타고 디셉션 섬으로 갈 수밖에 없다. 몹시 험난한 여행이 될 것이다. 하지만 나는 그때가 오면 여행 대원으로 뽑혀 떠나길 원한다."

그들이 스스로 정해 놓은 최종 기한인 8월 중순까지는 아직 약간의 시간이 남아 있었다. 하지만 시간은 거의 정지되어 있는 것 같았다.

8월 1일은 2년 전에 인듀어런스 호가 런던에서 출항한 날이었다. 그리고 1년 전 이날은 처음으로 심각한 얼음의 압력에 맞선 날이기도 했다.

구조선의 흔적을 찾느라 전망대에서 보내는 시간이 갈수록 길어졌다. 8월 3일, 오들리는 이렇게 썼다.

"…아직도 촘촘한 부빙군에 둘러싸여… 연료도 고기도 떨어져 가지만 아무도 개의치 않는 것 같다. 어니스트 대장이 돌아오지 않을지도 모른다는 말이 이제는 공공연히 나돌고 있다. 대장이 사우스조지아 섬에 도착하지 못했을 수도 있다는 생각은 아무도 하기 싫어한다. 하지만 와일드는 디셉션 섬으로 보트 여행을 떠난다는 사실을 염두에 두고 밧줄과 털실과 못을 있는 대로 모으라는 명령을 내렸다. 이건 아주 중요한 사실이다……."

그렇게 날짜는 흘러갔다.

8월 4일(제임스) "극단적인 실존의 단조로움."
8월 5일(헐리) "…몸을 움직일 수 없는 불구자처럼 슬리핑백에 앉아 몇 권 안 되는 똑같은 책을 또 읽는다."
8월 6일(헐리) "배가 도착하기에는 이상적인 날씨다."
8월 7일(맥클린) "오늘은 허드슨이 일어나 잠시 밖으로 나갔다. 아직은 많이 허약하다. 자리에 누우면서 그는 맥클로이에게 손을 흔들어 보였다."
8월 8일(오들리) "…우리는 네 번이나 이삿짐을 꾸렸다… 적은 건 아니다."
8월 9일(그린스트리트) "워디가 1914년 9월 14일자 옛날 신문(아니면 신문의 일부분)을 찾아냈다. 대원들은 이 신문을 읽고 또 읽고 있다."
8월 10일(맥클린) "나는 눈바다제비를 보고 있었다. 작지만 멋진 새들이다. 그들은 이따금 파도에 부딪혀 해안으로 밀려오지만 즉시 일어나 다시 날아간다."

8월 11일(오들리) "마츤이 새벽 5시에 나갔다. 해변은 맑았다."

8월 12일(맥클린) "집에 있는 식구들을 걱정하지 않을 수 없다. 분명 나에 관해 엉뚱한 소식을 들었을 것이다. 얼마나 걱정들을 할까……."

8월 13일(제임스) "초조하게 배를 쳐다보기 시작한다. 모든 것은 시간 문제다……."

8월 14일(제임스) "우리는 최근 해초를 끓여 먹어 보았다. 맛이 좀 독특했지만 별 이상은 없었다."

8월 15일(오들리) "낮 동안 간간이 눈이 내린다."

8월 16일(맥클린) "…전망대에서 간절히 구조선을 기다린다. 우리들 대부분은 언덕에 올라가 배가 보이는지 뚫어져라 쳐다본다. 배가 온다는 희망을 포기한 대원들도 있다……."

8월 17일(헐리) "얼음이 다시 나타났다……."

8월 18일(그린스트리트) "양쪽 곶이 부빙군으로 꽉 찼다. 게다가 아주 멀리까지 차 있다."

8월 19일(오들리) "더 이상 우리 스스로를 속여 봐야 아무 소용이 없다."

6

공포음를 뚫고 사우스조지아 섬으로

그들은 마침내 522일 전 그들이 떠났던 섬에 다시 서 있었다. 어디선가 물이 똑똑 떨어지는 소리가 들렸다. 높은 빙하에서 흘러내린 신선한 물이었다. 여섯 명의 대원들은 무릎을 꿇고 정신없이 그 물을 들이마셨다.

1

"4월 24일 월요일 12시 30분. 우리는 동료들과 작별인사를 한 뒤 1,400km 떨어진 사우스조지아 섬을 향해 돛을 올렸다. 그리고 오후 2시, 1시간 만에 얼음 개울을 빠져 나왔다. 흠뻑 젖은 채 바다 위에 있지만 그래도 행복하다."

― 맥니쉬의 항해 일지

"4월 24일 월요일.
와일드 캠프 크로노미터 측정. 192/262.
제임스 커드 호 오후 12시 30분 출발.
북북동 방향으로 12.8km, 그리고 동으로 4.8km, 동과 서로 진행하며 얼음 개울 통과.

바람 : 오후 4시까지 서북서, 시속 48km……."

― 워슬리의 항해 일지

작별의 손을 흔들고 있는 대원들의 흐릿한 모습이 하얀 눈을 배경으로 윤곽만 보였다. 파도에 떠밀리는 커드 호의 선상에서 바라본 그들의 그런 모습은 뭉클한 연민의 정을 자아내고 있었다.

워슬리는 배의 진로를 북쪽으로 잡았다. 그의 곁에는 섀클턴이 서 있었다. 가까이 다가오는 얼음을 바라보던 섀클턴은 남겨 두고 온 대원들 쪽으로 다시 한 번 고개를 돌렸다. 어쩌면 다시는 만나지 못할 수도 있는 그들의 얼굴이 하나씩 떠올랐다. 아주 잠깐의 시간이 흘렀다고 느꼈는데 그들의 모습은 어느새 작은 점이 되어 사라져 가고 있었다.

엘리펀트 섬 전체가 배 뒤로 넓게 펼쳐졌다. 웅장한 바위투성이 곶들과 빙산 벽이 햇살을 받아 반짝거렸다. 바다 위로 가파르게 솟아 있는 자그마한 콘월리스 섬이 오른쪽의 케이프 발렌타인 너머로 보였다. 그리고 잠시 후엔 클래런스 섬의 눈 덮인 봉우리가 짙게 깔린 안개 사이로 희미하게 보였다. 물속에서는 물개나 펭귄들 무리가 바다 위를 떠가는 이상한 물체를 호기심 어린 눈으로 쳐다보며 빠르게 헤엄쳐 갔다.

커드 호가 얼음과 맞닥뜨린 것은 오후 2시를 막 넘긴 시각이었다. 묵은 부빙들이 무수한 조각으로 깨진 채 두꺼운 층을 형성하며 길게 이어져 있었다. 그것들은 서로 스쳐 대는 소리와 함께 긴 파도를 일으키며 해류를 타고 느릿느릿 동쪽으로 흘러갔다.

워슬리는 낮에 섬의 해안에서 봐두었던 물길을 찾아 얼음과 나란히 동쪽으로 방향을 틀었다. 하지만 그 물길은 부빙과 얼음 조각들로 인해 완전히 막혀 있었다. 워슬리는 황급히 커드 호의 뱃머리를 돌려 빠져 나가려 했다.

그러나 다음 순간, 그들은 섬뜩한 얼음 덩어리들 앞에서 자지러지지 않을 수 없었다. 개중에는 돛대 높이의 두 배가 넘는 얼음도 있었다. 그것들은 느릿하게 움직이는 물결 속에서 이리저리 흔들리고 있었다. 물 위에 떠 있는 부분은 눈처럼 하얗고 깨끗했으며, 물속에 잠긴 부분은 푸른 쪽빛을 발하고 있었다.

워슬리는 맞닥뜨린 얼음 조각들과 충돌하지 않기 위해 그들 사이로 보트를 안전하게 빼내려고 애를 썼다. 이런 상황에서는 노를 젓는 편이 차라리 나을 것 같았다. 돛을 내린 대원들은 조심스럽게 갑판에 몸을 웅크린 채 노를 꺼냈다. 노걸이와 같은 높이로 앉아 노를 젓는다는 것은 여간 불편한 일이 아니었다.

다행히도 바람이 가라앉았다. 섀클턴은 직접 키를 잡고 노 젓는 대원들을 독려했다. 4시가 지나면서부터 주위가 차츰 어두워지기 시작했다.

1시간이 지나면서 얼음이 다시 얇아졌다. 그들은 부빙군의 북쪽 가장자리를 빠져 나가 다시 넓게 트인 바다로 들어섰다. 노를 젓던 대원들이 의기양양하게 키가 있는 타수석으로 기어들어오자 모두가 안도의 한숨을 몰아쉬었다.

바람이 점차 남동풍으로 선회하기 시작했다. 그들을 북쪽으로 몰아가기에는 안성맞춤인 바람이었다. 섀클턴은 다시 돛을 올리라고 명령했다. 그리고 크린, 맥니쉬, 빈센트 그리고 맥카티에게 잠을 자두라고 말했다. 그동안 그는 워슬리와 함께 야간 경비를 서며 얼음의 상태를 지켜보기로 했다.

배는 순풍을 타고 빠른 속도로 나아갔다. 섀클턴은 고개를 돌려 배 뒤쪽을 바라보았다. 볼품없는 모습의 엘리펀트 섬이 어둠 속에서 아련하게 보였다. 한동안 그는 말없이 그곳을 응시했다.

비록 겉보기에는 험악한 섬이었지만, 그래서 더욱 연민을 자아내는 곳이었다. 스물두 명의 대원들이 폭풍에 씻겨 나간 불안한 모래톱에서 캠핑을 하고 있는, 마치 외계의 혹성처럼 세상과 완전히 격리된 피난처였다. 세상에서 그들의 처지를 알고 있는 사람이라고는 이 보잘것없는 작은 보트에 타고 있는 여섯 사람뿐이었다. 구조선을 이끌고 섬으로 되돌아가는 것, 그리하여 운명의 법칙이 틀렸음을 입증하는 것. 그것이 그들에게 주어진 막중한 책임이었다.

어둠이 짙어졌다. 짙푸른 하늘에는 셀 수 없이 많은 별들이 반짝거렸다. 뒤쪽에서 비스듬히 몰려오는 파도에 배가 좌우로 흔들릴 때마다 커드 호의 큰 돛대에서 펄럭이는 커다란 삼각 깃발이 불규칙한 원을 그리곤 했다. 섀클턴은 키를 잡은 워슬리 곁에 바짝 붙어 앉았다. 남풍은 차가웠고 파도는 높이 일었다.

가장 큰 걱정거리는 얼음이었다. 섀클턴과 워슬리는 시종일관 감시를 늦추지 않았다. 초저녁에는 갑작스럽게 나타난 얼음 덩어리들을 몇 개 지나쳤지만 10시쯤 되자 주변의 바다가 얼음 하나 없이 말끔해졌다.

때때로 섀클턴은 워슬리와 함께 담배를 말아 피웠다. 그들은 나란히 앉은 채 많은 이야기를 나누었다. 지난 16개월 동안 섀클턴을 짓누르고 있던 부담스런 책임감은 그의 엄청난 자존심에 약간의 손상을 입힌 것 같았다. 그는 자신이 과연 현명하게 행동하고 있는지를 확인하고 싶어했다.

그는 팀을 나누는 일이 너무도 힘들었으며 그런 일은 딱 질색이라고 워슬리에게 털어놓았다. 하지만 어차피 누군가는 구원을 요청하러 떠나야 했다. 그리고 그건 다른 사람에게 떠맡길 수 있는 그런 성질의 것이 아니었다.

이번 여행에 대해 그는 이상하게도 자신감이 없어 보였다. 그는 자신들의 운명에 대한 워슬리의 의견을 물었다. 워슬리는 해낼 수 있다고 자신있게 대답했지만 섀클턴에겐 그리 설득력 있게 들리지 않았다.

섀클턴이 자신없어하는 것은 사실이었다. 육지에서 그는 이미 자신의 능력을 입증한 바 있었다. 어느 누구도 대적할 수 없을 정도의 강인함으로 자연과 맞서서 늘 승리했던 것이다.

하지만 바다는 육지와는 아주 다른 적이었다. 용기와 의지만으로 견뎌 낼 수 있는 육지와는 달리 바다와의 싸움은 육체적인 전투이며 탈출구도 없었다. 인간이 결코 이길 수 없는, 지칠 줄 모르는 적과의 싸움이었다. 그가 바라는 건 오직 그 싸움에서 살아남는 것뿐이었다.

그는 너무도 지쳐 있었고, 이 여행이 하루빨리 끝나기를 바랐다. 만일 그들이 이대로 바람을 타고 케이프 혼에 갈 수만 있다면 전체 항해 거리의 약 3분의 1을 단축한 셈이 된다. 그는 무리인 줄 뻔히 알면서도 거기에 도착할 때까지 남동풍이 그렇게 오래 불어 줄 것 같으냐고 워슬리에게 물었다. 워슬리는 안타까운 표정으로 그를 쳐다보며 고개를 가로저었다.

"그럴 리가 없지요."

6시가 되기 직전, 주위가 점점 밝아지자 두 사람은 비로소 긴장이 풀렸다. 이제 설사 얼음이 다가온다 해도 최소한 눈으로 그걸 볼 수는 있을 테니까.

섀클턴은 7시가 될 때까지 기다렸다가 다른 대원들을 깨웠다. 스토브를 꺼낸 크린은 한동안 힘겹게 씨름한 끝에야 겨우 불을 붙일 수 있었다. 그들은 마침내 아침을 먹었다.

식사를 마치자 섀클턴은 1시간씩 교대로 경비를 선다고 발표했다. 섀클턴이 크린과 맥니쉬를 데리고 먼저 경비를 서고, 그다음에 워슬리가 빈센트, 맥카티와 함께 경비를 서기로 했다.

2

 그들이 만났던 위험에 등급을 매기기는 어렵지만 가장 위험한 것은 말할 것도 없이 얼음, 특히 밤에 만나는 얼음이었다. 보이지 않는 얼음 덩어리와 단 한 번만 충돌을 해도 모든 것이 끝장날 수 있었던 것이다. 섀클턴은 일단 최고 속력으로 북쪽으로 갔다가 동으로 방향을 틀어 사우스조지아 섬으로 갈 계획이었다.

 이틀 동안 그들은 운이 좋았다. 바람이 고정적으로 남서쪽에서 불어 주었기 때문에 계속해서 거기에 의지할 수 있었던 것이다. 4월 26일 정오까지 그들은 얼음 한 조각 만나지 않고 엘리펀트 섬으로부터 총 206km를 항해했다.

 그러나 그 이틀은 앞으로 겪게 될 고통스런 보트 생활의 전초전이었다. 물은 한도 끝도 없이 펼쳐져 있었다. 도망칠 수도 없이 사방을 에워싼 물. 때때로 뱃머리나 배 뒷전에서 올라오는 물보라를 뒤집어쓰기도 했지만 키를 잡고 있는 대원을 제외하면 배 뒷전은 그리 괴로운 자리만은 아니었다. 그보다는 뱃머리를 통해 쏟아져 들어와 뒷전과 타수석까지 적시는 소리 없는 바닷물이 더 곤욕스러웠다.

이따금 파도가 세차게 부서지며 보트가 물속으로 가라앉기도 했다. 그러면 거품이 부글대는 짙푸른 물이 갑판 전체로 흘러 들어왔다. 돛으로 만든 갑판엔 여기저기 긁히면서 수많은 구멍이 뚫렸는데 바닷물은 그 구멍들을 통해 마치 지붕에서 비가 새듯 보트 안으로 흘러 떨어졌다. 엘리펀트 섬을 떠난 지 24시간도 안 되어 갑판은 볼품없이 축 처져 버렸다.

키를 잡는 일이 가장 곤욕스러웠기 때문에 대원들은 경비를 설 때마다 1시간 25분씩 교대로 키를 잡았다. 하지만 나머지 대원들도 힘들기는 마찬가지였다. 그들은 대개 물을 퍼내거나 돛을 돌보거나 바닥의 돌을 옮겨 밸러스트의 위치를 잡았고, 그 일을 하지 않을 때는 위에서 떨어지는 물을 막으며 시간을 보내야 했다.

그들은 거의 같은 복장을 하고 있었다. 두꺼운 울 내의, 울 바지, 두툼한 스웨터 그리고 방수 코트. 머리에는 목까지 감싸 주는 털실로 짠 모자를 쓰고 있었다. 방수 천으로 겉을 덧씌운 모자였다. 발에는 두 켤레의 양말을 신었고, 발목까지 올라오는 부츠 위에 낡은 털이 들어 있는 사슴 가죽 부츠를 덧신었다.

그들에게 제대로 된 방수복이라곤 단 한 벌도 없었다. 그들이 입고 있는 옷들은 건조하고 추운 곳에서는 안성맞춤이겠지만 물보라에 흠뻑 젖은 배에서는 전혀 어울리지 않는 복장이었다. 그들의 옷은 완전히 포화 상태가 될 때까지 주변의 습기를 모조리 흡수했고, 마르지도 않은 채 계속해서 젖은 상태를 유지하고 있었다.

제일 좋은 방법은 물이 가하는 이런 시련들과 더불어 사는 것이었다. 그들이 엘리펀트 섬에서 그랬던 것처럼. 옷이 물에 젖더라도 그저 젖은 부위에 살이 닿지 않도록 피하면서 가만히 앉아 있는 것이 최선이었다. 하지만 겨우 7m짜리 보트에서, 그것도 파도가 몰아치는 가운데 움직이지 않고 앉아 있기란 결코 쉬운 일이 아니었다.

보트에 고이는 물을 빼내려면 한 번 경비를 설 때마다 최소한 두세 번은 펌프질을 해야 했다. 그 일에 필요한 인원은 두 명이었다. 한 사람이 피스톤을 작동시키는 동안 나머지 한 사람은 보트의 밑창에 고인 물속에 기다란 놋쇠 원통을 담그고 있었다. 원통을 잡고 있는 손은 장갑을 끼었음에도 불구하고 채 5분도 안 되어 감각이 없어지곤 했다. 그들은 서로 자리를 바꿔 가며 힘겹게 펌프질을 했다.

배 안이 아무리 불편해도 경비를 게을리할 수는 없었다. 그들은 잠을 자는 게 오히려 더 힘들다는 것을 항해 초기에 이미 깨달았다. 슬리핑백은 배에서 그나마 가장 건조한 장소인 뱃머리에 놓아두었다. 그리로 가려면 보트 바닥에 놓여 있는 돌멩이 사이를 네 발로 엉금엉금 기어야 했다. 나중에는 요령이 생겨 아예 배를 바닥에 깔고 밸러스트와 좌석 사이를 뱀처럼 요리조리 빠져 나갔다.

마침내 뱃머리에 닿으면 이젠 슬리핑백 안으로 들어가 잠자는 일이 남아 있었다. 뱃머리는 다른 곳에 비해 특히 요동이 심했다. 몸 전체가 위로 번쩍 들어올려지는가 하면 다시 밸러스트 바위 위로 떨어졌고, 보트가 파도에 휘감기면서 바닥에 심한 충격을 주기도

했다. 섀클턴은 여섯 개의 슬리핑백 중 세 개만 쓰고 나머지는 밸러스트 위에 깔자고 제안했다. 모든 대원들이 즉시 동의했다.

갑판 아래에는 똑바로 앉아 있을 만한 공간이 없었다. 처음에는 고개를 푹 수그리고 턱을 가슴에 묻은 채 식사를 했다. 하지만 이 자세로는 음식을 삼킬 수가 없었기 때문에 그들은 하는 수 없이 바닥의 밸러스트에 기대 누워서 식사를 해야 했다.

기대거나 앉거나 아니면 슬리핑백에 눕거나, 어떤 자세를 하건 간에 보트 요동과의 싸움은 끝이 없었다. 바닥에 깔린 900kg의 밸러스트로 인해 커드 호는 파도가 밀려올 때마다 갑자기 덜컹거리며 곤두서는 일이 잦았다. 워슬리는 밸러스트가 너무 무겁다며 섀클턴에게 서너 개를 버리자고 졸랐다. 하지만 섀클턴은 이 문제에 대해 매우 신중한 태도를 보였다. 워슬리가 옳다는 것을 입증하기 위해서는 밸러스트를 던져 버려야만 하는데, 한번 버리면 다시는 찾을 수 없기 때문이었다. 가벼워져서 뒤집히는 위험을 감수하느니 차라리 심술궂은 요동에 견디는 편이 더 낫다고 그는 생각했다.

그들은 문명사회에 닿을 수 있다는 확신으로 사기 충천하여 엘리펀트 섬을 떠났었다. 당시 맥니쉬는 이렇게 적었었다.

"온통 젖었지만 그럼에도 불구하고 행복하다."

하지만 고난의 연속인 이틀이 지난 뒤, 그들의 기분은 말이 아니었다. 그리고 4월 26일, 보트가 엘리펀트 섬으로부터 206km 지점에 다다르자 그들에게 예정된 고난이 한꺼번에 현실로 다가오고 말았다. 지금까지는 그래도 전진하고 있다는 유일한 위안이 있었다. 30분에 1.6km라는 견딜 수 없이 느린 속도긴 했지만.

4월 26일, 커드 호의 위치는 북위 59도 46부, 서경 52도 18부였다. 위도 60도 지역을 잇는 선으로부터 북으로 22.5km 모자라는 지점이었다. 이렇게 해서 그들은 그곳의 기후로 인해 이름 붙은 '광란하는 50도'와 '폭풍의 60도'를 구분하는 선을 막 넘은 것이다.

그곳은 바로 지구상에서 가장 험악하다는 드레이크 해협이었다. 소문대로 그곳은 험악하기 그지없었다. 배가 바다에 혼자 남겨졌을 때 무엇을 할 수 있는가를 보여 주는 실험장이 될 만한 곳이었다.

그것은 바람으로 시작된다. 남극권과 가까운 남위 67도 지점에는 거대한 저기압 지역이 있다. 이 지역은 일종의 배수 웅덩이처럼 작용하는데, 멀리 북으로부터 온 고기압이 그 웅덩이에 도달하면 기세가 줄어들면서 강한 서풍을 동반한다. 미 해군의 '남극 항해 안내서'는 이 바람을 이렇게 정의하고 있다.

> "이 바람은 종종 허리케인의 강도를 띠며 풍속은 시속 240~320km에 이른다. 이렇게 맹렬한 바람은 오직 열대성 저기압권 내에서만 존재한다고 알려져 있다."

게다가 이 위도 구역은 지구상의 다른 곳과는 달리 바다가 육지를 완전히 에워싸고 있다. 어떠한 육지의 방해도 받지 않은 채 태초부터 지금까지 바람이 파도를 시계 방향으로 무자비하게 몰며 지구를 한 바퀴 돈 다음, 다시 원위치로 돌아와 다른 바람과 합세하여 세력을 강화하는 곳이다.

　이렇게 해서 일어난 파도는 선원들 사이에선 가히 전설적이었다. 이 파도는 '케이프 혼 파도'나 '흰 수염의 노인'이란 별명으로 통했다. 파도 마루에서 마루까지의 길이(파도를 정면에서 보았을 때 좌우의 폭을 뜻함)가 거의 1.6km나 되는 것으로 알려져 있으며, 몇몇 선원들은 파도의 높이가 무려 60m에 이른다고 보고했다. 과학자들은 24~27m를 넘지 않을 것으로 추정하고 있지만 말이다. 파도의 이동 속도가 얼마나 빠른지는 정확하게 알 수 없지만 많은 항해사들이 시속 90km에 이를 때도 있다고 주장하고 있다.

　1833년에 티에라 델 후에고에 부딪치는 이 파도를 처음으로 본 찰스 다윈은 그의 일기에 이렇게 적었다.

"그 광경을 보면 선원들은 최소한 일주일은 죽음이나 난파 등의 악몽에 시달린다."

　커드 호에서 본 이 파도의 광경은 그런 생각이 충분히 근거 있는 것임을 입증하고 있었다. 아주 드물게 해가 나면 바다는 짙푸른 코발트 색으로 변해 끝없이 깊다는 인상을 심어 주었다. 또 실제로도 그렇게 깊었다. 하지만 대부분은 하늘이 잔뜩 흐려 있었고, 그래서 해면도 생기 없고 칙칙한 흐린 색으로 보였다.

　이 물 벼랑은 하얀 거품을 일으킨 채 쉭쉭 소리를 내며 이동했다. 파도가 아주 높이 올라가거나 너무 빠른 속도로 몰아칠 때에는 파도 스스로 제 균형을 잃었으며, 파도 마루가 지구의 중력에 이

끌려 아래로 곤두박질쳤다.

보트보다 최소한 15m는 더 높은, 보트를 수백만 톤의 물 밑으로 묻어 버릴 듯한 집채만 한 파도가 배 뒤쪽으로 다가올 때마다 커드 호의 돛을 묶은 밧줄이 느슨해졌다. 하지만 그럴 때마다 부력에 의해서 보트는 돌진해 오는 물결보다 더 높이 들어올려졌고, 거품이 부글대는 파도의 정점에 이르렀다가 다시 앞쪽으로 갑작스럽게 고꾸라졌다.

이 드라마는 하루에 수천 번도 넘게 연출되고 또 연출되었다. 그리하여 커드 호의 대원들에겐 이런 일들이 무시무시한 자연력이 아닌 그저 일상의 평범한 일로 느껴지기 시작했다. 마치 활화산의 그늘 밑에서 무감각하게 사는 사람들처럼.

아주 가끔씩 그들은 사우스조지아 섬을 생각했다. 그곳은 너무도 멀고 너무도 비현실적인 곳이어서 생각하는 것조차 우울한 일이었다.

그들의 목숨은 몇 시간, 혹은 불과 몇 분에 한 번씩 위협을 받았다. 경비를 서느라 깨어 있을 때면, 그 4시간 동안은 오직 생존에만 초점이 맞춰졌다. 그러다가 축축하게 젖은 슬리핑백 속으로 다시 기어들어가고 나면 잠깐 동안은 모든 것을 잊어버렸다.

경비 근무는 몇 가지로 세분화되어 있었다. 키 앞에 있어야 하는 시간, 영겁같이 긴 그 80분 동안 당번은 물보라와 추위에 고스란히 노출되어 있어야 했다. 펌프질도 고역이었고 밸러스트를 옮기는 일도 끔찍했지만 키를 잡는 일에 비하면 그건 기껏해야 2분밖에 소요되지 않는 손쉬운 일이었다. 물보라를 흠뻑 뒤집어쓴 다음에 한 번 더 움직일 수 있도록 몸을 충전하는, 그리고 얼음처럼 차가워진 옷이 따뜻해질 때까지 열을 내는, 말하자면 일종의 휴식 같은 거였다.

4월 27일, 엘리펀트 섬을 떠난 지 사흘째 되던 날, 그들의 운은 나쁜 쪽으로 선회하고 있었다. 정오 무렵부터 옷깃을 파고드는 안개비가 내렸고, 바람은 북쪽을 향해 불어 대기 시작했다.

그들은 엘리펀트 섬에서 북으로 240km 지점에 있었다. 얼음과 맞닥뜨릴 가능성이 여전히 남아 있는 구역이었다. 그래서 남쪽으로는 단 1km도 더 떠 내려갈 수 없었다. 섀클턴과 워슬리는 잠시 가능성을 타진해 본 다음 가급적 커드 호를 바람의 방향에 고정시키는 수밖에 없겠다고 결론을 내렸다.

그렇게 싸움은 시작되었다. 돛의 움직임에 따라 이리저리 배의 진로를 바꾸고 파도에 부딪히면서 그들은 앞으로 나아갔다. 속수무책으로 바람을 타고 파도에 떠밀리는 동안 그들이 할 수 있는 일은 오직 제 몸뚱이를 유지하는 것밖에 없었다. 하지만 밤 11시경, 다행히도 바람이 잦아들었다. 워슬리의 시계가 자정을 가리킬 무렵, 그들은 다시금 진로를 북동쪽으로 잡을 수 있었다.

4월 28일, 나흘 전 그들이 엘리펀트 섬을 떠난 이래 가장 좋은 날씨였다. 하지만 대원들은 서서히 육체적 고통을 느끼기 시작했다. 섀클턴은 오션 캠프에서 겪었던 것과 비슷한 신경통 증세가 오고 있음을 깨달았다. 다른 대원들 역시 발과 다리에 조이는 듯한 통증이 심해져 다들 신경이 곤두서 있었다.

오전 나절에 맥니쉬가 별안간 타수석 한복판에 주저앉더니 부츠를 벗었다. 퉁퉁 부어 오른 다리와 발목과 발이 운동 부족과 습기로 인해 하얗게 질려 있었다. 맥니쉬의 발을 들여다본 섀클턴은 다른 대원들에게도 신발을 벗어 보라고 말했다. 그들 역시 마찬가지였다. 가장 심한 것은 빈센트였는데, 아무래도 류머티즘에 걸린 것 같았다. 섀클턴은 약상자를 뒤져 도움이 될 만한 약을 그에게 주었다. 조그만 병에 담긴 빨간 약이었다.

워슬리의 항해 서적들이 계속 물에 젖는 것도 심각한 문제였다. 그 책들이 손상된다는 것은 이 버림받은 바다의 황야에서 길을 잃을 수도 있다는 것을 의미했다. 그는 책들을 보호하려고 온갖 노력을 다 기울였지만 방향을 잡을 때면 어쩔 수 없이 필요한 책들을 꺼내야 했고 그때마다 책은 물세례를 받았다.

대수(對數)책 표지가 물에 흠뻑 젖어 물기가 속까지 배어 들기 시작했다. 해와 별의 위치 목록이 들어 있는 『항해 연감』은 그보다 더 심했다. 싸구려 종이에 인쇄를 한데다가 제본마저 느슨했기 때문이다. 책을 읽으려면 한 장씩 뜯어 가며 페이지를 넘겨야 했다.

4월 28일 이른 오후, 비교적 잔잔했던 북서풍이 지나가고 날이 어두워지자 바람은 남남서로 움직이더니 거의 돌풍으로 변했다. 밤이 되면서 잔뜩 흐린 구름이 별들을 모조리 가려 버렸다. 위치를 읽는 유일한 방법은 메인마스트에 꽂혀 바람에 펄럭이는 삼각기를 바라보며 깃발이 뱃머리 왼쪽을 벗어나도록 진로를 맞추는 것이었다.

밤에 한 번씩 바람의 방향을 체크한 다음 성냥불을 켜고 나침반을 읽었다. 바람이 아직도 방향을 틀지 않았는지 확인하기 위해서였다. 목표 지점에 닿는 것은 아직 요원한데도 그들은 사우스조지아 섬이 눈에 들어올 때를 대비하여 양초 두 개를 준비해 두고 있었다.

닷새째인 4월 29일 새벽, 어렴풋한 하늘 아래 파도가 일렁거렸다. 낮게 드리워진 구름이 거의 수면에 닿을 듯 말 듯 지나갔다. 바람은 정확히 배 뒤쪽에서 불어왔다. 커드 호는 싫은데도 억지로 끌려가며 투덜대는 늙은 노파처럼 마지못해 앞으로 밀려갔다.

정오가 되기 직전, 구름 사이로 틈새가 벌어졌다. 워슬리는 서둘러 육분의를 꺼냈다. 해는 아주 잠깐 나왔다가 이내 사라져 버렸지만 워슬리는 이미 위치 측정을 끝낸 뒤였다. 커드 호의 현재 위치는 남위 58도 38부, 서경 50도 0부였다. 엿새 전 엘리펀트 섬을 떠난 후 약 383km를 달려온 것이다.

그들은 전체 거리의 약 3분의 1 지점에 있었다. 이제 형기의 3분의 1은 치른 셈이었다.

3

 낮이 지나고 밤이 되도록 남서풍이 계속되면서 점차 강해지고 있었다. 음산한 잿빛 하늘이 4월 30일의 아침을 밝히고 있는 동안, 해면이 거품을 일으키며 사방으로 쪼개졌다. 미친 듯한 돌풍의 굉음이 돛을 묶은 밧줄 사이로 신경질적으로 넘나들었고, 커드 호는 물결이 일 때마다 위로 솟구쳐 올랐다. 기온이 영하 17℃ 가까이 떨어졌고, 매서운 바람은 그리 멀지 않은 곳에 부빙군이 있음을 암시했다.

 아침이 지나면서 보트의 방향을 잡는 일이 점점 더 힘들어졌다. 시속 100km의 돌풍에 밀려 뱃머리가 바다로 곤두박질쳤으며, 배 뒷전을 휘감은 집채만 한 파도는 배를 박살낼 듯한 기세로 으르렁거렸다. 10시쯤에는 배가 항해를 하는 것이 아니라 아예 이리저리 미끄러지며 데굴데굴 구르고 있었다. 그럴 때마다 배 안으로 바닷물이 밀려들어왔다. 아무리 펌프질을 해도 물을 퍼내기에는 역부족이어서 나중엔 쉬고 있던 대원들까지 모두 합세하여 물을 퍼내야 했다. 정오가 가까워지면서 배가 얼어붙기 시작했다.

배의 방향을 어디로 틀어야 할지 결정을 내려야 했지만 섀클턴은 최대한 결정을 미루고 있었다. 그들은 펌프질을 하고 물을 퍼내고 또 얼음을 깨뜨렸다. 그 와중에도 배의 진로를 풍향에 맞추려는 싸움은 계속되었다. 정오… 1시… 2시. 하지만 아무 소용이 없었다. 바다는 배를 압도했다. 섀클턴은 마지못해 방향을 바꾸라고 명령했다. 돛이 내려지고 120cm 길이의 원추형으로 생긴 닻이 긴 뱃머리 밧줄 끝에 늘어뜨려졌다. 닻이 물속에서 질질 끌리면서 커드 호의 뱃머리가 바람을 향해 일어섰다.

놀랍게도 그와 동시에 상황이 호전되었다. 최소한 배 안으로 물이 덜 들어왔다. 그러나 배의 움직임이 자유롭지 못했다. 닻이 매달려 있는 동안 배는 새 파도가 밀려올 때마다 술 취한 사람처럼 마구 휘청거리다가 물속으로 고꾸라졌다. 잠시도 한눈을 팔 수가 없었다. 할 수 있는 일이라곤 오직 한 가지, 참고 기다리는 것뿐이었다.

말아올린 돛에 얼음이 끼기 시작한 것은 그로부터 얼마 지나지 않아서였다. 물보라가 일어날 때마다 얼음은 더욱 두터워졌다. 1시간 만에 돛은 완전히 얼어붙었다. 위가 무거워지면서 보트의 움직임 또한 둔해지고 있었다. 돛을 끌어내려야만 했다. 크린과 맥카티가 돛대 위로 올라가 얼음을 깬 뒤 돛을 끌고 내려왔다. 그리고 갑판 아래 미리 마련해 둔 장소에 넣어 두었다.

이번에는 두꺼운 얼음 테가 노에 끼기 시작했다. 슈라우드(돛대 꼭대기에서 양쪽 뱃전에 매어 돛대를 꼿꼿이 서게 하는 밧줄)에 묶어 놓은 노가 4개나 있었다. 얼음이 덮이자 노들은 작은 방파제가 되어 배 안으로 물이 들어오는 것을 막아 주었다. 섀클턴은 얼음이 너무 무거워지지 않기를 바라며 초조하게 그 광경을 바라보았다. 하지만 아침까지 그대로 내버려두기엔 상황이 너무나 위태로웠다. 섀클턴은 워슬리, 크린, 그리고 맥카티에게 함께 갑판 위로 올라갈 것을 지시했다.

그들은 노에 달라붙은 얼음을 힘겹게 깨뜨린 다음 그중 두 개를 뱃전 너머 물속으로 던져 버렸다. 나머지 두 개는 갑판 위쪽 50cm 높이의 슈라우드에 묶었다. 노를 타고 물이 미끄러져 내리게 하기 위해서였다.

일을 마치자 주위가 어두워졌다. 그들은 온몸이 물에 젖은 상태에서 타수석으로 기어들어갔다. 그리고 밤이 시작되었다.

경비를 서는 대원들은 그 끔찍한 4시간 동안 줄곧 사시나무 떨듯 몸을 떨었다. 갑판 아래에 놓인 밸러스트 바위에 반쯤 언 몸으로 움츠리고 앉아 배가 바람에 흔들릴 때마다 쓰러지지 않으려고 안간힘을 썼다.

고통스러웠던 지난 7일 동안 이 바위들은 물을 퍼내는 일을 방해했고 마음대로 돌아다닐 수도 없게 했으며 잠도 잘 수 없게 했다. 심지어는 대원들의 식사조차 힘들게 만들었다. 하지만 가장 힘든 것은 그것들을 옮기는 일이었다. 보트의 무게 중심을 유지하려면 수시로 바위의 위치를 바꿔야 했고, 그럴 때마다 대원들은 좁은 바닥에 웅크리고 앉아 무릎을 꿇은 채 그것들을 굴려야 했다. 이제는 어느 모서리가 날카롭고 어느 부위가 매끄러운지를 눈을 감고도 훤히 알 정도였다.

또 하나의 문제는 슬리팽백에서 비어져 나오는 사슴 털이었다. 처음에는 약간 신경이 쓰이는 정도에 불과했지만 문제는 그것이 끝도 없이 무한정 나온다는 것이었다. 털은 급기야 온 사방에 퍼졌다. 보트의 양측, 좌석, 밸러스트 할 것 없이 모든 장소에. 대원들의 얼굴과 손에 젖은 털 뭉치가 달라붙었다. 그들은 심지어 잠을 자면서도 털을 들이마셨다. 어떤 때는 털에 숨이 막혀 잠을 깨기도 했다. 털은 보트 아래로도 내려가 펌프의 작동을 방해했으며, 음식에 섞이는 일도 점점 잦아졌다.

길고 지루한 밤이 지나면서 배에도 약간의 변화가 느껴지기 시작했다. 우선 갑판 지붕에서 뚝뚝 떨어져 내리던 물이 조금씩 줄어들더니 갑자기 한꺼번에 멈추었다. 동시에 배의 요동도 한결 줄어들었다. 좌우로 심하게 흔들리지도 않았고, 파도에 얹혀 솟구치는 일도 별로 없었다.

여명이 밝아 오자 그 이유가 드러났다. 배가 15cm 두께의 얼음 속에 갇혀 있었던 것이다. 닻을 묶은 밧줄도 건장한 남자의 넙적다리 두께만큼이나 굵어졌다. 그 무게로 인해 배는 평소보다 10cm나 더 깊이 물에 잠겨 있었다. 마치 바다 위에 버려진 폐선 같았다.

경비를 서던 워슬리는 즉시 맥카티를 보내 섀클턴을 깨웠다. 섀클턴이 황급히 배 뒤쪽으로 달려왔다. 상황을 직접 확인한 그는 흥분한 목소리로 전 대원을 깨우라고 명령했다. 그러고는 손수 작은 도끼를 들고 조심스럽게 앞으로 기어갔다.

그는 갑판에 상처를 내지 않도록 도끼의 뒷등으로 조심스럽게 얼음을 깨뜨리기 시작했다. 이따금씩 파도가 배에 부딪칠 때마다 갑판 위로 물이 튀었다. 그는 다른 대원들이 초조하게 지켜보는 가운데 거의 10분간이나 그렇게 얼음을 깼다. 그러고 나니 너무 추워서 도끼를 제대로 움켜쥘 수도, 몸의 균형을 잡을 수도 없었다. 타수석으로 들어온 섀클턴의 옷과 반쯤 얼어붙은 수염에서 물이 뚝뚝 떨어졌다. 그는 도끼를 다음 차례인 워슬리에게 건네주며 와들와들 몸을 떨었다. 그러고는 각별히 조심하라고 워슬리에게 두 번 세 번 주의를 주었다.

그들은 번갈아 가며 도끼로 얼음을 깼지만 한 사람당 채 5분을 넘기지 못했다. 처음에는 무릎을 딛고 지탱할 만한 곳을 확보하기 위해서라도 얼음을 깨야 했다. 갑판에 얼어붙은 이 미끄러운 얼음을 딛고 일어선다는 것은 자살행위나 다름없었다. 설사 누군가 배에서 미끄러져 물속으로 빠진다 해도, 나머지 대원들이 그 사람을 구하기 위해 제때에 닻을 내리거나 돛을 올릴 수가 없기 때문이었다.

밑에 있던 섀클턴은 타수석 안에까지 얼음이 끼는 것을 발견했다. 갑판 아래로 고드름이 길게 매달렸고 바닥에 흘러 들어온 물도 거의 얼어붙었다.

그는 크린과 함께 스토브에 불을 붙였다. 타수석이 얼어붙지 않도록 온도를 높이기 위해서였다. 바닥의 물이 완전히 얼어붙어 펌프질을 할 수 없게 되면 그 무게로 인해 배가 가라앉을 수도 있었다.

갑판 위에서 고된 작업을 1시간이나 계속한 후에야 그들은 커드 호가 조금씩 위로 떠오르는 것을 느낄 수 있었다. 작업은 배 위의 모든 얼음을 다 제거할 때까지 계속되었지만 닻을 묶은 밧줄에 얼어붙은 얼음만은 그냥 내버려두었다. 닻이 내려진 곳에는 감히 다가갈 엄두가 나지 않았던 것이다.

잠시 후, 갑판에 붙은 고드름이 녹으면서 갑판 아래에 있는 그들의 머리 위로 물방울이 떨어지기 시작했다. 바닥의 물도 펌프질을 할 수 있을 만큼 흥건하게 녹아 있었다.

섀클턴은 크린에게 스토브의 불꽃을 키우라고 지시했다. 하지만 스토브에서 나오는 연기 때문에 실내 공기가 탁해져 숨을 쉴 수가 없게 되자 정오 무렵엔 다시 스토브를 끌 수밖에 없었다. 한참 만에 공기가 맑아지긴 했지만 고기가 썩는 듯한 시금털털한 냄새는 도무지 사라지질 않았다. 맥니쉬는 그것이 슬리핑백에서 나는 냄새임을 알아차렸다. 물에 젖은 슬리핑백이 썩기 시작했던 것이다.

오후 내내 얼음이 다시 끼기 시작했다. 섀클턴은 커드 호가 아침까지 살아남는 것을 운에 맡기기엔 상황이 너무나 위험하다고 판단했다. 그는 배에 낀 얼음을 한 번 더 긁어 내라고 대원들에게 지시했다. 한참 만에 얼음을 제거하고 뜨거운 우유 한 잔을 마신 뒤, 대원들은 묵묵하게 아침이 오기를 기다렸다. 그리고 앞을 분간할 수 있을 만큼 날이 밝자마자 세 번째로 얼음을 제거하는 작업에 들어갔다.

5월 2일이었다. 강풍이 사흘째 불고 있었다. 날씨가 잔뜩 흐린 탓에 위치를 전혀 확인할 수가 없었다. 다른 모든 것들이 불확실한 것으로도 모자라, 이젠 자기들이 어디에 있는지조차 제대로 파악할 수 없게 된 것이다.

  9시가 조금 넘어서 바람이 가라앉았다. 잠시 후 커드 호는 엄청나게 높은 파도에 휩싸여 솟구쳤고, 부서지는 파도가 곧바로 배를 강타했다. 그리고 또 파도가 밀려왔다. 닻이 바다 속으로 떨어져 내렸다.

4

 잠깐 갈팡질팡했다. 대원들은 배가 파도 아래로 떨어져 내리면서 오른쪽으로 심하게 흔들리는 것을 느꼈다. 순간 그들은 직감적으로 무슨 일이 생겼는지 알아차렸다.
 섀클턴과 워슬리는 갑판 위를 기며 앞을 쳐다보았다. 파도에 쏠려 너덜너덜해진 뱃머리의 밧줄이 물속으로 질질 끌려가고 있었다. 밧줄에 엉겨붙었던 얼음 덩어리가 떨어지면서 닻이 함께 쓸려 내려간 것이다.
 섀클턴은 갑판 아래에 있는 대원들에게 삼각 돛을 가져오라고 소리쳤다. 대원들은 잔뜩 엉킨 채 꽁꽁 얼어붙은 돛을 잡아당겼다. 크린과 맥카티가 돛을 질질 끌며 심하게 흔들리는 갑판으로 기어 올라왔다. 돛대를 묶는 밧줄마저 얼어붙은 탓에 일단은 그것부터 두드려 풀어야 했다. 한참 만에야 그들은 고팻줄(돛이나 깃발 등을 올리고 내릴 때 움직이는 밧줄)에 붙은 얼음을 떼내고 삼각 돛을 메인마스트에 올릴 수가 있었다. 폭풍 트아리슬(악천후일 때 배의 방향을 유지하기 위해 다는 튼튼하고 작은 세로 돛) 대신 삼각 돛을 단 것이다.

커드 호의 뱃머리가 천천히, 그리고 마지못해 바람이 불어가는 쪽으로 선회했다. 대원들은 온몸이 굳는 듯한 긴장감을 느꼈다.

이제 바람을 타는 것은 조타수의 역할에 달려 있었다. 그러려면 계속 경계를 늦추지 말아야 했다. 부서지는 파도와 살을 에는 듯한 바람에 노출되는 것은 전혀 유쾌한 일이 아니었다.

다행히도 강풍이 가라앉기 시작했다. 그리고 11시, 섀클턴은 위험을 감수하고 돛을 올리기로 결정했다. 메인마스트에서 삼각 돛이 내려지고, 말아올린 러그슬(돛대에 비스듬히 매단 사각형 세로 돛)과 메인마스트 바로 뒤에 있는 돛이 올려졌다. 44시간 만에 처음으로 커드 호는 다시 북동쪽을 향해 전진하기 시작했다. 비로소 항해가 재개된 것이다. 그러나 이것도 확실한 진로는 아니었다. 배 뒤쪽에서 불어오는 바람의 기세에 밀려 뱃머리의 절반이 거대한 파도 속에 파묻히곤 했던 것이다.

정오가 막 지난 시각, 어디에서 왔는지 아름답기 그지없는 큰 신천옹 한 마리가 눈앞에 나타났다. 커드 호와는 달리 신천옹은 날개는 움직이지도 않은 채 바람을 타고 손쉽게 하늘로 날아오르며 우아한 자태를 뽐냈다. 가끔씩은 배에 닿을락 말락 할 정도로 낮게 미끄러져 내려오기도 했다. 새는 하늘을 향해 수직으로 상승했다가 별 힘도 들이지 않고 멋지게 활강하기를 연신 되풀이했다.

크고 아름다운, 그리고 날아다닐 수도 있는 자연의 창조물. 날개를 활짝 펴면 한쪽 끝에서 끝까지의 거리가 3m가 넘는 그 창조물이 사나운 폭풍에도 아랑곳하지 않고 그들과 동행하고 있었다. 커드 호의 고통스런 투쟁을 비웃기라도 하듯.

신천옹은 몇 시간 동안 계속해서 보트 위를 맴돌았다. 새의 우아한 날갯짓을 보고 있노라면 거의 최면에 걸릴 정도였다. 대원들은 부러워 견딜 수가 없었다. 워슬리는 신천옹이 사우스조지아 섬까지 15시간이면 날아갈 수 있을 거라고 적었다.

그는 또 이렇게 적었다.

"맥카티는 내가 만난 사람 중에 가장 정도가 심한 낙관주의자이다. 교대 시간이 되어 내가 그에게서 키를 넘겨받았을 때, 보트에는 얼음이 끼었고 파도는 높았다. 그는 활짝 웃으며 내게 보고했다. '정말 좋은 날입니다, 항해사 님'이라고. 방금 전까지만 해도 몹시 기분이 나빴던 나에게……."

저녁이 되면서 날씨는 점점 더 험상궂게 변했다. 바람은 5월 3일 동이 틀 무렵에야 비로소 가라앉으며 잔잔한 남서풍으로 변했다. 정오가 다가오자 구름이 걷히기 시작했다. 이내 파란 하늘이 드러나더니 햇살이 쏟아져 내렸다.

워슬리는 육분의를 꺼냈다. 위치를 읽기는 그리 어렵지 않았다. 그가 계산을 마쳤다. 현재의 위치는 남위 56도 13분, 서경 45도 38분. 엘리펀트 섬에서 648km 떨어진 지점이었다. 이제 사우스조지아 섬까지의 거리는 절반으로 줄어 있었다.

어느새 전투의 반이 끝났다. 따스한 해가 머리 위로 떠올랐다. 비번인 대원들은 갑판의 음침한 구석에서 나와 슬리핑백을 햇볕에 말리고 옷가지와 부츠, 양말, 스웨터까지 벗어 슈라우드와 뒷버팀줄에 묶었다. 소풍 나온 아이들처럼 편안한, 그리고 약간은 즐거운 모습이었다.

이틀 동안의 맑은 날씨는 기적을 만들어 놓았다. 이제 대원들 사이엔 막연하나마 자신감이 생겨나고 있었다. 처음 출발할 때만 해도 사우스조지아 섬은 단지 이름만 존재하는 곳이었다. 너무도 멀고 현실감이 없었던 탓에.

그러나 그곳은 이제 더 이상 관념 속의 땅이 아니었다. 지금 이 순간 그들은 사우스조지아 섬의 끄트머리에서 채 400km도 안 되는 지점에 있었다. 이제 사흘, 아무리 길어도 나흘이면 육지를 보게 될 것이다. 그러면 이 여행도 끝이 날 것이다. 불가능하게 여겨졌던 목표가 현실로 바뀌기 직전에 흔히 생겨나는 그런 종류의 불안이 그들에게도 다가오기 시작했다. 만에 하나 잘못되는 일이 없도록 돌다리도 두드려 가며 건너자는, 말하자면 일종의 기우 같은 것이었다.

5월 5일 밤은 하늘이 너무 흐려서 뱃길을 잡기가 어려웠다. 메인마스트에 매달린 삼각 돛을 기준으로 진로를 유지했지만 배는 사나워지는 강풍에 어쩔 수 없이 조금씩 밀려갔다. 이제 그들은 배에서 느껴지는 감각에 의존하여, 혹은 배 앞에서 부서지는 파도의 하얀 선을 바라보며 방향을 잡아야만 했다.

자정이 되어 뜨거운 우유를 마시고 나자 섀클턴의 교대 시간이 되었다. 그가 직접 키를 잡았고 크린과 맥니쉬는 아래에 남아 펌프질을 했다. 섀클턴의 눈이 막 어둠에 익숙해질 무렵, 문득 고개를 돌린 그는 배 뒤쪽의 하늘에서 환한 틈새를 보았다. 날씨가 맑아지고 있다고 생각한 그는 즉시 다른 대원들을 불러 그 낭보를 전했다.

잠시 후, 섀클턴은 뭔가가 낮게 으르렁거리는 듯한 소리를 듣고 다시 고개를 돌렸다. 구름 사이의 환한 틈새는 갠 하늘이 아니라 그들을 향해 무서운 속도로 돌진해 오는 거대한 파도 마루였던 것이다. 그는 본능적으로 몸을 획 돌리며 머리를 숙였다.

"빌어먹을, 꽉 붙잡아!"

그가 외쳤다.

"우리 쪽으로 온다!"

한동안은 아무 일도 일어나지 않았다. 커드 호는 단지 높이, 아주 높이 솟구쳤을 뿐이다. 집채만 한 파도의 울부짖음이 온 하늘을 가득 메웠다. 그리고 파도가 부서졌다. 배는 거품이 부글대는 파도 꼭대기에 잠시 얹혔다가 옆으로 튕겨져 나갔다. 마치 공중으로 날아오른 것 같았다.

섀클턴은 자신을 향해 사납게 밀려드는 물보라를 의자에 앉은 채로 고스란히 뒤집어썼다. 키에 묶인 밧줄이 축 늘어졌다가 배가 심하게 흔들리자 다시 팽팽해졌다. 마치 줄다리기 게임을 하는 듯했다.

일순간에 사방은 온통 물로 변했다. 배가 누웠는지 곤추섰는지조차 짐작할 수가 없었다. 하지만 그 순간은 결국 지나갔다. 파도는 밀려갔고, 커드 호는 비록 좌석까지 차오른 물로 인해 거의 빈사 상태이긴 했지만, 용케도 아직 물 위에 떠 있었다. 크린과 맥니쉬는 아무거나 손에 잡히는 대로 들고 미친 듯이 물을 퍼내기 시작했다. 슬리핑백 속에 있던 워슬리가 황급히 뛰어나와 합세했다. 다음 번 파도가 몰려오기 전에 물을 퍼내지 않으면 필경 끝장이 나고 말 것이다.

키를 잡은 섀클턴은 혹시 또 다른 환한 틈새가 보이지 않는지 살피기 위해 배 뒤쪽에서 눈을 떼지 않았다. 하지만 보이는 건 아무것도 없었다. 대원들이 정신없이 물을 퍼내고 펌프질을 하며 배 안의 물을 바다로 버리는 동안, 파도는 또다시 커드 호를 아주 천천히 들어올리고 있었다.

밸러스트가 아무렇게나 나뒹굴었고 나침반의 유리가 깨졌다. 하지만 그들은 분명 이긴 것이다. 배의 물을 비우는 데는 2시간이 넘게 걸렸다. 그 긴 시간 동안 그들은 무릎까지 차오른 차가운 얼음물속에서 작업을 했다.

크린이 스토브를 찾기 시작했다. 한참 만에야 그는 보트의 늑재에 틀어박혀 있는 스토브를 발견했다. 그러나 스토브는 완전히 막혀 불을 붙일 수가 없었다. 어둠 속에서 30분간 씨름을 하는 동안 크린의 인내심은 서서히 바닥을 보이고 있었다. 마침내 그는 이를 악물며 스토브를 향해 거친 욕설을 퍼부었다. 바로 그 순간, 갑자기 스토브가 켜졌고 그들은 약간의 뜨거운 우유를 마실 수 있었다.

5

 5월 6일 새벽, 참혹한 광경이 고스란히 드러났다. 바람이 북서쪽에서 시속 93km로 불고 있었고, 커드 호는 바람 속에서 북동으로 진로를 잡기 위해 안간힘을 쓰고 있었다. 파도가 지나갈 때마다 물이 배 안으로 쏟아져 들어왔다.

 하지만 그건 그다지 큰 문제는 아닌 것 같았다. 수도 없이 얻어맞고 부딪히고 물속에서 시달리느라 그들은 거의 무감각한 상태에 빠져 있었다. 게다가 밤새 파도에 시달린 나머지 심신이 극도로 지쳐 있었다. 그들은 자신들에게 주어진 형벌을 묵묵히 견뎌야 하는 가련한 수인(囚人)이었다.

 아무리 강한 유혹이 있기로서니, 가능성도 없는 일에 무턱대고 달려드는 사람은 세상에 없다. 말은 하지 않았지만 그들 역시 그런 생각을 하고 있었다. 그들은 기필코 이번 여행을 성공리에 끝내고

야 말겠다는 단호한 결심에 사로잡혔고, 자기들이 이미 그걸 해냈다고 생각했다. 지난 2주 동안 드레이크 해협이 그들에게 가한 모든 시련을 훌륭하게 이겨 낸 것이었다. 이제는 신으로부터도 칭찬을 받을 만했다.

워슬리가 위치를 확인한 순간 그들의 결의는 확고해졌다. 현재 위치는 남위 54도 26부, 서경 40도 44부였다. 만약 이것이 정확한 수치라면 그들은 사우스조지아 섬 서단으로부터 146km 지점에 있었다. 이제 머지않아 섬의 흔적이 보일 것이다. 해초라든가 떠다니는 나무토막 등등.

그러나 그들의 결심을 비웃기라도 하는 듯 아침 내내 파도가 높게 일었다. 워슬리의 재촉에도 불구하고 섀클턴은 계속해서 강행군을 하는 것이 무리라고 느꼈다. 오후 1시, 배를 세우라는 명령이 떨어졌다. 배가 멈춰서고 닻이 내려졌다. 삼각 돛이 메인마스트에 올려지자 배는 다시금 바람 속에서 지그재그로 움직이기 시작했다.

모두가 시무룩해 있었다. 갈등을 없애려면 늘 즐겁게 지내도록 노력해야 한다고 주장했던 섀클턴조차 시무룩하긴 마찬가지였다. 겨우 하루 맑은 날씨 속에서 항해했는데 다시 정지해야 한다는 건 너무나도 야박한 일이었다.

섀클턴은 너무 긴장한 나머지 사소한 일에도 신경을 곤두세웠다. 꼬리가 짧은 작은 새 한 마리가 배 위에 나타나 마치 내려앉을 곳을 찾는 모기처럼 자꾸 신경을 건드렸다. 참다못해 자리에서 일어선 섀클턴은 새에게 다가가서 미친 듯이 손을 휘둘러 댔다. 그러다가 자기의 행동이 대원들에게 결코 좋은 본보기가 되지 못한다는 것을 깨닫고는 억울한 표정으로 다시 주저앉았다.

그날 오후는 별일 없이 지나갔다. 날이 어두워지자 크린은 저녁 식사를 준비하기 시작했다. 그리고 1~2분이 지났을까. 그가 갑자기 섀클턴을 부르더니 물 한 잔을 내밀었다. 그걸 마신 섀클턴의 표정이 심각하게 변했다. 물에서 짠맛이 나는 것으로 미루어 바닷물이 흘러 들어간 게 분명했다. 게다가 통에 남아 있는 물의 양도 절반밖에 되지 않았다. 소금물로 변한 식수가 그나마도 밖으로 새어 나가 버린 것이다.

크린은 어떻게 해야 할지를 물었다. 섀클턴은 방법이 없지 않느냐고 퉁명스럽게 대답했다. 그들에게 남은 유일한 물이니만큼 그냥 먹을 수밖에 없었다.

크린은 그 물로 식사를 준비했다. 음식이 준비되자 대원들은 조심스럽게 맛을 보았지만 너무 짜서 도저히 먹을 수가 없었다. 섀클턴에게 서두를 필요가 있음을 암시해 주는 사건이었다.

날이 어두워지자 워슬리가 키를 잡았고 섀클턴이 옆에 앉아서 사태를 논의했다. 섀클턴은 현재 가지고 있는 식량이 2주일은 갈 거라고 말했다. 하지만 물은 일주일분이 고작이었고 그나마도 소금물로 변해 버린 상태였다. 하루라도 빨리 뭍에 닿아야 했다.

그다음은 '과연 사우스조지아 섬에 닿을 수 있을까?'라는 불가피한 질문이 나올 차례였다. 섀클턴은 워슬리에게 지금까지 그들의 항해가 정확했는지를 물었다. 워슬리는 고개를 가로저었다.

작은 섬들을 제외하면 사우스조지아 섬 너머 동쪽은 깊디깊은 대서양이었다. 거기서부터 아프리카까지는 자그마치 5,000여 km

나 떨어져 있다는 것을 두 사람은 알고 있었다. 만약 계산 착오나 서풍으로 인해 사우스조지아 섬을 그냥 지나치기라도 하면 기회는 두 번 다시 오지 않을 것이다. 불운하게도 육지가 바람이 불어오는 쪽에 있다면 그들은 절대 그곳에 도달하지 못할 것이었다.

밤이 되자 다행히 강풍이 약간 가라앉으면서 하늘이 맑게 개기 시작했다. 새벽 1시, 섀클턴은 다시 출발하는 것이 낫겠다고 판단했다. 그들은 다시금 진로를 북동쪽으로 잡았다.

이제 가장 중요한 것은 위치를 확인하는 일이었다. 하지만 동이 트자마자 짙은 안개가 끼기 시작했다. 해는 볼 수 있었지만 겨우 희미한 윤곽뿐이었다. 워슬리는 안개가 걷히기를 바라며 오전 내내 육분의를 손에 들고 있었다. 서너 시간이 지난 후, 그는 노트를 꺼내 반쯤 절망적인 심정으로 아무렇게나 휘갈겨 썼다.

"관찰하기엔 최악의 조건. 배는 벼룩처럼 날뛰고 안개는 자욱하고……"

지금 워슬리가 할 수 있는 일이란 안개 사이로 해의 희미한 영상을 통해 그 위치를 추정하는 것뿐이었다. 평균값을 내면 정확한 위치를 파악할 수 있다는 이론을 근거로 그는 계속 반복해서 각도를 읽었다. 마침내 남위 54도 38부, 서경 39도 36부라는 위치가 나왔다. 사우스조지아 섬의 끝단에서 109km 떨어진 지점이었다. 하지만 그는 그 수치를 너무 믿지 말라고 섀클턴에게 충고했다.

원래의 계획은 윌리스와 버드 섬 사이를 통과하여 사우스조지아 섬의 서쪽 끄트머리에 상륙한다는 것이었다. 그런 다음엔 동쪽으로 선회하여 해안을 따라 포경선 항구인 리스 항에 도착할 터였다. 물이 부족하다는 것을 염두에 두지 않았을 때는 가장 그럴듯한 항해 조건이었다.

하지만 이젠 어디에 닿을 것인지는 중요하지 않았다. 시간이 얼마나 걸릴지 그것이 문제였다. 그들은 배의 진로를 동쪽으로 돌렸다. 섬의 서쪽 해안 아무 데나 닿기만 하면 된다는 생각에서였다.

식수의 오염은 그들이 처음에 생각했던 것보다 훨씬 더 심각했다. 단순히 소금물만 섞인 것이 아니라 침전물과 사슴의 털까지 잔뜩 뒤섞여 있었던 것이다. 고약한 냄새가 나는 그 물을 의약품용 거즈로 걸러 내니 그런 대로 마실 수는 있었지만, 그래봤자 갈증만 점점 더해질 뿐이었다. 그나마도 하루에 반 잔으로 배급량이 줄었고, 야간 경비를 시작할 때 지급되는 뜨거운 우유도 중단되었다. 그날 오후, 섀클턴은 나머지 항해 기간 동안 하루에 두 끼의 식사만 배급하겠다고 발표했다.

오후 내내 대원들은 새나 해초 따위가 보이지 않을까 잔뜩 기대를 했다. 섬이 가까워지고 있다는 증거를 찾기 위해서였다. 하지만 아무것도 보이지 않았다. 저녁이 가까워지면서 그런 기대는 차츰 불안감으로 변하기 시작했다.

워슬리의 추측대로라면 그들은 해안에서 80km 조금 더 떨어진 지점에 있어야 했다. 하지만 워슬리의 계산은 다분히 주먹구구식이었기 때문에 어쩌면 그것보다 더 가까워져 있는지도 몰랐다.

사우스조지아 섬의 서해안에는 정박할 만한 곳이 단 한 뼘도 없었다. 등대 불빛이나 연안에 떠 있는 표지가 고작이었다. 하지만 이제는 어둠 속에서 예상치도 않게 그 해안에 닿을 수도 있다는 것을 염두에 두어야 했다.

그들이 상륙에 대해 그토록 노심초사하는 것은 섬을 놓치고 지나칠 가능성이 크기 때문이었다. 아니, 어쩌면 벌써 지나쳤는지도 모를 일이었다.

사방이 칠흑같이 어두웠다. 커드 호는 뱃머리 왼쪽에서 부는 바람을 안고 동북동쪽으로 나아갔다. 대원들은 소금테가 낀 눈으로 모래톱을 찾아 깜깜한 바다를 뚫어져라 쳐다보았다. 하지만 시야는 점점 더 어두워졌다. 구름이 별을 가리고 있는데다가 해면에는 안개까지 짙게 끼어 있었다. 들리는 소리라고는 오직 돛대를 지탱하는 밧줄 사이로 새어 들어오는 바람소리, 그리고 파도소리뿐이었다.

갈증은 그들을 더 조급하게 하고 더 초조하게 만들었다. 하지만 이런 불편함과 불안감에도 불구하고 배 위에는 억제된 흥분이 감돌고 있었다. 언제쯤 포경 항구에 도착하게 될지, 목욕을 하고 깨끗한 옷을 갈아입은 다음 진짜 침대에 누워 잠을 자고 식탁에 앉아 밥을 먹는 기분은 어떨지 상상해 보느라 대원들의 분위기는 들떠 있었다.

하지만 시간이 흘러가도 해안에 가까워지고 있다는 징후는 보이지 않았다. 오전 4시에 워슬리가 교대를 하러 나오자 섀클턴은 그와 함께 키를 잡으며 육지를 찾아 주변을 샅샅이 훑었다. 보트가 시속 5~6km로 달리고 있었으므로 6시에는 섬으로부터 24km 해상에 있어야 했지만, 육지의 흔적이라고는 단 한 가지도 없었다. 얼음 조각 하나, 혹은 해초 이파리 하나도 보이지 않았다.

 7시가 되었다. 계산상으로는 섬으로부터 19km 지점이었지만 여전히 아무 흔적이 없었다. 기대감은 서서히 긴장감으로 변해 갔다. 사우스조지아 섬에는 3,000m가 넘는 봉우리도 있었다. 지금쯤이면 그 봉우리가 눈에 들어와야 하는 것이다.

 8시는 섀클턴의 경계 근무가 끝나는 시간이었다. 하지만 그와 교대하여 경비 설 생각을 하는 사람은 아무도 없었다. 대신 모든 대원들이 타수석에 모여 기대와 불안이 반반씩 섞인 표정으로 주위를 꼼꼼히 살펴보았다. 늘 그랬던 것처럼 사방은 온통 짙푸른 바다와 하늘뿐이었다.

 설명하기 어려운 시간이었다. 한편으로는 초조하고 한편으로는 희망이 싹트는 시간. 깊이 내재된 의심으로 인해 더욱 두드러지는 희망. 모든 것이 그럭저럭 끝났고, 이제는 흥분과 환희의 순간만이 남은 것이다. 그러나 여전히 그들의 마음 한구석에는 침묵하길 거부하는 집요한 목소리가 있었다. 모든 것이 다 허사였다는 식의. 만약 섬이 거기 있다면 벌써 몇 시간 전에 보았어야 했다.

 10시 30분을 막 넘긴 시각, 빈센트가 해초 덩어리를 보았다. 그리고 몇 분 뒤 가마우지 한 마리가 눈앞에 나타났다. 희망이 다시금 솟구쳤다. 가마우지는 보통 육지에서 20~30km 이상 떨어져 날지 않는 새였다.

 안개가 흩어지기 시작했다. 그것도 아주 조금씩. 구름이 곳곳에서 수면을 바짝 스치고 지나갔다. 시야가 한결 밝아졌다. 정오가 되자 안개는 완전히 걷혔고 파도가 사방에서 넘실대고 있었다.

"육지다!"

우렁차고 자신감에 넘치는 맥카티의 목소리였다. 그는 손가락으로 눈앞을 가리키고 있었다. 그리고 바로 거기! 육지가 있었다. 좌우가 눈으로 덮인 시커멓고 험상궂은 절벽. 그것은 바로 16km 밖에서 구름 사이로 모습을 드러냈다. 잠시 후, 구름이 커튼처럼 움직이면서 시야를 완전히 차단했다.

하지만 상관없었다. 육지는 거기에 있었고 그들은 모두 그 육지를 보았다.

6

입을 여는 사람은 섀클턴뿐이었다.

"우리는 해냈다."

그가 말했다. 그의 목소리는 평소와 달리 들떠 있었다.

다른 대원들은 한 마디도 하지 않았다. 다만 앞을 응시한 채 다시 나타난 육지를 묵묵히 바라보고 있을 뿐이었다. 구름이 다시금 시야를 가렸고, 그들의 얼굴에는 바보 같은 미소가 희미하게 피어올랐다. 승리감이나 기쁨이 아니었다. 말로는 도저히 표현할 수 없는 벅찬 안도감이었다.

그들은 처음 보았던 지점을 향해 커드 호의 진로를 잡았다. 그리고 1시간 뒤에는 전체적인 윤곽을 확실하게 볼 수 있을 만큼 육지와 가까워졌다. 워슬리가 노트를 꺼내 육지의 모습을 스케치했다.

그는 자기가 그린 그림을 해도와 비교해 보았다. 케이프 데미도프 지역과 일치하는 것 같았다. 그건 그의 항해에 거의 오차가 없었음을 의미했다. 그들은 애초의 목표 지점이었던 섬의 서쪽 끝단에서 불과 25km 떨어진 곳에 있었다.

2시 30분, 커드 호는 해안을 4km가량 남겨 놓았다. 험준한 곶의 가파른 절벽 양옆에 덮인 눈 사이로 푸른 이끼와 황갈색 덤불이 보였다. 생장하는 식물을 보는 것은 16개월 만에 처음이었다. 1시간, 아니 그 이상이라도 그 풀숲에 서 있을 수 있을 것 같았다.

모든 것이 완벽했다. 하지만 이런 기분은 오래가지 않았다. 파도가 으르렁대는 소리가 곧바로 들려왔던 것이다. 바로 코앞에서 일어난 거센 물보라가 하늘을 온통 뒤덮었다. 섬에 가까이 다가가자 해변에서 거품을 일으키며 부서지는 긴 파도의 등줄기가 보였다. 마치 케이프 혼의 '흰 수염의 노인'과도 같은 하얀 파도가 지도에도 없는 암초에 부딪히고 있는 것이었다.

모든 상황이 갑자기 바뀌었다. 여기서의 상륙은 도저히 생각할 수 없는 일이었다. 저런 파도 속에서는 배가 단 10초도 견디지 못할 것이기 때문이다. 그들은 기어이 육지를 찾아냈고 이제 그것은 코앞에 있었다. 그러나 모든 여행이 끝난 지금, 아이러니컬하게도 안식처는 그들을 거부하려 하고 있었다.

그들은 지금의 진로를 더 이상 고집할 수가 없었다. 크린은 워슬리에게서 황급히 키를 넘겨받았다. 워슬리가 섀클턴에게 보여 주기 위해 해도를 펼쳤다. 결정은 순식간에 내려졌다.

만약 눈앞의 지점이 예상대로 케이프 데미도프라면 그들이 찾아갈 수 있는 상륙 지점은 두 군데였다. 하나는 오른쪽 해안을 따라 동쪽으로 16km 떨어진 킹 하콘 만이었고, 또 하나는 그들로부터 북쪽 방향에 있는 윌슨 항이었다.

하지만 킹 하콘 만은 동서쪽 지점에 있었고, 따라서 현재 불고 있는 북서풍에 거의 노출되어 있었다. 게다가 밤에 도착한다면 혹시 그들의 앞길을 가로막고 있을지도 모르는 암초의 존재를 확인할 수가 없었다.

반면에 윌슨 항은 겨우 6.5km 밖에 있었고 약간은 더 나은 은신처를 제공할 수도 있었지만, 불행히도 바람이 불어오는 방향에 위치하고 있었다. 두 군데 모두 위험을 감수하기엔 너무나 무모해 보였다.

3시가 되자 육지는 불과 2~3km 거리로 좁혀졌다. 45분 정도 후면 육지에 닿을 수 있을 것 같았다. 하지만 육지로 곧장 다가가 배를 대려 하다가는 자칫 모두 죽을 수도 있었다.

3시 10분, 섀클턴은 배의 방향을 돌리라고 명령했다. 그들은 오른쪽으로 선회하여 다시금 바다를 향해 나아갔다. 아침까지 기다리며 더 나은 접근 방법을 찾아내거나 아니면 암초 사이로 길을 찾아보기 위해서였다.

그들은 해안에서 가급적 멀리 떨어져 안전하게 아침을 기다리기로 했다. 배가 순풍을 타고 바다로 나아가는 동안, 그 누구도 입을 열지 않았다. 그들은 각자 끔찍한 실망감을 이겨 내기 위해 안간힘을 쓰고 있었다. 이젠 기껏해야 하룻밤이 더 남아 있을 뿐이라고 생각하면서.

5시가 되면서 주위가 어둑어둑해지기 시작했다. 섬의 왼쪽에 걸

처진 하늘은 석양이 지면서 타는 듯한 주홍으로 물들었다가 천천히 엷어져 갔다. 그리고 6시, 사방에 어둠이 짙게 내리깔렸다.

바람이 기분 나쁜 소리를 내면서 갈수록 거세지고 있었다. 8시부터는 비가 내리기 시작했다. 비는 이내 진눈깨비로, 그리고 우박으로 변해 갑판을 마구 두드려 댔다. 밤 11시, 거친 날씨는 급기야 강풍으로 변했다. 커드 호는 바다 한가운데 뜬 채 사방으로 흔들리며 이쪽으로 내팽개쳐지고 저쪽으로 부딪혔다.

그들은 강풍을 타고 자정까지 달렸다. 이제는 어디에 있는지조차 알 수가 없었다. 섀클턴은 배를 세우려면 해안에서 최대한 멀리 떨어져야 한다고 생각했다. 크린과 맥카티가 어둠을 뚫고 조심스럽게 앞으로 나가 중심 돛과 삼각 돛을 내렸다. 그리고 큰 돛대에 삼각 돛을 옮겨 달았다. 커드 호의 뱃머리는 바람을 안고 멈추어 섰다. 날이 밝을 때까지의 지루한 기다림이 시작되었다.

남은 시간이 영겁처럼 느껴졌다. 1초가 1분 같았고, 1분은 급기야 1시간처럼 길게 느껴졌다. 그렇게 긴 시간 동안 바람소리는 잠시도 쉬지 않고 휙휙 대며 귓전을 때렸다. 그들이 한 번도 들어 보지 못한 날카로운 소리였다.

마침내 5월 9일의 동이 텄다. 그러나 찬란한 여명은 없었다. 칠흑 같은 어둠이 짙은 회색의 장막으로 변했을 뿐이었다. 최소한 시속 120km는 되는 듯한 바람 속에서 바다를 가로지르는 건 너무도 어려운 일이었다. 서쪽에서 밀려오는 큰 파도가 강풍에 의해 해안으로 쫓겨 가고 있었다. 질주하는 그 파도의 높이는 10m가 훨씬 넘어 보였다.

현재의 위치를 파악할 수는 없었지만 한 가지 사실만큼은 분명했다. 바람이 부는 쪽 어딘가에서 사우스조지아 섬의 시커먼 절벽이 이 거대한 파도의 맹공을 기다리고 있다는 사실이었다. 그들은 자기들이 얼마나 먼 바다로 나와 있는지 몹시 궁금했다.

오전 내내 불던 바람은 정오 무렵부터 남서쪽에서 시속 150km라는 상상도 할 수 없는 속도로 몰아쳤다. 식사를 준비할 마음도, 식욕도 없었다. 혀는 갈증으로 부풀어올랐고 터진 입술에선 피가 흘렀다. 차가운 비상식량이 있긴 했지만 입에서 침이 나오지 않아 음식을 삼킬 수가 없었다.

커드 호의 뱃머리는 바람을 안고 있었다. 하지만 그들은 섬과 암초들이 있는 배 뒤쪽에서 잠시도 눈을 떼지 않았다. 오전 내내 그들은 섬이 가까워지는 소리를 들었다. 날카로운 바람소리, 곤두선 파도의 울부짖음 그리고 나지막하게 쿵쿵대는 심장의 고동소리 등등. 해안에서 잇따라 부서지는 파도의 충격이 배에까지 전해지며 격렬한 진동을 일으키고 있었다.

그리고 2시경, 그들은 자기들의 위치를 파악할 수 있었다. 급선회한 바람이 구름을 흐트러뜨리자 가파른 절벽과 빙산 위로 두 개의 희미한 봉우리가 어렴풋이 나타났다. 1.5km 밖, 혹은 그보다 조금 더 멀리 해안선이 보였다.

하지만 더 중요한 건 그들이 암초에 부딪치는 큰 파도에서 그리 멀지 않은 곳에 있다는 사실이었다. 한데 모인 파도가 큰 물결로 바뀌어 육지로 돌격하는 그런 지점이었다. 배 밑으로 파도가 지나갈 때마다 배가 그 힘에 끌려가는 것이 느껴졌다. 마치 파도가 배를 휘감아 해안으로 끌고 가려는 것 같았다. 이제 바람과 해류와 파도, 그 모든 것들이 오직 하나의 목적을 위해 뭉쳤다. 그토록 오랫동안 부서지길 거부해 온 이 작고 초라한 배를 파멸시키기 위해.

섀클턴은 배 뒤쪽으로 급히 달려가 크린에게서 키를 넘겨받았다. 크린과 워슬리는 갑판 위를 엉금엉금 기어갔다. 갑판에서 일어섰다간 금세 바다로 빠져 버릴 것이기 때문이었다. 간신히 메인마스트에 도착한 그들은 돛대를 끌어안고 조심스럽게 일어섰다. 바람이 너무 세게 불었기 때문에 삼각 돛을 좀처럼 떼어낼 수가 없었다. 하지만 잠시 후 돛을 떼어내자 커드 호의 뱃머리는 바람이 불어가는 방향에서 벗어날 수 있었다.

마침내 돛을 묶어 위로 말아올렸다. 뒤에 있는 돛도 마찬가지였다. 그러자 섀클턴은 커드 호의 뱃머리를 남동쪽으로 잡아당겼다. 다음 순간, 마치 단단한 물체처럼 바람이 배에 와 부딪쳤고 배는 뒤집어질 만큼 심하게 기우뚱거렸다. 놀란 섀클턴이 아래에 있는 맥니쉬와 빈센트에게 밸러스트를 옮기라고 소리쳤다. 그들은 무릎으로 기어다니며 미친 듯이 돌들을 오른쪽에 쌓아 올렸고, 배는 다시 균형을 되찾았다.

앞으로 막 나아가려는 순간, 다시 파도에 부딪힌 배가 그 자리에 멈춰 버렸다. 돛대 꼭대기로 하얀 물보라가 흩뿌려졌다. 압력을 이기지 못한 뱃머리의 널빤지가 쪼개지면서 물이 콸콸 새어 들어왔다. 다시금 배가 움직였지만 얼마 못 가서 또다시 파도에 부딪혔다. 이런 식으로 부딪히며 멈추어서는 과정은 배의 어느 한 곳이 쪼개질 때까지 계속될 것 같았다.

물이 위 아래로 쏟아져 들어왔다. 두 사람이 아무리 퍼내도 모자랄 만큼 물은 급속도로 불어났다. 섀클턴은 전 대원을 동원했다. 세 사람은 펌프질을 하고 한 사람은 8*l*짜리 솥으로 물을 퍼냈다. 그리고 한 사람은 지친 대원과 교대하기 위해 대기하고 있었다.

하지만 눈물겨운 노력에도 불구하고 상태는 별로 호전되는 것 같지 않았다. 이따금 구름이 옆으로 비껴 가면서 왼쪽으로 해안의 모습이 보였다. 그것도 아주 가깝게. 1시간이 지나자 그들은 자기들이 맨 처음에 품었던 의심을 뼈저리게 실감했다. 그것은 불가능한 일이었다. 이런 폭풍 속에서 바람을 거슬러 올라갈 수 있는 배는 없었던 것이다. 섀클턴은 최후의 순간이 가까이 오고 있음을 깨달았다.

하지만 그들은 전진하고 있었다. 보이지는 않지만 분명히 존재하고 있는, 희미하게 가물거리는 해안선으로.

4시가 막 넘어선 시각, 폭풍우 너머로 바위투성이의 거대한 절벽이 나타나면서 그들은 갑자기 깨닫게 되었다. 그것은 안넨코프 섬이었다. 해안에서 8km 떨어진 바다 위에 솟구친 600m 높이의 산봉우리가 그들의 진로를 정면으로 가로막고 있었다.

커드 호의 뱃머리가 바다를 향했지만 강풍 앞에서는 속수무책이었다. 그렇다고 돌아갈 길이 있는 것도 아니었다. 배 뒤쪽은 해안이었고, 해도는 왼쪽에 수많은 암초가 있음을 보여 주고 있었다. 오른쪽은 빈 바다로 나가는 길이었지만 거긴 그들이 갈 수 없는 방향이었다. 바람이 불어오는 쪽이기 때문이었다.

결국 바람을 안고 남동쪽으로 진로를 잡는 것이 유일한 방법이었다. 그러면서 섬에 가까워지게 해달라고 신에게 기도하는 수밖에 없었다.

하늘은 맑았지만 날이 어두워지기 시작했다. 하늘을 배경으로 한 안넨코프 섬의 시커먼 모습이 저녁 내내 대원들의 눈길을 붙들고 있었다. 그런 풍경은 의외로 대원들에게 외경심을 불러일으켰다.

그들이 난폭한 폭풍우에 휩싸인 채 가라앉지 않으려고 안간힘을 쓰고 있는 동안, 뭔가 거대한 것이 어둠 속에서 슬금슬금 움직이고 있었다. 다음 순간, 그들은 벼랑에 부딪쳐 폭발하는 엄청난 파도소리를 들을 수 있었다.

워슬리는 이 모든 것들이 아쉽기만 했다. 그는 17개월 전 인듀어런스 호가 사우스조지아 섬을 출항한 이후 지금까지 간직해 온 일기장을 떠올렸다. 너덜너덜해지고 물에 젖은 그 일기장은 지금 커드 호의 뱃머리 선창에 있었다. 배가 가라앉으면 그 일기장도 당연히 가라앉게 될 것이다. 워슬리는 죽음에 대한 생각은 거의 하지 않았다. 이제 죽음은 피할 수 없는 일이 되었으니까. 하지만 그것이 얼마나 가까이 와 있는지는 아무도 알지 못했다.

워슬리는 보이지 않는 암초에 부딪혀 커드 호의 밑창이 쪼개질지도 모른다는 생각 때문에 잔뜩 긴장한 채 말없이 키를 잡고 있었다. 그의 얼굴에 튀긴 물이 수염으로 흘러내리는 순간, 맑게 개어 오는 동쪽 하늘이 그의 눈에 들어왔다.

"벗어났다!"

그가 소리쳤다.

"봐! 저 하늘을 좀 보라구!"

물을 퍼내던 대원들이 손을 멈추고 올려다보았다. 그리고 모든 대원들이 바람이 불어가는 쪽에서 별이 반짝이는 것을 보았다. 섬은 이제 더 이상 보이지 않았다. 그들은 어떻게 된 일인지 그 이유조차 알 수가 없었다. 무언가 예기치 못했던 조류가 그들을 바다로 몰아냈던 것이다. 하지만 그 누구도 애써 그 이유를 알려고 하지 않았다. 그들이 알고 있는 것은 오직 한 가지뿐이었다. 배가 살아남았다는 것.

이제 한 가지 장애물만 남아 있었다.

'숨겨진 바위', 안넨코프 섬의 서쪽 끝단에서 1.2km 떨어진 그 바위. 그래서 그들은 다시 바람을 안고 남동쪽으로 진로를 잡았다. 이제는 모든 것이 한결 수월했다. 으르렁대던 파도소리도 희미해지고 있었고, 9시가 되자 마침내 모든 장애물들을 무사히 통과했다는 느낌이 들었다.

그들 모두는 피로에 지칠 대로 지쳤고, 감각은 마비되어 아무런 느낌이 없었다. 하지만 바람 역시 이제는 싸우는 일에 지쳤거나 혹은 자기가 졌다는 사실을 깨달은 것 같았다. 순식간에 바람이 어디론가 사라져 버린 것이었다. 그들은 사우스조지아 섬과 안전한 거리를 유지하면서 상륙할 장소를 찾아 항해를 계속했다. 파도는 여전히 높지만 미친 듯한 모습은 거의 사라지고 없었다.

그들은 거의 자정까지 물을 퍼냈다. 그러자 세 사람 정도가 퍼내도 될 만큼 물의 양이 줄어들었다. 워슬리는 잠깐이라도 눈을 붙이기 위해 아래로 내려갔고, 그동안 섀클턴과 크린과 맥니쉬가 당번을 맡았다.

다시금 갈증이 시작되었다. 그 어느 때보다 참기 어려운 갈증이었다. 하지만 남아 있는 물은 0.5~1l가 고작이었다. 섀클턴은 그 물을 아침까지 남겨 두기로 했다.

7시가 가까워지면서 사우스조지아 섬이 다시 시야에 들어왔다. 오른쪽으로 16km 떨어진 지점이었다. 그들은 섬을 향해 뱃머리를 돌렸지만 바람이 북서쪽으로 선회하는 바람에 제대로 항해를 할 수 없었다. 아침 내내 조금씩 전진해 가긴 했지만 너무도 느린 속도였다. 정오가 되자 다시 케이프 데미도프가 왼쪽에 와 있었다. 그리고 바로 코앞에 두 개의 빙하가 떠 있었다. 빙하는 식수를 만들 수 있는 얼음을 얼마든지 제공하고 있었지만, 어두워지기 전까지 그 빙하에 도착할 가능성은 없어 보였다.

결국 그들은 킹 하콘 만을 향해 뱃머리를 돌렸다. 20분 동안은 빠른 속도로 나아갔지만 그다음부터는 동쪽에서 불어오는 강한 바람이 또다시 그들의 앞길을 가로막았다.

3시가 되자 그들은 가까이 다가갈 수 있을 정도로 암초 너머 해안의 파도가 잠잠해진 것을 발견했다. 암초를 피할 안전한 통로가 나타난 것 또한 놓칠 수 없는 기회였다. 하지만 노를 젓지 않고 어두워지기 전에 그곳에 닿기는 어려울 것 같았다.

이제 마지막 시도를 해야 할 시간이었다. 언제 또 강풍이 불어닥칠지 모르는 상황에서 물 한 방울 없이 또 하룻밤을 보낸다는 것은 아예 생각조차 할 수 없었다.

그들은 서둘러서 모든 돛을 최대한 높이 올린 다음 암초들 사이의 좁은 통로를 빠져 나가기 시작했다. 하지만 바람을 정면으로 안고 가는 것은 커드 호로서는 너무도 힘겨운 일이었다. 네 차례는 빠져 나가려고 시도해 보고, 다시 네 차례는 바람을 안고 배의 진로를 바꾸었으며, 나머지 네 차례는 실패했다.

4시 이후에는 항해가 비교적 순조로웠다. 그들은 바람의 변화에 따라 이리저리 배의 방향을 바꿔 가며 전진한 끝에 섬의 바로 턱 밑까지 접근할 수 있었다. 이젠 바람이 아닌 인간의 힘으로 상륙을 시도할 시간이었다. 돛이 내려지고 대신 노가 끼워졌다. 해안을 따라 노를 저어 가며 상륙할 장소를 찾던 섀클턴은 10분쯤 뒤에 오른쪽 절벽에서 작은 만 하나를 발견했다.

만의 입구는 자그마한 바위들로 가려져 있었고 그 위로 파도가 넘실대고 있었다. 하지만 그들은 섬으로 들어갈 수 있는 통로를 보았다. 마지막 순간에는 노를 모두 거둬들여야 할 정도로 좁은 통로였다.

200여 m 뒤로 자갈투성이의 가파른 해변이 나타났다. 섀클턴은 너덜너덜해진 닻의 밧줄 토막을 잡고 뱃머리에서 일어섰다. 마침내 커드 호가 파도 위로 떠오르면서 뱃머리가 바위에 닿았다. 섀클턴은 해변으로 뛰어내려 뒤로 밀려가는 배를 꽉 붙잡았고, 나머지 대원들도 순식간에 그의 뒤를 따라 해변으로 기어올라갔다.

1916년 5월 10일, 시각은 정확히 5시였다. 그들은 마침내 522일 전 그들이 떠났던 섬에 다시 서게 되었다.

어디선가 물이 똑똑 떨어지는 소리가 들렸다. 바로 코앞에 작은 시내가 흐르고 있었다. 높은 빙하에서 흘러내린 신선한 물이었다. 여섯 명의 대원들은 즉시 무릎을 꿇고 정신없이 그 물을 들이마셨다.

7 ─── 안녕, 엘리펀트!

"나는 갑판에 남아 멀리 사라지는 엘리펀트 섬을 바라보았다… 언덕에서 바람에 휘날리는 내 버버리 재킷이 아직도 보인다. 그것은 한동안 갈매기나 펭귄을 놀라게 하다가 결국은 우리의 낯익은 강풍에 갈기갈기 찢기고 말 것이다."

1

 신기할 만큼 차분한 순간이었다, 기쁨이라곤 전혀 없는. 그들은 엄청난 대가를 치르긴 했지만 어쨌든 불가능한 일을 해냈다. 모든 것이 끝난 지금 그들이 느끼는 건 단지 죽도록 피곤하다는 사실뿐이었다. 해냈다는 성취감조차 느낄 수 없을 만큼 피곤했다. 그럼에도 불구하고 그들은 주위를 향해 손을 흔들었다. 왠지 그렇게 해야 할 것 같았다.
 그러나 승리의 순간도 잠시, 다시금 위협적인 현실이 다가왔다. 만 안쪽으로 쳐대는 파도가 너무나 심했던 것이다. 파도가 커드 호의 뒷전을 때리자 배는 이리저리 기우뚱거리며 바위에 부딪혔다.
 그들은 해변 아래로 비틀거리며 내려갔지만 바위는 너무 거칠었고 그들의 다리는 고무처럼 휘청거렸다. 이미 키가 쪼개져 버린 배가 파도에 밀려 솟구쳤다. 서둘러서 짐을 내려야만 할 상황이었다.

그들은 일렬로 길게 늘어서서 짐을 해변 위쪽으로 옮기기 시작했다. 작업이 끝난 뒤엔 지긋지긋한 바위들을 뱃전 너머로 집어던졌다.

커드 호를 안전한 곳으로 옮길 시간이 되자 그들이 얼마나 지쳐 있었는지가 비로소 드러났다. 아무리 힘을 써도 배는 제자리에서 앞뒤로 흔들릴 뿐 꿈적도 하지 않았다. 여섯 번의 시도 끝에 섀클턴은 더 이상 계속해 봐야 소용이 없음을 깨달았다. 일단은 쉬면서 뭐든 먹고 기운을 차려야 했다.

대원들은 커드 호의 뱃머리를 밧줄로 묶은 다음 큰 바위에 단단히 붙들어맸다. 그러고는 배를 물가의 바위에 기대어 놓았다.

왼쪽으로 30여 m쯤에 작은 동굴이 눈에 띄었다. 그들은 슬리핑백과 그 위에 올려놓은 물건들을 그리로 질질 끌고 갔다. 그곳은 절벽에 나 있는 작은 구멍이었고, 길이가 5m나 되는 거대한 고드름들이 입구를 막고 있었다. 안으로 기어들어간 대원들은 동굴 안쪽에서 모두가 머무를 만한 널찍한 공간을 발견했다.

크린은 불을 켜고 약간의 식사를 준비했다. 식사를 마친 시각은 8시였다. 섀클턴은 커드 호를 지킬 한 사람만을 제외하고 모두 잠자리에 들라고 지시했다. 그러고는 자기가 제일 먼저 경비를 섰다. 나머지 대원들은 흠뻑 젖은 슬리핑백 속으로 기어들어갔다. 실로 오랜만에 누워 보는 흔들리지 않는 잠자리였다. 불과 몇 초 만에 그들은 완전히 인사불성이 되어 잠 속으로 깊이 빠져 들었다.

모든 일이 순조로웠다. 그러나 새벽 2시, 톰 크린이 경비를 서고 있을 때 갑자기 거대한 파도가 커드 호를 덮치는 바람에 뱃머리를 묶은 밧줄이 풀려 버렸다. 밧줄을 움켜쥔 크린이 파도 속에서 목이 터져라 대원들을 불렀다. 나머지 대원들이 잠에서 깨어 해변으로 달려갔을 때 크린은 물속으로 거의 끌려들어간 뒤였다. 차가운 바닷물이 그의 머리 위에서 출렁거렸다.

모두가 달려들어 배를 해변으로 끌어당겼다. 이번에는 배를 거꾸로 뒤집어 놓았다. 그들의 힘이 다시 한 번 바닥나는 순간이었다.

이제 그들은 완전히 기진맥진한 상태였다. 하지만 배를 잃어버릴지도 모르는 상황에서 잠을 잔다는 건 생각할 수도 없는 일이었다. 섀클턴은 모든 대원들에게 날이 밝을 때까지 배 옆에서 대기하라고 말했다.

그들은 앉아서 아침이 오기를 기다렸다. 커드 호가 바위에 부딪히지 않도록 감시하느라 모두들 뜬눈으로 밤을 보내야 했다.

섀클턴은 머릿속으로 상황을 점검해 보았다. 원래는 이곳에서 식수를 보충하고 며칠 간 휴식을 취한 다음 리스 항으로 갈 계획이었다. 그러나 지금은 커드 호의 키가 부서져 버린 상태였다. 게다가 휴식을 취하려면 배를 물에서 완전히 끌어내야 했고, 그러려면 갑판을 걷어 내어 배의 무게를 줄여야 했다. 그들에겐 배를 운반할 만한 힘이 없었기 때문이다. 일단 그렇게 되고 나면 배를 다시 바다에 띄우기는 어려울 것이었다.

바위에 앉아 아침이 오길 기다리며, 섀클턴은 결론을 내렸다. 리스 항까지의 보트 항해 대신 육로를 이용하기로 한 것이다. 세 명은 해안에 남겨 두고 나머지 세 명만 섬을 가로질러 구조를 요청하러 간다는 게 그의 계획이었다.

배를 타고 섬의 서쪽 끝단을 돌아 북쪽 해안을 따라갈 경우 항해 거리는 거의 200km가 넘었다. 하지만 육로를 통해 직선으로 가면 50km가 채 못 되는 거리였다. 문제는 지금껏 사우스조지아 섬에 왔었던 사람들 중에 섬을 횡단한 사람이 한 명도 없다는 사실이었다. 성공할 수 없다는 단순한 이유 때문에.

사우스조지아 섬의 산봉우리들은 대개 3,000m를 넘지 않는다. 일반적인 기준으로 본다면 그리 높은 편은 아니었다. 하지만 어느 지질학자는 이 섬의 내부를 "산봉우리와 북해로 이어지는 빙하가 톱니같이 날카롭게 돌출해 있는 지질층"이라고 묘사한 바 있다. 쉽게 말해서 통과할 수 없는 땅이라는 것이다.

섀클턴 역시 그걸 알고 있었다. 그러나 다른 방법이 없었다. 그는 아침 식사 후에 이 같은 계획을 공식적으로 밝혔다. 대원들은 아무런 이의 없이 그 결정을 받아들였다. 섀클턴은 자기와 함께 떠날 대원으로 워슬리와 크린을 지명했고, 준비가 끝나는 대로 최대한 빨리 출발하겠다고 말했다.

그러나 먼저 해야 할 일이 있었다. 맥니쉬와 맥카티에게는 보트의 갑판과 널빤지를 제거하는 일이 맡겨졌고, 섀클턴과 크린과 워슬리는 편평한 돌멩이와 마른 이끼를 가져다가 동굴의 바닥을 고르는 일을 맡았다. 빈센트는 류머티스가 악화되어 거동이 불편했던 탓에 그냥 슬리핑백 속에 남아 있었다.

정오가 되자 가까스로 배를 끌어올릴 수 있었다. 맥니쉬가 갑판을 걷어 내어 커드 호의 무게를 줄인 덕분이었다. 그들은 한 걸음에 한 번씩 쉬어가면서 배를 해변으로 옮겼다. 높고 안전한 지역으로 배가 완전히 옮겨진 건 1시가 훨씬 지나서였다.

그날 오후, 동굴 위쪽의 고원으로 올라간 섀클턴과 크린은 바위 사이에서 하얀 물체를 발견했다. 둥지 속에 있는 신천옹 새끼들이었다. 섀클턴은 엽총으로 어미 한 마리와 새끼 한 마리를 잡았고 대원들은 그것을 저녁으로 먹었다.

잠자리에 든 그들은 한 번도 깨지 않고 12시간을 잤다. 아침이 되자 말할 수 없이 몸이 가벼워진 것을 느낄 수 있었다. 그날 맥니쉬는 들뜬 기분으로 이렇게 적었다.

"지난 5주 동안 이렇게 편안했던 적은 한 번도 없었다. 점심때는 3마리의 신천옹 새끼와 1마리의 어미 새를 먹었다. 지금까지 먹어본 그 어떤 닭고기 스프보다 맛있는 육수도 0.5*l* 나 먹었다. 엘리펀트 섬에 남아 있는 우리 동료들이 이런 음식을 먹는다면 뭐라고 할지 궁금하다."

그동안 섀클턴과 워슬리는 주변을 돌며 지형을 꼼꼼히 살폈다. 그 결과 그곳이 걸어서 횡단하기엔 도저히 불가능한 지역임을 알게 되었다. 그들이 현재 머물고 있는 동굴을 제외한 모든 벼랑과 빙하들이 거의 수직으로 곧추서 있었다.

결국 섀클턴은 킹 하콘 만의 끝단까지는 커드 호를 타고 가기로 결정했다. 거리는 지금 있는 곳으로부터 약 10km 남짓이었다. 그들이 가지고 있는 해도에 의하면 그곳 지형이 훨씬 더 수월해 보였다. 게다가 포경선 기지가 있는 스트롬니스 만까지의 거리를 10km 이상 줄일 수 있었다.

섀클턴은 대원들의 몸 상태가 별로 좋지 않다고 판단했다. 그래서 마음껏 먹고 쉬면서 이틀을 더 보냈다. 조금씩 기력을 회복하고 긴장이 풀리는 동안, 그들은 더할 수 없는 편안함과 안락함을 만끽했다. 엘리펀트 섬에 두고 온 동료들에 대한 책임감이 어렴풋이 머리에 떠오를 뿐이었다.

5월 14일은 함께 횡단하지 않고 남아서 기다릴 대원들의 캠프를 만의 입구 쪽으로 옮기기로 한 날이었다. 하지만 오전부터 비가 내리면서 날씨가 험악해졌다. 폭풍이 불어올 것 같은 날씨였다. 결국 이동은 다음 날로 미뤄졌고, 오후가 되자 고무적인 징조가 나타나기 시작했다. 맥니쉬는 이렇게 썼다.

"언덕 꼭대기에 올라가 풀밭에 누웠다. 고향의 언덕에 앉아 바다를 내려다보던 옛 시절이 떠오른다."

다음 날 새벽, 그들은 일찌감치 잠에서 깼다. 이제는 가뿐하게 보트를 물가로 옮길 수 있었다. 배가 해변에 도착한 시각은 아침 8시였다.

상쾌한 여행이었다. 커드 호는 반짝이는 물살을 가볍게 헤치며 앞으로 나아갔다. 잠시 후 그들은 노래를 부르기 시작했다. 대원들은 마치 소풍 나온 사람들 같았다. 누더기처럼 꾀죄죄한 복장만 아니었다면.

정오가 지날 무렵 그들은 깎아지른 절벽을 한 바퀴 돌아보았다. 바로 앞에는 부드럽게 파도가 찰랑대는 모래와 자갈 해변이 펼쳐져 있었다. 그곳에는 수백 마리의 바다코끼리들이 모여 있었다. 그들에게 식량과 연료를 무한정 공급할 수 있을 만큼 많은 숫자였다. 12시 30분, 그들은 목적지인 만 입구의 해변에 상륙했다.

커드 호는 바다가 한눈에 보이는 곳으로 옮겨졌다. 그들은 배를 뒤집은 다음 바닥에 돌을 고이고 배에 버팀목을 세웠다. 모든 준비가 끝나자 그들은 배 밑으로 들어가 슬리핑백 놓을 자리를 매만졌다.

섀클턴은 여행을 떠나는 것이 몹시 불안했다. 계절이 계절이니만큼 날씨가 나빠질 게 분명했기 때문이었다. 하지만 야간 행군을 하려면 달빛이 필요했고 달은 이미 가득 차 있는 상태였다. 앞으로는 매일 조금씩 기울어질 것이다. 할 수 없이 여행을 서둘러야 했다.

다음 날인 5월 16일은 새벽부터 구름이 끼고 비가 내렸다. 그들은 하루 종일 커드 호에 틀어박힌 채 여행 이야기를 하며 시간을 보냈다. 맥니쉬는 산에서 신을 부츠를 매만지느라 분주했다. 그는 커드 호에서 5cm짜리 나사를 수십 개나 빼낸 다음 육로로 여행할 대원들의 구두 밑창에 각각 8개씩 박아 주었다.

5월 17일도 여행하기에 적합한 날씨는 아니었다. 진눈깨비를 동반한 폭풍이 불고 있었다. 워슬리는 섀클턴과 함께 만의 동쪽 끝단으로 갔다. 가급적 자세히 섬을 정찰하기 위해서였다. 하지만 날씨로 인해 시야가 좁혀진 탓에 별다른 성과는 거두지 못했다. 그래도 섀클턴은 만의 끝에서 섬 내륙까지 눈 덮인 내리막길이 나 있는 것을 보며 그럭저럭 만족하는 듯한 눈치였다.

험상궂은 날씨는 5월 18일에도 계속되었다. 더 이상 기다릴 수 없었던 섀클턴은 결국 그날 밤에 여행을 떠나기로 결정했다. 그들은 다시금 소지품을 준비하고 날씨를 점검하며 긴장된 하루를 보냈다.

여행은 슬리핑백 없이 가볍게 하기로 했다. 사흘분의 비상식량과 비스킷만 가지고 떠날 예정이었다. 여섯 끼의 식사를 준비할 수 있는 연료를 채운 가스 스토브 한 개와 취사용 냄비, 그리고 성냥 반 갑이 추가되었다. 두 개의 나침반과 쌍안경 한 개, 15m 길이의 밧줄 그리고 얼음용 도끼도 한 자루 있었다.

섀클턴이 추가로 허락한 물품은 워슬리의 일기장이었다.

날이 어두워졌다. 다행히 하늘은 맑은 날씨를 예고하고 있었다. 섀클턴은 맥니쉬에게 만에 남게 될 두 명의 대원들을 부탁했다. 그리고 그에게 마지막 지시 사항을 전달했다. 그는 맥니쉬의 일기장에 한 통의 편지를 썼다.

> 나는 우리의 대원들을 구조하기 위해 이 섬의 동쪽 해안인 허스비크로 가려고 합니다. 빈센트, 맥카티 그리고 당신이 속한 팀의 책임을 당신에게 맡깁니다. 당신은 구조대가 올 때까지 이곳에 남게 될 것입니다. 식량으로 쓸 물개고기는 충분히 있으며, 재량껏 새와 물고기를 잡아 충족하기 바랍니다. 총 한 자루와 탄약 50통을 두고 갑니다… 내가 돌아오지 않을 경우 오랜 기간 버틸 수 있는 필요한 장비들도 모두 있습니다. 겨울이 지나면 동해안으로 가보도록 하십시오. 우리가 가는 허스비크는 동쪽 방향입니다.
>
> 당신이 며칠 내에 구조되리라 믿습니다.

1916년 5월 18일
사우스조지아에서 어니스트 섀클턴

2

 다른 대원들은 잠자리에 들었지만 섀클턴은 잠을 이룰 수가 없었다. 그는 연신 밖으로 나가 날씨를 체크했다. 날이 개고는 있었지만 그 속도가 너무 느렸다. 워슬리 역시 자정에 일어나 상태를 점검했다.
 새벽 2시가 되자 상황이 한결 나아졌다. 달이 환하게 비추고 있었고 공기는 상쾌했다. 섀클턴은 이제 떠날 시간이라고 말했다.
 마지막 식사가 준비되었고, 그들은 순식간에 식사를 마쳤다. 섀클턴은 남아 있는 대원들에게 여행의 의미를 필요 이상으로 강조하고 싶지 않았고, 법석을 피한 채 가급적 조용히 떠나고 싶었다. 보잘것없는 장비를 챙기는 데는 불과 몇 분도 걸리지 않았다. 그들은 악수를 나누었다. 섀클턴, 워슬리 그리고 크린이 커드 호에서 기어 나왔다. 200m쯤 그들을 배웅한 맥니쉬는 다시 세 사람과 일일이 악수를 하며 행운을 빌었다. 그리고 캠프를 향해 천천히 걸어갔다.

새벽 3시 10분이었다. 이제 최후의 여행이 시작된 것이다. 세 사람은 해변을 따라서 만의 끝단을 향해 걸어가다가 눈 덮인 가파른 언덕을 올라 내륙으로 들어갔다.

섀클턴이 활기찬 걸음걸이로 앞장을 섰다. 처음 한두 시간은 쉬지 않고 터벅터벅 걸었다. 하지만 눈이 발목까지 빠지는 탓에 얼마 안 가 다리가 뻣뻣하게 굳기 시작했다. 800m가량 올라가자 다행히 내리막길이 나타났다.

그들이 가지고 있던 해도에는 사우스조지아 섬의 해안선만 나타나 있었다. 그것도 대부분은 제대로 표시가 안 된 상태였다. 게다가 내륙의 지형은 아예 나타나 있지도 않았다. 눈대중으로 대충 찾아가는 수밖에 없었다.

섀클턴은 앞에 무엇이 있는지 늘 초조해했다. 오전 5시, 짙은 안개가 끼기 시작하면서 모든 시야가 차갑게 산란하는 광선에 의해 완전히 가려졌다. 심지어 발밑의 눈조차 발이 빠질 때만 눈이라고 느낄 수 있을 정도였다. 섀클턴은 안전을 위해 서로의 몸을 밧줄로 묶는 것이 좋겠다고 생각했다.

날이 밝자 워슬리는 8km쯤 행군했다는 생각이 들었다. 해가 높이 뜨면서 안개가 조금씩 엷어지기 시작했다. 앞을 살피던 그들은 눈으로 덮인 거대한 호수를 발견했다. 그들이 가고 있는 동쪽 진로에서 바로 왼쪽이었다. 그건 굉장한 행운이었다. 적어도 호수의 가장자리만큼은 평탄한 길이 보장되기 때문이다. 그들은 즉시 그 길로 접어들었다.

처음 1시간 동안은 손쉬운 내리막길이었지만 크레바스(빙하의 얼음이 갈라지면서 생긴 틈새)가 점점 많이 나타났다. 처음에는 좁고 얕았던 그 틈새들이 차츰 넓고 깊어졌고, 그들은 이내 빙하의 표면을 걸어 내려가고 있음을 알게 되었다. 빙하에 호수가 있다는 것은 보기 드문 일이었다. 하지만 호수는 그들 앞에 드넓게 펼쳐져 있었다.
　7시가 되자 마지막 남은 안개의 흔적을 말끔히 걷어 버릴 만큼 해가 높이 떠올랐다. 그러자 갑자기 호수가 수평선까지 넓게 펼쳐진 것이 보였다. 그들은 사우스조지아 섬의 북해안에 있는 포세션 만을 향해 행군을 계속했다.
　그들은 약 11km를 지나왔고, 섬의 좁은 지협을 거의 횡단한 셈이었다. 하지만 아무 소용이 없었다. 도저히 내려갈 수 없는 가파른 절벽이 그들을 가로막고 있었다. 지금껏 온 길을 되돌아가는 수밖에 없었다. 그들은 다시 고지로 올라가기 시작했다.
　이런 시행착오의 가장 큰 문제는 시간이 걸린다는 점이었다. 주어진 시간 내에 최선의 코스를 찾아낼 수만 있다면 그들은 필요할 때 휴식을 취할 수 있을 것이다. 그리고 날씨를 봐가며 적당할 때 행군을 재개할 수도 있을 것이다. 하지만 그들은 속도를 내기 위해 수단과 방법을 가리지 않았다. 그들에겐 슬리핑백도 텐트도 없었다. 만약 날씨가 악화되어 이런 산에서 발이 묶인다면 그때는 살아남을 수가 없었다. 사우스조지아 섬의 강풍은 지구상에서 가장 무시무시한 바람으로 알려져 있었다.
　놓쳤던 평지를 만나는 데는 무려 2시간이 걸렸다. 그들은 다시 동쪽으로 진로를 잡았다. 8시 30분, 눈앞에 작은 산이 나타났다.

봉우리 4개가 마치 꽉 쥔 주먹의 돌출부처럼 연결된 산이었다. 워슬리는 첫 번째와 두 번째 봉우리 사이의 길이 가장 가깝다는 걸 발견하고 그 방향으로 진로를 잡았다.

9시에 그들은 첫 식사를 위해 휴식을 취했다. 눈 속에 구멍을 파고 스토브를 설치했다. 비상식량과 비스킷을 섞은 간단한 식사가 만들어졌고, 그들은 입이 데일 정도로 뜨거운 음식을 허겁지겁 먹었다. 9시 30분, 또다시 행군이 시작되었다.

올라가는 길이 점점 가파르게 변하기 시작했다. 그들은 섀클턴을 선두로 해서 한 걸음씩 힘겹게 산길을 올라갔다. 거의 수직으로 보이는 절벽이 앞길을 막을 때마다 도끼로 발 디딜 곳을 찍으며 올라가야 했다.

마침내 11시 15분, 그들은 정상에 올랐다. 섀클턴이 제일 먼저 주위를 살폈다. 발 아래로 450여 m의 가파른 골짜기가 있었다. 그 밑엔 그가 서 있는 곳에서 떨어져 나간 얼음 조각들이 흩어져 있었다. 그는 다른 대원들을 손으로 불렀다. 그 광경을 직접 와서 보도록 하기 위해서였다.

아래에는 길이 없었다. 오른쪽으로는 끔찍한 얼음 벼랑과 도저히 건널 수 없는 크레바스가 버티고 있었고, 왼쪽으로는 가파르게 바다로 이어지는 빙하의 경사면이 보였다. 그리고 정면에는 눈 덮인 완만한 오르막이 거의 12km 가까이 뻗어 있었다. 거기가 바로 그들이 가야 할 방향이었지만, 반대쪽으로 다시 내려갈 수 있다는 보장이 없었다.

3시간도 더 걸려서 천신만고 끝에 정상에 도달했던 그들은 결국 왔던 길을 되돌아가 다른 길을 찾아야 했다.

그들은 5분간의 휴식을 취한 다음 다시 산길을 내려가기 시작했다. 내려가는 일은 육체적으로 힘도 덜 들었고 시간도 1시간밖에 걸리지 않았다. 하지만 너무나 맥이 빠지는 일이기도 했다. 아래에 도착한 그들은 얼음 절벽과 수백 m 폭으로 바람에 파인 거대한 크레바스 사이를 헤치며 산기슭을 돌아 행군했다.

12시 30분에 식사를 위해 잠깐 휴식을 취한 뒤, 그들은 다시 올라가기 시작했다. 첫 번째보다 훨씬 더 가파른 고통스런 절벽이었다. 중간 지점부터는 매걸음마다 절벽 표면에 도끼로 발 디딜 곳을 파내야 했다. 쉬지 않고 꾸준히 올라가기란 도저히 불가능한 일이었다. 그들은 20분마다 사지를 벌리고 누운 채 부족한 산소를 힘껏 들이마셨다.

오후 3시, 마침내 그들은 청백의 얼음으로 덮인 정상에 도착했다. 그러나 꼭대기에서의 전망은 첫 번째 봉우리에서 보았던 것만큼이나, 아니 그 이상으로 끔찍한 내리막길이었다. 주변을 둘러보니 서쪽으로 그나마 조금 완만한 내리막길이 보였다.

상황은 명백했다. 밑으로 내려가지 못하면 얼어죽는 것이다. 섀클턴은 자기들이 현재 해발 1,400m 정도의 높이에 있을 것으로 짐작했다. 이런 고도라면 밤 기온이 순식간에 영하로 곤두박질할 것이다. 은신처를 찾을 길도 없을뿐더러, 몸에 걸친 것이라고는 너덜너덜하게 해어진 얇은 옷이 전부였다.

섀클턴은 서둘러 아래로 내려가기 시작했다. 나머지 대원들이 묵묵히 그의 뒤를 따랐다. 이번에는 너무 밑으로 내려갈 필요가 없었다. 발 디딜 곳을 도끼로 찍으면서 옆으로 조금씩 움직여 세 번째 봉우리 자락으로 건너갔다. 그리고 또다시 위로 올라갔다. 하지만 아무리 사력을 다해 움직여도 좀처럼 속도가 나지 않았다. 다리가 주인의 말을 듣지 않고 끊임없이 제멋대로 후들거렸다.

4시가 지났다. 그들은 안간힘을 써가며 정상을 향해 올라갔다. 빛이 순식간에 줄어들고 있는 것을 느끼며, 섀클턴은 조심스럽게 아래를 내려다보았다. 경사가 가파르긴 했지만 다른 봉우리들만큼 심하지는 않았다. 긴 비탈길이 바닥의 평지까지 곧장 이어져 있는 듯했다. 하지만 확실하게 말할 수는 없었다. 골짜기에 안개가 짙게 끼어 있는데다가 주위마저 어둑어둑했기 때문이었다.

뒤에서 기어 올라오던 안개는 이제 모든 것을 덮을 기세로 빠르게 다가오고 있었다. 이대로 가면 머지않아 그들은 깎아지른 듯이 솟구친 산등성이에 갇힌 채 장님이 되고 말 것이었다.

머뭇거릴 시간이 없었다. 섀클턴은 벼랑의 표면에 도끼로 미친 듯이 발 디딜 곳을 파기 시작했다. 한 걸음씩 옮겨 놓을 때마다 살을 에는 듯한 한기가 온몸으로 파고들었다. 해가 거의 넘어가고 있었다. 그들은 조금씩 아래로 내려갔지만 마음과는 달리 속도는 여전히 거북이걸음이었다.

30분이 지나자 딱딱하게 얼어 있던 눈 표면이 부드러워지기 시작했다. 경사가 그다지 가파르지 않다는 뜻이었다. 섀클턴이 별안간 동작을 멈추었다. 지금 자기가 하고 있는 일의 무의미함을 순식간에 깨달은 것 같았다. 사실 그들이 내려가고 있는 속도로는 평지까지 몇 시간이 걸릴지 알 수 없는 일이었다. 게다가 이제는 돌아갈 수도 없었다. 그는 마구 도끼질을 하여 좁은 발판을 만든 다음 다른 대원들을 불렀다.

굳이 상황을 설명할 필요가 없었다. 섀클턴은 아주 빠른 말투로 모든 것을 걸어야 할 때가 왔다고 말했다. 만약 현재 위치에 그대로 머문다면 1시간, 혹은 2시간, 길어야 3시간 내로 얼어 버리고 말 것이다. 밑으로 내려가야만 했다. 최대한 빨리.

그는 미끄러져 내리자고 제안했다.

워슬리와 크린은 아연실색했다. 그런 터무니없는 생각이 섀클턴의 머리에서 나왔다는 것 자체가 그들에겐 놀라운 일이었다. 그러나 그는 농담을 하고 있는 것이 아니었다. 웃고 있지도 않았다. 그는 진지했고, 대원들도 그것을 알고 있었다.

그러다가 바위에 부딪히기라도 한다면? 크린은 그것이 궁금했다.

"이 자리에 계속 있을 수 있으면 있어 봐."

섀클턴이 퉁명스럽게 대답했다. 그의 목소리가 높아지고 있었다.

"비탈길이에요."

워슬리가 반박했다.

"중간에 울퉁불퉁해지기라도 하면 어떻게 해요? 혹시 다른 절벽이라도 있으면 어떻게 하냐구요."

섀클턴의 인내심도 한계에 다다르고 있었다. 그가 다시 고집했다.

"이 자리에 계속 있을 수 있어?"

그럴 수는 없었다. 워슬리와 크린은 마지못해 그의 제안을 받아들였다. 그들에겐 정말로 선택의 여지가 없었던 것이다.

이렇게 해서 결정이 내려졌다. 섀클턴은 서로가 서로를 잡고 한 덩어리가 되어 미끄러져 내려가야 한다고 말했다. 그들은 밧줄로 서로의 몸을 묶은 다음 각자 자기에게 남은 밧줄을 고리 모양으로 돌돌 감았다. 워슬리가 섀클턴의 허리를 다리로 단단히 휘감고 손으로는 그의 목을 끌어안았다. 크린도 마찬가지로 워슬리를 꼭 끌어안았다. 썰매 없이 썰매를 타는 꼴이었다.

준비는 1분도 채 걸리지 않았다. 그리고 섀클턴은 머뭇거릴 틈을 전혀 허용하지 않았다. 휙! 그의 몸이 마치 눈덩이처럼 비탈 위를 구르기 시작했다.

금방이라도 심장이 멎을 것 같았다. 마치 허공에 붕 떠 있는 듯한 느낌이었다. 탱크가 지나가는 듯한 바람소리가 귓전을 때렸고, 흐릿한 하얀 빛깔들이 눈앞으로 휙휙 지나쳤다. 아래로… 아래로… 그들은 결국 비명을 질렀다. 무서워서가 아니었다. 저절로 입 밖으로 새어 나오는 울부짖음이었다. 엄청난 속도로 인해 귀와 가슴이 온통 얼얼했다. 더 빨리, 더 빨리, 아래로… 아래로… 더 아래로!

구르는 속도가 조금씩 느려지기 시작했다. 그리고 잠시 후, 그들은 갑자기 멈추었다. 바람에 쌓인 큰 눈더미에 온몸이 깊이 파묻힌 채로.

세 사람은 눈을 털고 일어섰다. 여전히 숨을 쉴 수가 없었다. 심장이 당장이라도 터질 것처럼 방망이질을 하며 쿵쾅거렸다. 다음 순간, 그들은 자기들도 모르게 미친 듯이 웃어 대기 시작했다. 숨막힐 듯 아슬아슬했던 공포의 순간이 마침내 지나간 것이다. 비록 길지는 않았지만, 그러나 얼마나 끔찍한 순간이었던가.

그들은 어두워지는 하늘을 올려다보았다. 그들이 서 있는 곳에서 600m 높이의 산등성이 주변으로 짙은 안개가 휘감기고 있었다. 이 순간, 그들은 스스로에게 무한한 긍지를 느꼈다. 위험한 순간에 불가능한 도전을 감행하여 완벽하게 이겨 낸 사람만이 느낄 수 있는 그런 긍지였다.

비스킷과 비상식량으로 식사를 마친 그들은 동쪽을 향해 눈 덮인 언덕을 다시 오르기 시작했다. 어둠 속을 간다는 것은 보통 어려운 일이 아니었으며, 갈라진 얼음 틈새에 빠지지 않기 위한 극도의 주의가 필요했다. 남서쪽에서 비추는 희미한 빛에 산봉우리의 모습이 어렴풋이 드러났다. 1시간가량 그렇게 위험천만한 행군을 하다 보니 어느덧 산 위로 둥근 빛이 떠올라 있었다. 그들의 발밑을 비추는 보름달이었다.

달빛이 비추자 갈라진 틈새를 식별하는 일이 한결 수월해졌다. 눈 덮인 산기슭이 만월 밑에서 긴 그림자를 드리우고 있었다. 그들은 친절한 달빛의 안내를 받으며 자정까지 행군한 다음 잠깐 동안 휴식을 취했다. 지친 몸이 점점 더 무거워지고 있었다. 목적지가 가까워지고 있다는 사실만이 유일한 위안거리였다.

12시 30분경, 그들은 해발 1,200m 높이에 도달했다. 경사는 평평했다. 완만한 내리막길이 시작되다가 북동쪽으로 약간 휘어졌다. 목적지인 스트롬니스 만으로 가는 길이 분명했다. 그들은 부푼 기대를 안고 그 길을 따라 내려갔다. 추위가 점점 심해지고 있었다. 새벽 1시가 되자 섀클턴은 잠깐 쉬면서 식사를 하자고 제안했다. 그리고 1시 30분, 그들은 다시 일어나 움직이기 시작했다.

1시간도 넘게 언덕을 내려간 그들의 눈에 다시금 바다가 보였다.

달빛에 윤곽이 드러난 그곳은 스트롬니스 만 한가운데 떠 있는 머튼 섬이었다. 길을 따라 내려가자 여행자를 위해 만들어 둔 듯한 표지물들이 눈에 띄었고, 그들은 흥분한 듯 그것들을 손가락으로 가리켰다. 이제 한두 시간이면 충분히 내려갈 수 있을 것이었다.

그러나 잠시 후, 크린이 오른쪽에서 길게 입을 벌리고 있는 크레바스 하나를 발견했다. 그리고 앞쪽으로도 다른 틈새들이 많이 보였다. 그들은 당황하여 멈추어 섰다. 이제 보니 자신들은 빙하 위에 서 있었던 것이다. 하지만 그들이 알기로는 스트롬니스 만을 에워싼 빙하는 없었다.

그들은 너무도 간절한 기대로 인해 착각을 하고 있었음을 깨달았다. 코앞에 있는 섬은 머튼 섬이 아니었다. 그리고 그들이 보았던 표지물들은 상상이 빚어낸 일종의 신기루였다.

아연해진 워슬리가 해도를 꺼내 달빛에 비춰 보았다. 그들이 내려온 곳은 포르투나 만이 분명했다. 스트롬니스 만의 서쪽에 위치한 그곳은 사우스조지아 섬에서 가장 굴곡이 심한 해안이었다. 그렇다면 왔던 길을 또다시 되돌아가는 수밖에 없었다. 그들은 극심한 실망에 빠진 채 방향을 돌려 다시 언덕을 터벅터벅 올라가기 시작했다.

끔찍한 2시간이었다. 그들은 포르투나 만의 가장자리를 빙빙 돌며 잃었던 길을 찾기 위해 안간힘을 썼다. 그리고 5시, 마침내 길을 되찾은 그들은 전날 오후에 보았던 것과 비슷하게 생긴 능선길로 접어들었다. 이번에는 길이 약간 좁아 보였다.

하지만 더 이상은 걸을 기운이 없었다. 바위 뒤에서 작은 공간을 발견한 그들은 서로의 팔을 껴안은 채 바닥에 털썩 주저앉았다. 워슬리와 크린은 이내 잠에 곯아떨어졌고, 섀클턴 역시 고개를 끄덕이며 졸기 시작했다.

순간, 하나의 생각이 퍼뜩 섀클턴의 뇌리를 스치고 지나갔다. 오랜 남극 탐험의 경험은 지금의 상황이 매우 위험한 징조임을 말해 주고 있었다. 깊은 잠에 빠지면 반드시 얼어 죽게 되는 것이다. 섀클턴은 대원들을 흔들어 깨웠다. 그러고는 그들이 30분이나 잤다고 일부러 거짓말을 했다.

휴식을 취했음에도 그들의 다리는 여전히 뻣뻣해서 몸을 일으키는 것조차 고통스러웠다. 하지만 그들은 다시 움직이기 시작했다. 산기슭을 가로지른 틈새가 수백 m 길이로 뻗어 있었고, 그들은 틈새의 가장자리를 따라 무거운 발걸음을 옮겼다. 꽤 많은 시간이 걸렸지만 아무도 입을 열지 않았다.

그 틈새를 통과하고 나니 정확히 6시였다. 새벽의 여명에 드러난 것은 길을 가로막는 벼랑도, 혹은 깎아지른 골짜기도 아니었다. 오직 완만한 경사로만이 끝없이 펼쳐져 있었다. 계곡 너머로 스트롬니스 만의 서쪽 산들이 서 있는 것이 보였다.

"너무도 황홀해서 믿어지질 않는군요."

워슬리가 말했다.

그들은 아래로 내려가기 시작했다. 그러다가 800여 m쯤에서 아침 식사를 준비하기 위해 잠시 멈추었다. 워슬리와 크린이 스토브를 넣을 구멍을 파는 동안 섀클턴은 주변을 천천히 둘러보았다. 발디딜 곳을 파가며 올라간 언덕 위에서의 풍경은 그리 낙관적이지는 않았다. 단정짓긴 어려웠지만 경사가 끝나는 곳에 또 다른 절벽이 있는 것 같았다. 그는 한숨을 쉬며 언덕을 내려가기 시작했다.

다음 순간, 어떤 소리가 귓가에 들려왔다. 희미하고 불확실했지만 기적소리 같았다. 섀클턴은 지금이 6시 30분경이라는 것을 알고 있었다. 포경 기지에서 생활하는 사람들이 일어나는 시각이었다.

그는 워슬리와 크린에게 이 흥분된 소식을 알리기 위해 서둘러 언덕을 내려왔다. 아침을 대충 먹고 나서 워슬리는 목에 걸고 있던 크로노미터를 꺼냈다. 세 사람은 동그랗게 둘러앉은 채 크로노미터의 눈금을 뚫어져라 쳐다보았다. 만약 섀클턴이 들은 소리가 스트롬니스의 기적소리라면, 7시에 사람들을 깨우기 위해 다시 한 번 울릴 것이었다.

6시 50분이었다. 그리고 6시 55분. 그들은 숨도 제대로 쉬지 못했다. 6시 58분… 6시 59분… 그리고 정확히 7시. 뚜우 뚜우 하는 기적 소리가 아침 공기를 뚫고 선명하게 들려왔다.

그들은 서로를 쳐다보며 씩 웃었다. 그리고 말없이 손을 마주 잡았다.

산 아래에서 들려오는 기적 소리는 그들의 마음을 묘하게 들뜨게 만들었다. 도무지 믿어지지 않는, 17개월 전인 1914년 12월 이후 바깥 세상에서 들려오는 첫 소리였다. 그 순간 그들은 끝모를 긍지와 성취감에 가슴이 벅차 오는 것을 느꼈다. 비록 탐험의 원래 목적을 이루진 못했지만, 그들은 자기들이 상상도 할 수 없었던 일을 해냈다는 걸 분명하게 알 수 있었다.

섀클턴은 마음이 자꾸만 조급해지는 것을 느꼈다. 왼쪽으로 더 안전한 길이 있었지만 그는 절벽이 나타날지도 모르는 직선 길을 택했다. 내려가는 시간을 1초라도 더 단축하기 위해서였다.

그들은 스토브를 제외한 모든 소지품을 챙겼다. 어제까지만 해도 소중한 물건이었던 스토브는 이제 연료가 떨어져 더 이상 쓸모가 없었다. 식량도 다 떨어져서 남은 것이라고는 한 사람당 한 봉지의 비상식량과 한 개의 비스킷밖에 없었다. 그들은 깊은 눈 속을 허우적거리며 서둘러 앞으로 나아갔다.

150m가량 이어진 경사가 끝나는 지점에서 가파른 절벽을 발견했다. 아까 섀클턴이 보았던 바로 그 절벽이었다. 그것은 마치 교회의 종탑처럼 가파르기 그지없었다. 하지만 이제는 더 이상 후퇴할 수가 없었다.

섀클턴이 도끼로 얼음 벼랑의 표면을 깨며 발 디딜 자리를 만들기 시작했다. 밧줄이 허용하는 15m 아래까지 내려가서 기다리는 동안 나머지 두 사람이 그가 서 있는 곳으로 내려왔다. 이런 과정은 절벽이 완전히 끝날 때까지 3시간 동안 계속해서 반복되었다. 너무도 느리고 너무도 위험한 시간이었다.

마침내 10시경, 그들은 절벽 아래에 이르렀다. 여기서부터 계곡까지는 완만한 내리막길이었고, 그다음엔 다시 험한 산기슭을 1km나 올라가야 했다.

너무도 길고 지리한 등산이었다. 그들은 도저히 견딜 수 없을 만큼 피곤했다. 그렇지만 아직 한 개의 언덕이 더 남아 있었다. 지친 몸을 끌고 다시 움직이기 시작한 그들은 12시 30분쯤에 작은 고원에 도착했다. 그리고 1시 30분, 그들은 드디어 마지막 언덕에 올라 아래를 내려다볼 수 있었다.

더 이상의 낙담은 필요하지 않았다. 그들의 발밑 800여 m 아래에 스트롬니스 포경 기지가 아담하게 펼쳐져 있었다. 항해 선박 한 척이 부두에 묶여 있었고, 작은 포경선 한 척이 만으로 천천히 들어오고 있었다. 부두와 창고를 오가는 사람들의 모습이 마치 깨알처럼 작게 보였다.

한동안 그들은 말없이 내려다보았다. 사실 별로 할말은 없었지만 그래도 왠지 아무 말이나 꺼내야 할 것 같았다.

"내려가자."

섀클턴이 나직이 말했다.

밑으로 내려갈수록 그의 용의주도함이 되살아났다. 행여라도 지금 무슨 문제가 생겨서는 안 될 일이었다. 아래쪽의 지형은 세심한 주의를 요했다. 항구까지 내려가는 길은 마치 얼음에 덮인 공처럼 경사가 심했다. 누군가 발을 잘못 디디기라도 하면 아주 멀리까지 굴러떨어질 것이었다. 잡을 만한 것이 아무것도 없었기 때문이다.

능선을 따라 조심스럽게 내려가던 그들은 발을 편하게 딛고 걸을 수 있는 작은 계곡을 발견했다. 1시간쯤 내려가자 골짜기가 가팔라지기 시작하면서 작은 개울이 계곡 가운데로 흘러내렸다. 물줄기를 따라 내려가다 보니 수심이 점점 깊어지면서 차가운 얼음물이 무릎까지 차올랐다.

3시경, 그들은 갑자기 물줄기가 뚝 끊긴 것을 보았다. 폭포였다.

그들은 가장자리로 가서 아래를 내려다보았다. 약 8m쯤 되는 높이였다. 하지만 다른 길이 없었다. 여기에서부터 골짜기는 험준한 협곡으로 변했고, 그 양옆은 까마득한 벼랑이라 내려가는 것이 불가능했다. 위험을 무릅쓰고 폭포의 가장자리로 내려가는 것만이 그들이 선택할 수 있는 유일한 방법이었다.

그들은 자기들의 몸무게를 견딜 만한 큰 돌멩이를 어렵게 찾아내 밧줄의 한쪽 끝을 동여맸다. 그러고는 방수 코트를 벗어 도끼, 솥, 워슬리의 일기 등을 싸서 묶은 다음 폭포 밑으로 던졌다.

크린이 밧줄을 타고 제일 먼저 내려갔다. 섀클턴과 워슬리가 그의 뒤를 따랐다. 숨을 헐떡거리며 크린이 무사히 내려섰고, 이어서 섀클턴이 그의 옆에 도착했다. 워슬리가 맨 마지막으로 도착하여 밧줄을 놓고 손을 비볐다.

물이 얼음처럼 차가웠지만 상관없었다. 이제 그들은 아래쪽 기슭에 있었고, 거기서부터는 길이 거의 편평했다. 그들은 코트에 싸서 던졌던 세 개의 소지품을 집어들고 기지를 향해 출발했다. 목적지까지는 이제 겨우 1.5km만이 남아 있었다.

거의 동시에 세 사람은 자신들의 우스꽝스러운 몰골을 떠올렸다. 머리는 어깨까지 길게 자라 있었고, 수염은 소금과 기름 검댕으로 범벅이 되어 있었다. 옷은 때에 찌들었고, 닳아서 해어졌고, 더러는 찢어져 있었다.

워슬리는 옷 속으로 손을 넣어 지난 2년 동안 간직해 온 네 개의 녹슨 옷핀을 뽑았다. 그동안 그 핀으로 터진 바지를 대충 꿰맨 채 견뎌 왔던 것이다.

3

 매티어스 앤더슨은 스트롬니스의 기지 감독이었다. 그는 섀클턴과는 한 번도 만난 적이 없었지만 얘기를 들은 적은 있었다. 인듀어런스 호가 1914년에 이곳에서 출항했다는 것, 그리고 웨들 해에서 전 대원이 실종되었다는 것도. 하지만 그는 섀클턴과 그의 불행한 탐험대를 거의 잊고 있었다.
 아침 7시에 시작하는 긴 일과를 마치고 이제 오후 4시가 되었다. 그는 피곤한 몸으로 부두에 서서 하역 작업을 하는 직원들을 감독하고 있었다.
 바로 그때 비명소리가 들려왔다. 앤더슨이 위를 올려다보았다. 11살가량의 두 소년이 겁에 질려 뛰어오고 있었다. 소년들 뒤로는 세 사람의 남자가 그가 있는 곳을 향해 터벅터벅 걸어오고 있었다.
 그는 당황했다. 외딴 포경 기지에 낯선 사람들이 나타났다는 것은 분명 예사롭지 않은 일이었다. 게다가 그들은 배가 들어오는 부두 쪽이 아니라 산이 있는 섬의 내륙 쪽에서 오고 있었다.

그들이 가까이 다가오자 앤더슨은 그들의 긴 수염과 새까만 얼굴을 볼 수 있었다. 여자처럼 길게 기른 머리가 어깨까지 닿아 있었다. 머리카락은 무슨 이유에선지 딱딱하게 굳어 있었고 옷차림도 특이했다. 선원들이 입는 스웨터나 부츠가 아니었다. 세 사람이 입은 옷은 얼핏 파카처럼 보였다. 너무 낡아 확실하게는 알 수 없었지만.

인부들 역시 일손을 멈춘 채 세 명의 낯선 사람들이 가까이 다가오는 것을 바라보았다. 감독은 그들 앞으로 걸어갔다. 가운데 선 남자가 영어로 말했다.

"앤튼 앤더슨에게 데려다 주십시오."

감독은 고개를 가로저었다. 그리고 앤튼 앤더슨은 이제 스트롬니스에 없다고 설명했다. 이미 오래전에 앤튼 앤더슨 대신 트랄프 쇠를레가 공장장으로 왔던 것이다. 그러자 영국 남자가 반가운 표정을 지었다.

"잘됐군요."

그가 말했다.

"쇠를레 씨를 잘 압니다."

감독은 공장장의 집을 향해 앞장을 섰다. 그의 집은 오른쪽으로 100m쯤 떨어져 있었다. 거의 모든 인부들이 일손을 놓고 부두에 나타난 세 명의 낯선 남자들을 쳐다보느라 여념이 없었다. 그들은 한 줄로 서서 감독과 그의 세 손님을 쳐다보았다.

앤더슨이 공장장 집의 문을 두드렸다. 잠시 후 쇠를레가 직접 문을 열었다. 와이셔츠 차림의 그는 여전히 팔자 수염을 기르고 있었다.

세 남자를 본 그는 갑자기 뒷걸음질을 쳤다. 그의 얼굴에 경악과 함께 믿을 수 없다는 표정이 떠올랐다. 한동안 그는 놀란 채 말도 못 하고 서 있었다.

"대체 이게 누구야?"

이윽고 그가 입을 열었다.

가운데 선 남자가 앞으로 나섰다.

"섀클턴이네."

그가 조용한 목소리로 대답했다.

다시금 침묵이 흘렀다. 하지만 완전한 침묵은 아니었다. 감격과 연민이 뒤섞인 듯한 쇠를레의 흐느낌이 아주 오랫동안 이어진 까닭이었다.

포경 기지는 세 사람에게 최대한의 편의를 제공했다. 그들은 먼저 실컷 목욕을 한 다음 면도를 했다. 상점 주인들은 그들에게 새 옷을 선물했다.

그날 밤, 배불리 저녁 식사를 마친 워슬리는 포경선 '샘슨' 호를 타고 사우스조지아 섬을 돌아 맥니쉬와 맥카티와 빈센트가 기다리고 있는 킹 하콘 만의 캠프로 갔다. 다음 날 아침, 워슬리는 캠프에서 목이 빠져라 기다리고 있던 세 명의 동료들을 만났다.

그들의 상봉 장면이 어땠는지는 거의 알려져 있지 않다. 다만, 남아 있던 대원들은 면도를 하고 새옷을 입은 워슬리의 모습이 너무도 변해 있어 처음에는 제대로 알아보지도 못했다고 한다.

맥니쉬, 맥카티, 그리고 빈센트는 커드 호와 함께 포경선에 올랐다. 샘슨 호는 다음 날인 5월 22일에 섀클턴이 기다리고 있는 스트롬니스 만에 도착했다. 그동안 섀클턴은 엘리펀트 섬에 있는 22명의 대원들을 구조하러 떠날 대형 목조 포경선인 '서던 스카이' 호를 준비해 놓고 있었다.

그날 저녁, 워슬리의 표현에 의하면 '선장과 항해사들과 담배 연기가 가득 찬 넓은 방'에서 환영회가 열렸다. 머리가 희끗희끗한 네 명의 노르웨이 베테랑 선장들이 앞으로 나왔다. 통역을 맡은 쇠를레에 의하면 그들은 40년 동안 남극해를 항해했으며, 7m짜리 배를 타고 엘리펀트 섬에서 드레이크 해협을 거쳐 사우스조지아 섬에 도착한 대원들과 악수를 나누고 싶다고 말했다.

그러자 방 안에 있던 모든 사람들이 일어섰다. 네 명의 노장들은 섀클턴과 워슬리와 크린의 손을 굳게 잡고 그들의 공로를 치하했다.

포경선 선원들은 대부분 턱수염을 길렀으며 두꺼운 스웨터에 항해용 부츠를 신고 있었다. 격식이나 연설도 없었다. 그리고 메달이나 훈장도 없었다. 단지 가슴에서 우러나는 존경과 감탄이 있을 뿐이었다. 그것은 지극히 감동적인 엄숙함을 자아냈다. 1916년 5월 22일 밤, 썩은 고래 냄새가 진동하는 사우스조지아 섬의 초라하고 칙칙한 창고에서 남극해의 포경선 선원들은 한 사람씩 앞으로 나가 말없이 섀클턴과 워슬리와 크린의 손을 잡았다. 그들이 표현할 수 있는 최고의 존경심이었다.

스트롬니스에 도착한 지 72시간이 지난 다음 날 아침, 섀클턴과 그의 두 동료는 엘리펀트 섬을 향해 출발했다. 3개월에 걸친 혹독한 구조 작전이 시작된 것이다. 이 기간 동안 엘리펀트 섬을 에워싼 부빙군은 마치 대원들을 구조할 구조선을 절대 통과시키지 않기로 작정한 것 같았다.

서던 스카이 호는 사우스조지아 섬을 출발한 지 사흘 만에 얼음을 만났으며, 일주일 만에 항구로 되돌아왔다. 열흘 뒤, 섀클턴은 두 번째 구조선인 '어선 1' 호를 우루과이 정부로부터 빌릴 수 있었다. 하지만 이 배 역시 엿새 만에 얼음에 의해 심한 손상을 입은 채 뱃머리를 돌려야 했다.

세 번째 시도는 목조 스쿠너(쌍돛대 또는 그 이상의 범선)인 '엠마' 호에 의해 이루어졌다. 섀클턴이 직접 계약한 배였다. 그러나 '엠마' 호마저 3주 동안 160km도 가지 못한 채 침몰하기 일보 직전에 처하고 말았다. 커드 호가 사우스조지아 섬을 향해 출항한 이후 석 달 반이 지난 8월 3일이었다.

거듭되는 실패 앞에서 섀클턴의 불안은 마침내 극에 달했다. "그런 모습은 한 번도 본 적이 없었다"는 워슬리의 표현대로. 그는 부빙군을 뚫고 항해할 수 있는 튼튼한 선박을 마련해 달라고 줄기차게 영국 정부에 호소했고, 그 결과 1901년에 스콧이 타고 남극을 항해했던 '디스커버리' 호가 영국에서 출항했다. 하지만 그 배가 사우스조지아 섬에 도착하려면 최소한 2주는 지나야 했다. 섀클턴은 도저히 그때까지 가만히 앉아서 기다릴 수 없었다.

그는 원양 항해선인 '옐코' 호의 사용을 허가해 줄 것을 칠레 정부에 간청했다. 얼음이 없는 바다에서만 항해한다는 조건하에서 다행히 허가가 떨어졌고, 옐코 호는 8월 25일에 엘리펀트 섬을 향해 출항했다.

이번에는 행운이 그들을 따라 주었다. 출항 닷새 후인 8월 30일, 워슬리는 항해 일지에 이렇게 적었다.

"오전 5시 25분, 최고 속력… 오전 11시 10분, 희미하게 섬의 윤곽이 보임. 얼음덩이, 암초, 육지에 좌초한 빙하. 오후 1시 10분, 남서쪽으로 캠프가 보이다……."

엘리펀트 섬에 있던 스물두 명의 대원들에게 8월 30일은 여느 날과 똑같이 시작되었다. 해가 뜨자 공기가 맑고 차가운 것이 좋은 날씨를 예고하는 듯했다. 하지만 이내 낮은 구름이 길게 드리워지며 섬 주위가 어두워졌다. 오들리의 표현대로 "이제는 너무도 익숙한 어두움"이었다.

늘 그렇듯이 거의 모든 대원들이 배가 보이는지 확인하기 위해 전망대로 올라갔다. 기대감보다는 단지 습관 때문이었다. 아무런 기대 없이 벼랑으로 올라가 실망하지 않고 다시 내려오는 일은 그들에겐 단지 몸에 밴 일상에 불과했다. 커드 호가 떠난 지도 벌써 넉 달 엿새가 지났고, 그 배가 사우스조지아 섬에 무사히 도착했으리라고 믿는 대원들은 한 사람도 없었다. 구조를 포기한 채 윌스 호를 타고 디셉션 섬으로 가는 것은 이제 시간 문제였다.

아침 식사를 마친 뒤엔 오두막 주위의 눈을 파내느라 늘 분주했다. 그러나 그날 아침엔 조수가 낮았기 때문에 대원들은 모래사장에서 조개를 줍기 위해 땅 파는 일을 연기했다. 요리 당번을 맡은 하우는 삶은 물개 뼈를 점심으로 준비하고 있었다. 대원들이 가장 좋아하는 요리였다.

12시 45분에 식사가 준비되었다. 스케치를 하러 전망대가 있는 벼랑으로 올라간 마츤을 제외한 모든 대원들이 오두막 안에 둘러앉았다.

잠시 후, 그들은 마츤이 헐레벌떡 뛰어오는 소리를 들었다. 하지만 관심을 기울이는 사람은 아무도 없었다. 그는 단지 식사 시간에 늦었을 뿐이니까. 황급히 안으로 고개를 들이민 마츤이 숨을 몰아쉬며 와일드에게 말했다.

"빨리 연기 신호를 올려야 될 거 같은데요."

일순 침묵이 흘렀다. 그리고······.

"미처 대답할 겨를도 없이 대원들은 엎치락뒤치락 서로 엎어지고 국그릇을 뒤엎으며 출입구로 한꺼번에 몰려갔다. 출입구를 가린 천이 찢어졌고, 그리로 나가지 못한 대원들은 '벽'을 부수고 몰려 나갔다."

오들리는 그렇게 적었다.

부츠를 신은 대원들도 있었고, 맨발인 대원들도 있었다. 제임스는 아예 신발을 짝짝이로 신은 채 밖으로 달려나갔다.

배였다. 작기는 했지만, 그건 분명히 배였다. 그것도 해변에서 바로 1.5km 거리에.

맥클린은 버버리 재킷을 벗어 찢으며 벼랑 전망대로 뛰어올라갔다. 노로 만든 깃대에 옷자락을 묶었지만 키가 모자라 깃대의 중간까지밖에 올릴 수가 없었다(섀클턴은 절반 높이에 달린 이 깃발을 보고 가슴이 철렁했다. 나중에 한 얘기지만, 몇몇 대원들을 잃었다는 표시로 받아들였던 것이다).

헐리는 마른 이끼를 있는 대로 긁어모은 다음 약간의 고래 기름과 남아 있던 파라핀 8l를 그 위에 부었다. 힘겨운 씨름 끝에 마침내 불이 붙었으나 연기보다는 불꽃이 더 많이 일어났다. 마치 무슨 폭발이 일어난 것 같았다.

하지만 상관없었다. 배는 정확히 모래톱을 향해 다가오고 있었다.

그사이 해변으로 내려간 와일드가 가장 눈에 잘 띄는 곳에서 신호를 보내고 있었다. 하우는 아끼고 아꼈던 소중한 비스킷 상자를 뜯어 주변의 동료들에게 나누어 주었다. 그러나 비스킷을 받기 위해 걸음을 멈추는 대원은 없었다. 흥분으로 인해 아무것도 눈에 들어오지 않았던 것이다.

맥클린은 오두막으로 돌아와 블랙보로를 어깨에 둘러멨다. 그리고 감격적인 장면을 잘 볼 수 있도록 와일드 곁의 바위로 그를 데리고 갔다.

몇백 m 앞까지 다가온 배가 이윽고 멈추었다. 해변에 있던 대원들은 배의 돛이 내려지는 모습을 볼 수 있었다. 배에는 네 사람이 타고 있었고, 그 뒤로 너무도 낯익은 늠름한 모습의 섀클턴이 보였다. 거의 동시에 함성이 터져 나왔다. 너무도 흥분한 나머지 미친 사람처럼 낄낄 웃어 대는 대원들도 있었다.

잠시 후, 섀클턴의 목소리가 들릴 정도로 배가 가까워졌다.

"다들 무사한가?"

그가 소리쳤다.

"모두 무사합니다."

그들이 대답했다.

와일드가 바위 틈새 안전한 곳으로 배를 안내했다. 하지만 모래톱에 깔린 얼음 때문에 상륙은 불가능했다. 해변과 약간 떨어진 곳에 정박하는 수밖에 없었다.

와일드는 섀클턴에게 해변으로 빨리 올라오라고 재촉했다. 그들이 길고 긴 4개월 동안 지냈던 오두막을 잠깐이라도 보여 주기 위해서였다. 하지만 섀클턴은 겉으로는 안심한 듯 웃고 있으면서도 한시바삐 그곳을 떠나고 싶어했다. 그는 와일드의 제안을 물리치고 대원들에게 빨리 배에 오르라고 재촉했다.

대원들이 배 앞의 바위로 뛰어올라갔다. 사실 그렇게까지 서두를 필요는 없었지만, 그들은 마치 경쟁이라도 하듯 앞다퉈서 배로 뛰어내렸다. 불과 1시간 전까지만 해도 없어서는 안 된다고 여겼던 중요한 소지품들을 미련 없이 내버려둔 채.

대원들이 배에 다 탈 때까지 워슬리는 뱃전에서 초조한 표정으로 지켜보았다. 잠시 후, 그는 항해 일지에 그토록 쓰고 싶었던 한 구절을 적어 넣었다.

"2시 10분, 모두가 무사하다! 마침내! 2시 15분, 전속력으로 전진."

맥클린은 이렇게 적었다.

"나는 갑판에 남아 멀리 사라지는 엘리펀트 섬을 바라보았다… 언덕에서 바람에 휘날리는 내 버버리 재킷이 아직도 보인다. 그것은 한동안 갈매기나 펭귄을 놀라게 하다가 결국은 우리의 낯익은 강풍에 갈기갈기 찢기고 말 것이다."

에필로그

섀클턴 이후 사우스조지아 섬을 횡단한 팀이 하나 더 있었다. 39년 뒤인 1955년, 던컨 카스가 이끈 영국의 어느 측량 팀이었다. 이 팀은 등산 전문가로 구성되어 있었고, 여행을 위한 만반의 장비를 갖추고 있었다. 그럼에도 그들은 힘겨운 행군이라고 느꼈다.

1955년 10월, 카스는 섬을 횡단할 수 있는 코스로 '높은 길'과 '낮은 길'이 있다고 설명했다. 그는 이렇게 적었다.

"두 개의 길은 서로 16km가량 떨어져 있다. 그러나 어느 길이 더 좋은지 비교하기는 어렵다. 오늘날 우리는 서둘지 않고 쉽게 여행을 한다. 우리에겐 훈련된 전문가와 썰매, 텐트 그리고 넉넉한 식량과 시간이 있다. 우리는 느긋하게 땅을 파고 탐사를 한다. 또 함부로 위험을 무릅쓰는 일도 없다. 우리의 성공에 목숨을 건 사람도 없다. 단지 우리 자신을 제외하고는. 우리는 늘 높은 길로 간다. 그들, 섀클턴·워슬리·크린은 낮은 길로 갔다. 그들이 어떻게 횡단을 했는지 나는 모른다. 남극 탐험의 모험 시대를 살았던 그들이 자신들의 몸을 묶은 15m 길이의 밧줄과 목공용 도끼 하나만을 가지고 그 일을 해냈다는 사실만을 알고 있을 뿐이다."

감사의 글

이 작품에 도움을 주신 모든 분들께 어떻게 감사의 말을 전해야 할지 모르겠다. 이 지면을 통해 알파벳 순서에 따라 특별히 감사의 말씀을 전하고자 한다.

미시건의 윌리엄 베이크웰.

뉴욕의 찰스 페거슨.

『섀클턴과 남극』의 공동 집필자이며, 섀클턴의 생애를 연구한 자기들의 필작을 준비하느라 수집한 자료를 아낌없이 제공해 주신, 영국 노스햄튼의 마거리 피셔와 제임스 피셔 내외분.

영국의 찰스 그린.

많은 시간을 할애해 주시고, 상세한 내용이 기록된 두 권의 일기를 보여 주시고, 또 많은 편지에 답장을 주신 영국의 라이오넬 그린 스트리트.

끊임없는 충고와 비평을 해주신 뉴욕의 이블린 하비 양.

영국의 월터 하우.

직접 혹은 편지로 중요한 정보를 아낌없이 제공해 주신 영국의 레오나르드 허시.

나와 함께 오랫동안 연구 작업을 해준 런던의 조안 어글 이삭 양.

사우스 아프리카 케이프타운의 레지널드 제임스 박사.

영국 에섹스의 커어.

커드 호의 항해를 기록한 워슬리의 일기를 구해 준, 특별히 고마운 제임스 마르.

맥그로힐 출판사 편집자 여러분, 특히 에드워드 컨.

웨일스의 맥클로이 박사.

뉴욕의 에드나 오브리엔 양.

원고를 읽고 교정해 준 뉴욕의 모리스 랙스데일.

부친의 일기와 많은 원고를 제공해 주신 고 시실리 섀클턴 양.

아래의 원고를 제공해 주신 영국 캠브리지의 스커트 극지 연구소.

프랭크 워슬리의 〈인듀어런스〉 호 일기, 1914~1916년

프랭크 워슬리의 〈제임스 커드〉 호 (항해) 일기, 1916년 4~5월

R.W. 제임스의 일기

오들리의 〈인듀어런스〉 탐험 표류기, 타자기로 친 원고.

특히 이 작업에 많은 관심을 기울이고 시간을 할애해 준 스커트 극지 연구소의 해리 킹과 앤 새이비어 양에게 감사드린다.

사우스조지아 섬에 대한 많은 자료들, 그리고 인듀어런스 호와 관련된 자료 및 사진 등을 제공해 주신 노르웨이 조선소의 안트 웨

저와 라스 크리스텐센, 엔더루드 라센, 마티 앤더슨 그리고 많은 분들에게 감사드린다.

영국의 제임스 워디 경.

마지막으로 특별히 많은 빚을 진 세 분에게 감사의 말씀을 전하고 싶다.

먼저 이 책이 완성되기까지 도움과 용기와 정성을 베풀어 주신 코네티컷의 폴 파머.

그리고 스코틀랜드의 알렉산더 맥클린. 빚을 많이 진 이분에게 어떻게 감사해야 할지 모르겠다. 이분은 자신의 일기와 다른 사람의 일기뿐만 아니라 엘리펀트 섬으로의 항해에 관한 상세한 자료를 제공해 주셨다. 너그럽고 늘 객관적이었으며 또 수개월에 걸친 오랜 기간 동안 내 질문에 인내심을 가지고 일일이 답변해 주신 것에 감사드린다. 나는 이분에게 결례를 무릅쓰고 너무도 많은 도움을 요청했다.

마지막으로 내 아내에게 하고픈 말은, 단지 아내로서의 의무 이상으로 많은 도움을 내게 주었다는 것.

글을 옮기며

1914년 어니스트 섀클턴은 스물일곱 명의 대원들을 데리고 최초로 남극 대륙 횡단 여행을 떠난다. 배가 난파된 뒤 무려 2년 동안 남극의 얼음에 갇힌 채 생존의 위협을 받던 그는 인간의 상상을 초월한 불가능한 탈출을 시도하게 된다. 그리고 마침내 탐험대 전원을 무사히 귀환시키는 놀라운 기적을 이루어 낸다.

생존이 불투명한 극한 상황에서 그는 어떻게 그렇듯 놀라운 리더십을 발휘할 수 있었을까? 그는 끝까지 단 한 사람의 대원도 포기하지 않았다. 거대한 자연의 힘 앞에서 인간이 얼마나 무력한 존재인지를 누구보다 잘 알면서도 마지막까지 굴하지 않고 맨몸으로 자연에 맞섰다. 이렇듯 놀랍기만 한 그의 저력은 대체 어디서 비롯된 것이었을까?

난 그것이 인간에 대한 사랑과 생명에 대한 애착에서 온 것이라고 감히 말하고 싶다. 사랑은 인간으로 하여금 종종 놀라운 능력을 발휘하게 만든다. 불가능한 일을 가능케 하는 그 능력이야말로 섀클턴이 보여 준 위대한 도전정신의 원천이었던 것이다. 그의 강인한 정신과 탁월한 리더십은 위기의 시대를 살아가는 우리 모두에게 신선한 충격으로, 뜨거운 감동으로, 그리고 커다란 공감대로 다가오고 있다.

『로빈슨 크루소』가 모험 이야기의 고전이라면 『섀클턴의 위대한 항해』는 서스펜스가 가미된 현대적 어드벤처 스토리라 할 수 있다. 리더로서의 통찰력과 직관력, 책임감, 결단력, 그리고 최적의 경제 원리에 입각한 조직 운영 마인드와 위기를 극복하는 능력 등이 대원들의 일기를 바탕으로 생생하게 소개되고 있는 이 책은 실화이기에 더욱 흥미롭다. 실화만큼 흥미진진한 스토리는 존재할 수 없기 때문이다.

가슴에 스미는 아름다움을 경험케 해 준 이 책의 번역을 마치고 나니 문득 생각나는 문구가 있다. 아주 오래전부터 알고 있었던, 그러나 지금 이 순간 유난히 또렷하게 떠오르는 말씀 한 구절.

"내게 능력 주시는 자 안에서 내가 모든 것을 할 수 있느니라."

유혜경